Der kopflose Dämon sucht meine Familie heim

Für meine Kinder

AGATA MALCHER

DER KOPFLOSE DÄMON SUCHT MEINE FAMILIE HEIM

LEBENSERINNERUNGEN. EINE AUTOBIOGRAFIE

Bibliografische Information der Deutschen Nationalbibliothek:
Die Deutsche Nationalbibliothek verzeichnet diese Publikation in der
deutschen Nationalbibliografie; detaillierte biografische Daten sind im
Internet über
dnb.dnb.de abrufbar.

Die automatisierte Analyse des Werkes, um daraus Informationen
insbesondere über Muster, Trends und Korrelationen gemäß § 44b
UrhG („Text und Data Mining") zu gewinnen, ist untersagt.

Satz, Umschlaggestaltung, Herstellung und Verlag: BoD – Books on
Demand, Norderstedt

ISBN: 978-3-7583-5904-0

VORWORT

Liebe Leserinnen, liebe Leser,

aus meiner jahrelangen Tätigkeit weiß ich, dass es viele Menschen gibt, die ähnliche Situationen wie ich durchlebt haben. Die Betroffenen trauen sich nicht, darüber zu reden, um von ihrer Familie oder ihren Freunden nicht ausgelacht oder gar verstoßen zu werden. Oder noch schlimmer: Sie schämen sich für ihre Situation, was sie zur leichten Beute macht.

Ein teuflisches Geheimnis in sich zu tragen, erfordert sehr viel Stärke.

Aber wie viel Stärke kann ein Mensch aufbringen? Wie oft denken diese Menschen an Selbstmord oder an eine Flucht aus ihrer Situation?

Menschen sollten miteinander reden können, ohne verurteilt zu werden. Hinter vielen Geschichten stecken Angst, Demütigung, Schmerz und Hoffnungslosigkeit. Oft verstecken sich die Betroffenen hinter einer Mauer des Schweigens. Wie oft stoßen sie auf Unverständnis der Mitmenschen, wenn sie diesem Grauen freiwillig ein Ende setzen.

Ich schreibe über mein Leben, weil ich überlebt habe. Wäre Johanna nicht in mein Leben getreten, so hätte ich meine Geschichte nicht veröffentlichen können. Aber, liebe Lesende, machen Sie sich selbst ein Bild davon.

Johanna ermunterte mich dazu, meine Geschichte niederzuschreiben und zu veröffentlichen. Anfangs hielt ich es nicht für notwendig. Es mussten einige Jahre vergehen, bis ich mich dazu entschließen konnte.

Das erste Buch entstand in einer Zeit, die mit vielen Emotionen behaftet war. Meine Zeit mit Martin war sowohl auf psychischer als auch auf physischer Ebene noch sehr präsent. Oft kämpfte ich mit Tränen oder wurde zornig, während ich meine Geschichte niederschrieb.

Das letzte Kapitel entstand, nachdem Martin uns verlassen hatte. In dieser Zeit habe ich Martin und mir vergeben, für alles, was sich bei uns abgespielt hatte. Letzten Endes empfand ich Mitleid für Martin, denn er konnte oder wollte sich nicht für ein Leben ohne seine Sucht entscheiden.

Ich empfinde viel Dankbarkeit für diese Lebenserfahrung und dass ich diese Hölle überlebt habe. Dankbarkeit deswegen, weil ich durch meine eigene Lebenserfahrung vielen Menschen, die zu mir kamen, helfen konnte.

Es gibt keine Lebenserfahrung, die falsch oder richtig ist. Es gibt lediglich Entscheidungen, die jeder für sich treffen sollte, um das Beste daraus zu machen. Oft dauert es viele Jahre, bis man zu dieser Erkenntnis gelangt. Die Zeit arbeitet für uns, damit wir wachsen und richtige Entscheidungen für uns treffen.

Jeder Mensch, der sich in einer ähnlichen Situation befindet, sollte an eines denken: Niemand von uns ist allein, und zur gegebenen Zeit reicht uns jemand seine Hand. Dieser führt uns und hilft uns, alles zu überstehen. Manchmal werden uns mehrere Begleiter zuteil. Wichtig ist, sich nicht in Kummer zu verlieren oder gar aufzugeben. Das Leben ist kostbar und lebenswert, daran sollten wir denken, wenn der Kummer oder die Angst größer werden als wir selbst.

Machen wir das Beste daraus.

Der erste Schritt in diese Richtung ist, wieder oder überhaupt Vertrauen in sich selbst zu gewinnen. Denn nur daraus entsteht der Glaube an sich selbst. Dann können wir alles erreichen. Daraus resultiert die Freude am Leben und alles, was uns hinterher widerfährt, können wir schneller und leichter überwinden.

Etwas sehr Wichtiges dürfen wir bei allem nicht vergessen: den Menschen und sich selbst alles Widerfahrene zu verzeihen. Wenn wir es nicht tun, bleiben wir in unserer alten Geschichte stecken und nehmen diesen Kummer überall mit hin. Auch über den Tod hinaus. Verzeihen heißt, von ganzem Herzen zu vergeben. Hierbei sollte man sich die Frage stellen:»Will ich dieses alte Leben und die Menschen, die mir weh getan haben, immer an der Backe haben?« Ich denke nicht, dass es der Fall ist. Aber oft höre ich:»Ich verzeihe ihm nicht, was er mir angetan hat!« In diesem Fall blockiert man sich selbst und übersieht den eigentlichen Weg, den man gehen sollte, um irdische Erfahrungen zu sammeln. Manchmal kennt die Sturheit keine Grenzen. Aber das sollte jeder für sich entscheiden.

Ein besonderes Anliegen gilt unseren Kindern, die beschützt werden müssen. Denn oft sind sie einer Situation ausgeliefert, aus der sie nicht ausbrechen können. Geben wir ihnen die Liebe, die sie zum Wachsen benötigen, denn sie sind diejenigen, die unsere Zukunft bestimmen.

Wir sollten diese unschuldigen Seelen achten und ihnen helfen, sich auf dieser Erde zurechtzufinden. Das wünsche ich allen Erziehungsberechtigten.

Mögen Sie Ihre Kinder so behandeln, wie Sie behandelt werden möchten. Und geben Sie nicht das, was Ihnen widerfahren ist, an die nächste Generation weiter.

Zum Schluss möchte ich mich bei Johanna, meiner Lebensretterin, für ihre jahrelange Unterstützung bedanken.

Bei meinem Bruder Valentin möchte ich mich für seine Hilfe in jeglicher Hinsicht und Ratschläge in den letzten Jahren bedanken. Liebes Brüderchen, ich bin dankbar, deine Schwester zu sein.

Zuletzt möchte ich mich bei meiner Freundin Susanne für ihre Begleitung und Realisierung bei der Herausgabe der Bücher bedanken.

Ich wünsche Ihnen alles Gute beim Lesen der Bücher. Den Lesenden, die sich in meinen Schilderungen wiederfinden, wünsche ich viel Kraft und Ausdauer, die richtige Entscheidung für sich zu treffen.

Ihre

Agata Malcher

KAPITEL 1:
EINLEITUNG

Es war ein wunderschöner Sommertag. Man konnte das Zwitschern der Vögel und das Klirren des Frühstücksgeschirrs unserer Nachbarn hören. Ein Schauspiel, das sich jedes Wochenende wiederholte. Es war mittlerweile 8 Uhr geworden und für mich war es Zeit, aufzustehen und nach unseren beiden Kindern Alexander und Andrea zu sehen. Dieser Morgen war für mich alles andere als schön und sonnig. Ich war sehr traurig und zugleich zornig darüber, was in dieser Nacht passiert war. Weil ich kaum ein Auge zugemacht hatte, war ich sehr müde und erschöpft. Ich ging ins Erdgeschoss, um mir eine Tasse Tee zu machen. Auf dem Tisch in der Küche sah ich einige leere Bierflaschen, daneben stand eine leere Flasche Wodka. Es war sehr still, fast unheimlich. Mit der Tasse Tee in der Hand ging ich ins Wohnzimmer. Hier sah ich meinen Mann Martin, völlig betrunken, auf dem Boden liegen, während sein Bruder Piotr auf der Couch schlief. In dem Moment wurde mir bewusst, dass ich noch an diesem Tag das Haus mit unseren Kindern verlassen würde.

Ich ging zurück in die Küche, da hörte ich schon Alexander und Andrea die Treppe herunterlaufen. Beide kamen lachend in die Küche gestürmt. Mir wurde klar, dass es meine Aufgabe war, diese Kinder vor meinem brutalen und aggressiven Ehemann zu schützen. Beide setzten sich an den Frühstückstisch und warteten. Es dauerte nicht lange, bis ich Schritte im Flur hörte. Ich dachte, dass es mein Mann sei, in der Tür stand jedoch Piotr. Ich wunderte mich, dass er nach diesem Alkoholrausch so nüchtern wirkte. Er begrüßte uns, nahm sich eine Flasche Sprudelwasser und trank sie vor unseren Augen aus. Er schaute uns an, sagte jedoch nichts und tat, als ob in dieser Nacht nichts geschehen sei. Ich merkte an den Kindern, dass sie nervös wurden, sie waren doch erst fünf und sechs Jahre alt. Ich überlegte krampfhaft, wie ich ohne großes Aufsehen das Haus mit ihnen verlassen könnte, und fand eine Lösung.

In aller Freundlichkeit bat ich meinen Schwager, sich an unseren Tisch zu setzen und mit uns zu frühstücken. Um mein Vorhaben nicht zu verraten, musste ich sehr vorsichtig sein. Wir unterhielten uns über alles Mögliche. Mein Herz pochte vor Aufregung. Ich verbarg meine Nervosität, so gut es ging. Wir unterhielten uns noch eine Weile, bis ich den Mut fasste, ihm zu sagen, dass er mit Martin zum Einkaufen fahren müsse. Mein Einkaufszettel wurde ziemlich lang, denn ich dachte, dass die Einkaufszeit desto länger wäre, je länger der Zettel war, sodass wir mehr Zeit hätten, um das Haus zu verlassen.

WIE ALLES ANFING

Alles hatte an einem wunderschönen Tag im Juli 1977 begonnen. Wir lebten in einem kleinen Ort mit etwa dreitausend Einwohnern in der Nähe von Münster. Meine Familie bestand aus meinen Eltern Katharina und Günther, meinen drei älteren Brüdern Jörg, Patrick und Robert sowie meinem jüngeren Bruder Valentin. Wir hatten sehr liebevolle Eltern, und so waren auch meine Kindheit und Jugendzeit sehr glücklich gewesen. Meine Mutter kümmerte sich um den Haushalt und unsere Erziehung, mein Vater, ein gutmütiger und fleißiger Mann, war selbstständiger erfolgreicher Unternehmer, der jeglichem häuslichem Streitgespräch aus dem Weg ging. Er beschäftigte zwölf Angestellte, die für den Verkauf von Bädern und Zubehör zuständig waren. Wir wohnten in der Mitte der Ortschaft in einem Bungalow, umgeben von Obstbäumen und vielen Blumen, um die sich meine Mutter liebevoll kümmerte. Man nannte sie auch »die Blumenfrau«.

An jenem Sommertag feierte ich mit meinen Eltern und Geschwistern meinen 18. Geburtstag. Wir frühstückten gemeinsam, unterhielten uns angeregt über die Schule und was ich danach studieren wollte. Wir sprachen auch über frühere Zeiten und lachten viel dabei. Irgendwann am Nachmittag kam meine Cousine Susanne mit ihrem Ehemann Stefan und ihrer Mutter, meiner Tante Marta, die mir zum Geburtstag gratulierten. Sie war eine sehr schlanke, dunkelhaarige ältere Frau, der man ansah, dass sie in ihren jungen Jahren sehr hübsch gewesen sein musste. Ich bereitete mit meiner Mutter Kaffee und Kuchen, die dann auf der Terrasse serviert wurden. Meine Cousine, die erst kürzlich geheiratet hatte, besuchte uns sehr oft. Ich genoss unsere gemeinsamen Stunden.

Nach dem Kaffeekränzchen stand ich auf und fing an, das Geschirr aufzuräumen. Während meine Mutter und ich in der Küche beschäftigt waren, blieben unsere Gäste zusammen mit meinem Vater und meinen Geschwistern auf der Terrasse. Es dauerte nicht lange, und Tante Marta gesellte sich zu uns. Meine Mutter war einige Jahre jünger als sie, und während sie die Fröhliche war, war ihre Schwerster die Ernsthaftere, Ruhigere, und wir Kinder liebten sie. Nach kurzer Zeit fragte sie plötzlich, ob ich denn die Geschwister ihres Schwiegersohnes Stefan kennen würde. Schulterzuckend antwortete ich, dass ich noch nicht die Gelegenheit dazu gehabt hätte, weil ich bei der Hochzeit meiner Cousine nicht dabei gewesen war. Sie fing an, zu erzählen, wie toll und intelligent Stefans Familie sei und dass er einen Bruder hätte, der Medizin studieren würde. Ich hörte mit halbem Ohr zu, weil es mich nicht besonders interessierte, vor allem, weil ich wusste, dass ihr Schwiegersohn aus Polen kam. Nicht dass ich Vorurteile gehabt hätte, denn auch wir hatten bis zur Einreise nach Deutschland in Polen gelebt, weil uns die Grenze zwischen West und Ost teilte.

In diesen Jahren war es fast unmöglich, eine Freundschaft aufrechtzuerhalten, geschweige denn eine Liebesbeziehung. Während Tante Marta wie ein Wasserfall auf mich einredete, wie anständig und fleißig sein Bruder Martin wäre, sagte ich nur: »Tante, ich bin nicht an einer Heirat interessiert.« Ich wunderte mich, dass ich in diesem Zusammenhang das Wort Heirat benutzt hatte. Ich musste ohnehin zuerst noch mein Abitur bestehen, um anschließend Musik studieren zu können. Kurze Zeit später ging sie zu den anderen, und wir sprachen nicht mehr darüber. So vergingen die Monate; ich war mit meiner Schule beschäftigt, spielte oft und viel Klavier und erhielt Gesangsunterricht. So verging das Jahr, und irgendwann im März des darauffolgenden Jahres kam Tante Marta uns wieder besuchen.

Meine Cousine Susanne, die jetzt ihr erstes Kind erwartete, kam auch mit. Bei dieser Gelegenheit fragte sie mich, ob ich die Patenschaft für ihr Kind übernehmen würde; ich freute mich sehr darüber und stimmte zu.

Weil ich mit meinen Hausaufgaben für die Schule noch nicht fertig war, ging ich in mein Zimmer und schloss die Tür hinter mir. Es dauerte nicht lange, bis es an der Tür klopfte. Es war meine Tante. Sie fragte, ob sie hereinkommen dürfe. Ich legte meine Bücher zur Seite, und wir setzten uns auf die Couch. Wir unterhielten uns über die Schule und was ich später einmal machen wollte. Es dauerte nicht lange, bis sie wieder anfing, über Martin zu reden. Ich erfuhr, dass er 1958 in einem kleinen Dorf in der Nähe von Gdańsk geboren worden war, wo seine Familie bis heute lebte, und dass er zurzeit in Warschau Medizin studieren würde. Ich war ein Jahr jünger als Martin. Sie bedrängte mich förmlich mit den Worten, mich mit ihm in Verbindung zu setzen: »Er wäre mit Sicherheit keine schlechte Partie für dich, du könntest ihn dir wenigstens einmal anschauen.« Wir unterhielten uns noch eine Weile, bis sie wieder mein Zimmer verließ.

Als meine Tante mit meiner Cousine wieder heimgefahren war, sprach meine Mutter noch am selben Tag das Thema Martin an. Ich winkte ab und sagte nur, dass wir zwar auch aus Polen stammen würden, meine polnischen Sprachkenntnisse jedoch bei Weitem nicht dazu ausreichten, um mich mit jemandem zu unterhalten. Doch meine Mutter blieb hartnäckig, so war sie nun mal, und sagte nur: »Das würdest du schon schaffen. Und wenn es darauf ankäme, könnte er die deutsche Sprache schnell erlernen.« In dieser Nacht konnte ich kaum ein Auge zumachen, weil ich immerzu an das Gespräch mit meiner Tante und meiner Mutter denken musste. Ich war zum ersten Mal neugierig, wie denn Martin aussehen möge.

FERIEN IN POLEN

Es vergingen zwei Wochen. Ich saß mit meinen Eltern am Mittagstisch. Bei dieser Gelegenheit offenbarte mir meine Mutter, dass sie und mein Vater gern nach Polen fahren würden, und sie würden sich wünschen, dass wir Kinder mitführen. Ich sagte nur, dass ich es mir überlegen würde. Aber zu dieser Zeit wusste ich bereits, dass ich mitfahren würde, um Martin kennenzulernen. So beschlossen wir, in den großen Ferien im Juli 1978 nach Polen zu reisen. Weil ein Bruder meines Vaters mit seiner Familie noch dort lebte, konnten wir zwei Wochen bei seiner Familie unterkommen.

Die Monate vergingen wie im Flug, und das Schuljahr neigte sich dem Ende zu. Endlich kam der Tag, an dem ich mein Zeugnis bekam. Ich war sehr zufrieden mit meinen Noten und konnte mich nun auch auf unsere Reise nach Polen freuen.

Innerhalb der nächsten zwei Tage packte ich meine Koffer für die Reise, die am 3. Juli begann. Gegen 12 Uhr mittags kamen wir an der deutsch-polnischen Grenze in Görlitz an. Meine Mutter hatte einen Kaffee und zwei Tafeln Schokolade für die polnischen Zöllner vorbereitet, damit wir ohne Probleme über die Grenze fahren konnten, nach dem Motto: Wer schmiert, der fährt. Der Zöllner nahm die Geschenke sofort an und steckte sie in seine speziell dafür genähte, sehr lange Hosentasche. Interessant war für mich zu sehen, wie ausgeklügelt dieses Hosensystem war. Not macht erfinderisch. So konnten wir ohne Probleme die Grenze nach Polen überqueren.

Am späten Abend kamen wir bei meinem Onkel und seiner Familie an. Sie lebten in einem Stadtteil von Katowice. Es war ein sehr herzlicher Empfang. Wir lernten unsere Cousine und zwei Cousins kennen. So saßen wir alle bis in die Nacht hinein zusammen. Meine Eltern und mein Onkel unterhielten sich über frühere Zeiten, als alle noch in Polen gelebt hatten. Meine polnischen Sprachkenntnisse waren besser, als ich dachte. Immerhin unterhielten sich meine Eltern und die älteren Geschwister manchmal auf Polnisch.

FAMILIE NIDEK

Am 5. Juli war es endlich so weit, und wir fuhren mit unserem Auto nach Gdańsk. Die Straßenverhältnisse waren schlecht, sodass wir insgesamt sechs Stunden brauchten, um von Katowice nach Gdańsk zu kommen. Gegen 15 Uhr kamen wir endlich an. Meine Mutter sollte ein kleines Päckchen im Namen der Schwiegertochter und des Sohnes Stefan übergeben. Das Dorf, in dem die Familie lebte, war nicht groß. Die gesamte Familie erwartete uns schon am Tor ihres Hauses. So lernte ich Stefans Eltern Sabina und Helmut sowie seine drei Geschwister Piotr, Dorota und Martin kennen. Es war ein sehr netter, jedoch kühler Empfang. Ich war sehr aufgeregt und gespannt auf die nächsten Stunden. Wir gingen ins Haus. Mir fiel sofort die übertriebene Sauberkeit auf. Obwohl es draußen warm und sonnig war, war es im Inneren des Hauses dunkel und kühl, fast unheimlich. Man führte uns in ein Wohnzimmer.

Ich spürte, dass Martin mich die ganze Zeit über beobachtete, was mich ein wenig nervös machte. Ich setzte mich an den Couchrand. Es dauerte nicht lange, bis Martin neben mir auf einem Stuhl Platz nahm. Trotz des netten Empfangs fühlte ich mich nicht wohl. Seine und meine Eltern unterhielten sich sehr nett, blieben aber sehr reserviert. Vielleicht lag es auch daran, dass wir uns das erste Mal sahen. Martin fing mit mir sofort ein Gespräch über sein Medizinstudium an. Ich erfuhr, dass er im dritten Semester war. Wir sprachen über meine Schule und was ich denn zu studieren vorhätte, über die neueste Popmusik im Westen und vieles mehr. Wir verstanden uns auf Anhieb, und es schien mir, als ob wir uns schon Jahre kennen würden.

Sein Äußeres war sehr sportlich und gepflegt. Sein Gesicht war eher blass, und er hatte volles schwarzes Haar. Er war einen Kopf größer als ich und ähnelte seiner Mutter. Seine Geschwister waren alle dunkelhaarig; deren Gesichtshaut war dunkler als die von Martin. Ich folgerte daraus, dass sie ihrem Vater Helmut ähnelten. Ich unterhielt mich sehr gern mit Martin.

Irgendwann fragte er mich, ob wir uns noch einmal während

unseres Aufenthaltes in Polen wiedersehen könnten. Noch bevor ich antworten konnte, meinte er, dass er mich auch in Katowice besuchen würde. Ich freute mich sehr über diesen Vorschlag. Von ihm erfuhr ich, dass seine Schwester Ärztin war und sie ihn zum Medizinstudium überredet hatte. Sie war Anfang dreißig und hatte langes schwarzes Haar. Ihr Gesicht war sehr blass, und es schien, als ob sie dunkle Ringe unter den Augen hätte. Sein jüngerer Bruder Piotr sah eher unscheinbar aus; er war sehr schlank. Die drei Stunden waren wie im Flug vergangen, und es war an der Zeit, sich zu verabschieden. Noch bevor wir ins Auto einstiegen, fragte Martin meine Eltern, ob er mich wiedersehen könne. Dieser Vorschlag gefiel mir. Ich merkte, dass meine Mutter froh darüber war, und sie meinte, dass sie nichts dagegen hätte. So tauschten wir unsere Adressen aus und luden ihn und seine Eltern nach Katowice ein. Wir verabredeten uns für den kommenden Sonntag.

Auf der Rückfahrt konnte meine Mutter die Begeisterung über Martin nicht verbergen. Sie wollte wissen, wie ich ihn fand und worüber wir uns unterhalten hatten. Es wunderte mich, dass mein Vater sich zu diesem Thema nicht äußerte. Wie versprochen, besuchte uns Martin am Sonntag mit seinen Eltern.

DER ERSTE KUSS

Nachdem wir alle Kaffee getrunken hatten, schlug Martin vor, spazieren zu gehen. Ich war sehr froh darüber, mit ihm eine kurze Zeit allein verbringen zu können. Bei dieser Gelegenheit lernten wir uns näher kennen und merkten sehr schnell, wie viele gemeinsame Interessen wir hatten. In der Nähe war ein wunderschöner Park mit vielen Blumen, ein sehr idyllischer Ort. Nach einiger Zeit setzten wir uns auf eine der Bänke. Wir unterhielten uns. Plötzlich verspürte ich stechende Schmerzen an meinen Beinen. Ich sah hinunter und glaubte kaum, was ich da sah. Meine Beine waren voller blutiger Mückenstiche. So etwas hatte ich noch nie erlebt, außerdem wunderte ich mich, weil Martin keinen einzigen Mückenstich hatte. Wahrscheinlich lag es daran, dass er eine Hose trug und keinen Rock wie ich. Er nahm ein Taschentuch aus seiner Hosentasche und wischte mir die Blutstropfen behutsam ab.

In diesem Moment spürte ich, dass ich für ihn mehr als nur Freundschaft empfand. Ich hatte Tausende Schmetterlinge im Bauch. Er sah mich durchdringend an, fast prüfend. In dem Moment wusste ich, dass auch er mehr für mich empfand als nur Freundschaft. Er nahm mich in seine Arme und küsste mich. Ich spürte, dass unsere Zuneigung etwas Besonderes war, zumindest für mich. Wir blieben noch eine Weile sitzen, danach nahm er meine Hand, und wir gingen zurück. Auf dem Heimweg fragte er mich, ob er mich wiedersehen könne. Ich freute mich darüber, wusste aber, dass wir nicht mehr viel Zeit hatten, weil sich unser Urlaub dem Ende näherte. Noch bevor wir uns verabschiedet hatten, fragte er meine Eltern, ob wir ihn und seine Familie noch einmal besuchen könnten. Meine Mutter lächelte und sagte: »Wenn die Zeit dafür ausreicht, werden wir euch gern besuchen.«

Es kam der Tag unserer Abreise. Die Zeit bei unseren Verwandten war sehr schön; sie waren alle sehr freundlich. Mein Onkel meinte, wenn irgendwann die Zeit kommen sollte und die Grenzverhältnisse gelockert würden, kämen sie uns besuchen. Damals wussten wir noch nicht, wie viele Jahre noch vergehen sollten, bis es so weit war. Deshalb fuhren wir nicht sofort nach Hause, sondern machten einen Umweg über Gdańsk. Martin und seine Familie erwarteten uns bereits, und wir verbrachten noch zwei Stunden bei ihnen, bevor wir nach Deutschland zurückkehrten. Bei dieser Gelegenheit lud ich Martin ein, uns in den Semesterferien zu besuchen. Er versprach es – wenn er ein Ausreisevisum bekäme. Wir verabschiedeten uns, und tief im Innern wusste ich, dass ich Martin wiedersehen wollte.

ERSTE WARNUNGEN

Die Ferien neigten sich dem Ende zu, und ich musste mich auf das neue Schuljahr vorbereiten. Für mich war dieses Jahr besonders wichtig, weil ich es mit dem Abitur abschließen wollte. Die Wochen vergingen. Martin und ich schrieben uns regelmäßig Briefe und telefonierten alle zwei Wochen miteinander. Es war nicht einfach, aber ich schaffte es jedes Mal, einen Brief in polnischer Sprache zu schreiben. Das Telefonieren war recht mühsam, weil eine Verbindung oft erst nach mehreren Stunden hergestellt werden konnte – doch es war die Mühe wert. Ich dachte sehr oft an ihn, auch während ich mich auf das Abitur vorbereitete. Es war, als ob ich keinen anderen Gedanken mehr fassen konnte. Es kam mir vor, als ob Martin nicht in meinem Herzen, sondern in meinem Kopf wäre.

ERSTES WIEDERSEHEN MIT JOHANNA

Ich war mitten in meinen Prüfungsvorbereitungen, als eine Tante uns mit ihrer Freundin Johanna besuchte. Tante Irmgard war die Schwester meines Vaters. Auch nach vielen Jahren konnte man sehen, welch weiche und schöne Gesichtszüge sie hatte. Ich mochte sie, weil sie ein sehr fröhlicher und bodenständiger Mensch war, gleichzeitig aber sehr ernst sein konnte. Während wir uns unterhielten, flüsterte sie mir ins Ohr, damit es niemand hören konnte, ob ich etwas über meine Zukunft wissen wolle. Ich verstand nicht, was sie mir sagen wollte. Schnell offenbarte sie mir, dass ihre beste Freundin Johanna mir die Zukunft vorhersagen könne. Weil ich so etwas noch nie gemacht hatte, nahm ich den Vorschlag meiner Tante nicht sehr ernst und sagte nur: «Warum nicht?«

Kurze Zeit später saßen Johanna und ich in meinem Zimmer. Sie war klein und untersetzt. Ihre Lesebrille bedeckte fast ihr gesamtes Gesicht. Es sah sehr lustig aus. Doch anstatt mir die Zukunft vorherzusagen, legte sie Karten. Später erzählte sie mir, dass viele Menschen Angst davor hätten, ihre Zukunft von ihr zu erfahren, weshalb sie sich der Karten bediente.

Die 24 Karten, es waren einfache Spielkarten, legte sie nebeneinander. Sie erzählte mir einiges, was ich schon wusste und was mich erwarten würde. Ihre Vorhersage habe ich bis heute nicht vergessen. Sie lautete:»Heirate nicht den jungen Mann mit den schwarzen Haaren, an den du ständig denkst, denn in deiner Ehe wirst du durch die Hölle gehen und deine Ehe wird die Hölle auf Erden sein.« In diesem Moment stand ich auf, winkte mit der Hand ab und sagte entrüstet:»So ein Unsinn.« Ich verlor keinen Gedanken mehr daran, dass der Mann, in den ich verliebt war, mir etwas Schlimmes antun könnte. Nach diesem Tag habe ich Johanna längere Zeit nicht mehr gesehen.

Im Mai bestand ich mein Abitur. Einige Wochen danach rief mich Martin an und teilte mir mit, dass er für drei Monate, von August bis Oktober, ein Ausreisevisum nach Deutschland bekommen würde. Meine Freude darüber, ihn wiederzusehen, war unbeschreiblich. Sehnsüchtig wartete ich auf seine Ankunft und stellte mir vor, was ich ihm in Deutschland alles zeigen würde.

DIE HAARLOCKE UND DER ERSTE BISS

Am 3. August war es dann endlich so weit, und meine Eltern und ich konnten Martin endlich vom Bahnhof in Hamburg abholen. Bei unserer Begrüßung schien er sehr erschöpft und abgemagert zu sein. Zu Hause erzählte er mir, dass er sehr anstrengende Prüfungen hinter sich hätte. Wir verbrachten sehr viel Zeit miteinander; es war wunderschön. Wir besichtigten den Hamburger Hafen, Köln mit seinem Dom, Düsseldorf und vieles mehr. Die Zeit verging wie im Fluge.

Meine Mutter war eine fabelhafte Gastgeberin. Für sie war Martin der perfekte Schwiegersohn und dazu noch Arzt. Mein Vater war sehr zurückhaltend und bemühte sich, freundlich zu sein. Aber ich kannte ihn. Irgendetwas störte ihn an dieser Geschichte. Aber was? Ich hatte nicht den Mut, mit ihm darüber zu reden. Oder war es eher die Tatsache, dass ich vor seiner Meinung Angst hatte? Nach zwei Monaten sagte mir Martin, dass seine Eltern einige Wünsche hätten, die er erfüllen müsse. Er zeigte mir einen Wunschzettel, der eher einem langen Einkaufszettel glich. Mit dieser Liste ging ich zu meiner Mutter. Nachdem sie diese überflogen hatte, schaute sie mich etwas verwundert an und sagte: »Na gut, ich werde mit deinem Vater reden.« Ich merkte sofort, dass sie entschlossen war, die Wünsche seiner Eltern zu erfüllen.

Am vorletzten Tag seiner Abreise sagte er nebenbei: »Ich möchte ein Andenken von dir, am besten deine Haare; die werde ich mir dann auf die Rückseite deines Fotos kleben.« Ohne zu überlegen, ließ ich ihn eine meiner Haarlocken abschneiden. Doch das war ihm nicht genug. Er sagte, er wolle auch mir ein Andenken von sich hinterlassen, beugte sich zu mir herunter und, ohne jegliche Vorwarnung, biss er plötzlich in meinem rechten

Oberarm. Ich schrie auf vor Schmerz, und als ich die Bisswunde sah, war ich teils überrascht, teils wütend auf ihn. Aber ich war unfähig, etwas zu sagen, geschweige denn ihm Vorwürfe zu machen. Martin steckte die Haarlocke in ein Taschentuch und sagte: »Jetzt habe ich ein Andenken von dir und du eins von mir. Von nun an wirst du immer an mich denken.« Dann wechselte er das Thema und tat so, als ob nichts geschehen wäre. So kannte ich mich gar nicht. Ich hatte wortlos alles hingenommen. An diesem Abend konnte ich lange nicht einschlafen.

Als er am nächsten Tag abreiste, brachten wir Martin mit sieben Koffern voller Dinge, die seine Eltern sich gewünscht hatten, zum Bahnhof. Der Abschied fiel mir sehr schwer. Meine Tränen konnte ich nicht verbergen. Er war etwas gerührt, zeigte aber kaum Gefühle. Vielleicht war es seine Art, so mit den Dingen umzugehen.

Nachdem er nicht mehr da war, fühlte ich eine sehr große Leere im Innern meines Herzens. Die ersten Tage waren sehr schwer für mich. Damals dachte ich, dass er die Liebe meines Lebens sei. Ich wusste, dass kein anderer Mann außer Martin für mich infrage kam. Die Sehnsucht, die ich nach ihm verspürte, tat weh. Ich musste ständig an ihn denken. Ich dachte, dass es mit der Zeit besser werden würde und die plötzliche Leere in meinem Herzen nach seiner Abreise mit der Zeit zurückgehen könnte. Ich hoffte, dass mich der Beginn meines bevorstehenden Musikstudiums ablenken würde.

DIE WARNUNG MEINES VATERS

Pünktlich zum Semesterbeginn nahm ich in Hamburg mein Musikstudium auf. Meine Hauptfächer waren Klavier und Gesang. Ich übte beides oft und lange. Jetzt erst wurde mir bewusst, wie selten ich mich während seiner Anwesenheit damit befasst hatte. Die Sehnsucht nach Martin war noch stärker als zuvor. Ich wachte nachts oft auf und dachte nur an ihn. Tagsüber war ich müde und unkonzentriert. Weil es mir unmöglich war, täglich mit dem Zug nach Münster zu reisen, mieteten meine Eltern ein Appartement in Hamburg für mich. Ich lernte einige Kommilitonen kennen. Am Anfang gingen wir öfter aus, unterhielten uns über die Professoren und unser Studium. Mit der Zeit ging ich jedoch immer seltener aus.

Die Wunde auf meinem Oberarm, die mir Martin zugefügt hatte, verheilte nur sehr langsam, und ich verspürte immer wieder einen schmerzenden Stich an dieser Stelle. Nach vier Wochen fuhr ich das erste Mal nach Hause zu meinen Eltern.

Als meine Mutter mich sah, fragte sie sehr besorgt: »Kind, du siehst aber schlecht aus, hast du etwa abgenommen?« Ich antwortete nicht. Danach ging ich zu meinem Vater ins Geschäft. Wir unterhielten uns über Hamburg und mein Studium, dabei schaute er mich prüfend an und fragte: »Geht es dir gut in Hamburg, bist du mit deinem Studium zufrieden?« Ich antwortete, dass ich sehr zufrieden sei und ich mich freue, wieder daheim zu sein.

Meine Mutter sprach sehr oft von Martin, was für ein toller Mensch er sei und welch ein schönes Paar wir abgeben würden. Ich freute mich, meine Geschwister zu sehen, und wir hatten eine schöne Zeit. Eines Abends fragte mich mein Vater, ob ich Martin ehrlich lieben würde und ich mir wirklich vorstellen könne, ihn zu ehelichen. Diese Frage kam für mich sehr plötzlich. Ich brauchte einige Zeit, um sie beantworten zu können. Als ich ein sicheres »Ja« über die Lippen gebracht hatte, schaute er mich an und sagte:»Sei vorsichtig, und überleg es dir gut.« Ich erschrak über die Ernsthaftigkeit in seiner Stimme. So kannte ich ihn nicht. Es war das erste Mal, dass er sich in dieser Weise dazu äußerte. In seiner Stimme lag etwas, das mich beunruhigte. Nach knapp einer Woche fuhr ich wieder nach Hamburg zurück.

Mittlerweile versuchte ich, mich mehr auf mein Studium zu konzentrieren, was mir auch gelang. Ich schlief besser und ging mit meinen Freunden wieder öfter aus. Die Annäherungsversuche der Kommilitonen übersah ich, denn für mich kam nur ein Mann infrage, und das war Martin. Kurz vor Weihnachten fuhr ich wieder nach Hause. Die Bisswunde auf meinem Oberarm war fast verheilt. Die Weihnachtsfeiertage vergingen sehr schnell. Wir musizierten viel. Ich spielte Klavier, meine Mutter Akkordeon, und wir sangen Weihnachtslieder. Heiligabend gingen wir alle zur Christmette. Wir waren streng katholisch erzogen und praktizierende Christen. Während der Feiertage stellte ich mir vor, wie schön es wäre, wenn Martin mit uns feiern würde. Ich beschloss, mit ihm Silvester zu verbringen.

SILVESTERFEIER MIT MARTIN

Nach den Feiertagen offenbarte ich meiner Mutter mein Vorhaben. Sie warnte mich davor und meinte, im Osten gebe es sehr viel mehr Schnee, dann wäre auch noch die lange Zugfahrt und überdies sei die Zeit, sich darauf vorzubereiten, viel zu kurz. Außerdem war eine Zugfahrt zur Zeit des Kalten Krieges in ein kommunistisch regiertes Land beschwerlich und unvorhersehbar. Ich ließ mich von meiner Idee nicht abbringen. Es war mir egal, ich war bereit, für Martin alles auf mich zu nehmen, und meinte: »Das wird bestimmt die schönste Silvesterfeier, die ich je erlebt habe.«

Ich packte meine Koffer, mein Vater besorgte mir eine Zugfahrkarte und am 29. Dezember konnte ich endlich meine Reise antreten. Ich fühlte, dass meine Eltern unruhig waren. Die lange Zugfahrt, die Kälte und der Aufenthalt in einem kommunistischen Land waren nicht ungefährlich. Alle, sowohl meine Eltern als auch meine Brüder, wünschten mir eine wunderschöne Zeit mit Martin.

Es war eine sehr mühsame Fahrt, zumal wir wegen eines Zugdefekts sechs Stunden an der deutsch-polnischen Grenze standen. Unser Fenster ließ sich nicht ganz schließen, sodass man nur durch einen kleinen Spalt nach draußen sehen konnte. Auch die zunehmende Kälte machte uns sehr zu schaffen. Es schneite so heftig, dass sich durch den offenen Fensterspalt immer wieder Schneeflocken in das Innere des Waggons verirrten. Die Zollkontrolle war übertrieben streng.

Eine ältere Frau hatte drei goldene Ringe als Geschenk für ihre Enkelinnen. Es waren wunderschöne, sehr alte Andenken von ihrer Großmutter. Weil sie Angst hatte, man würde ihr die Ringe abnehmen, teilte sie diese unter den weiblichen Mitreisenden auf. Wir waren sechs Personen im Abteil. Später bekam sie die Ringe zurück und war erleichtert, dass alles gut überstanden war.

Nachdem der Zugschaden behoben worden war, konnten wir endlich weiterfahren. Vor dem Antritt meiner Reise nach Polen hatte ich Martin angerufen und ihm mitgeteilt, dass ich Silvester mit ihm verbringen wolle. Er freute sich sehr und sagte mir am Telefon, dass er für uns Karten für eine Silvesterfeier besorgen würde, obwohl es zeitlich sehr knapp sei. Bis zur Ankunft in Gdańsk blieben noch etwa vier Stunden. Irgendwann schlief ich vor Erschöpfung ein. Plötzlich merkte ich, dass mich jemand am Arm rüttelte und in polnischer Sprache sagte: »Wach auf.« Ich traute meinen Augen nicht – vor mir stand Martin. Wir begrüßten uns sehr herzlich und freuten uns auf unsere gemeinsamen Tage. Er meinte, wir hätten noch drei Stationen bis zur Ankunft. Von ihm erfuhr ich, dass wir in einem noblen Restaurant in Gdańsk Silvester feiern würden. Er war überzeugt davon, dass ich bei ihm zu Hause übernachten würde. Ich machte ihm jedoch klar, dass mein Vater für mich ein Zimmer in einem Hotel reserviert hatte. Ich konnte sein enttäuschtes Gesicht sehen. Danach sagte er halblaut: »Schade, meine Mutter wird darüber nicht sehr erfreut sein.« Diesen Satz verstand ich damals nicht, und so dachte ich nicht weiter darüber nach. Eine Stunde später kamen wir endlich in Gdańsk am Hauptbahnhof an. Er besorgte ein Taxi, und wir fuhren zu ihm nach Hause. Ich war sehr erschöpft und müde. Seine Mutter erwartete uns schon mit einem warmen Essen. Sie war sehr nett, und wir unterhielten uns über die beschwerliche Reise. Später gesellten sich Martins Schwester und sein Vater zu uns, der mich auch sehr herzlich begrüßte. Es war recht spät geworden, und ich wollte nur noch ins Bett. Es wunderte mich, dass er seiner Mutter noch nichts von meinem bevorstehenden Aufenthalt im Hotel verraten hatte. So sagte sie: »Du siehst erschöpft aus, ich habe für dich ein Bett vorbereitet.« In dem Moment sagte Martin: »Anna wird im Hotel übernachten.« Seine Mutter wurde plötzlich sehr blass, ihre Nasenspitze wurde dunkelrot, und in ihren dunklen Augen konnte ich einen unglaublichen Zorn erkennen, wie ich es bisher noch bei keinem Menschen gesehen hatte. Ihre Verwandlung ging dermaßen schnell vonstatten, dass ich kein Wort hervorbringen konnte. Kurze Zeit darauf sagte sein Vater: «Nun gut, dann fahr mit ihr ins Hotel.« Wir verabschiedeten uns und fuhren mit dem Auto seines Vaters los. Ich checkte ein, und Martin brachte mir noch meinen Koffer aufs Zimmer. Wir umarmten uns zum Abschied, und er ging mit den Worten: »Dann bis morgen.« Ich hielt es für klüger, keine Fragen bezüglich der plötzlichen Stimmungsschwankung seiner Mutter zu stellen. Ich freute mich auf unseren bevorstehenden Tag. Er kam am nächsten Tag gegen Mittag ins Hotel. Gemeinsam verbrachten wir den ganzen Nachmittag in Gdańsk. Wir aßen zu Mittag, besuchten einige Sehenswürdigkeiten und freuten uns, dass wir endlich mal wieder allein sein konnten. Gegen 17 Uhr fuhr er nach Hause. So konnten wir uns, jeder für sich, für den bevorstehenden Abend zurecht machen. Gegen 19 Uhr war ich mit Schminken und Ankleiden fertig. Ich trug einen langen schwarzen Rock, dazu eine goldene Bluse und einen vergoldeten Schmuck mit roten Glitzersteinen. Diese Kleidung passte gut zu meinen blauen Augen und meinen blonden hochgesteckten Haaren. Der goldene Gurt aus dem gleichen Stoff wie meine Bluse unterstrich meine schlanke Figur. Ich warf einen Blick in den Spiegel und war mit meinem Aussehen sehr zufrieden. Den Zorn seiner Mutter hatte ich längst vergessen.

DIE ERSTEN VORWÜRFE

Beschwingt stieg ich in ein Taxi und, wie besprochen, fuhr ich zu Martin. Außer Martin und seiner Mutter, die mich sehr kühl begrüßte, war keiner daheim. Mir fielen sofort wieder ihr blasses Gesicht und ihre rote Nasenspitze auf. Ihre Wut hielt wohl länger an, als ich dachte. Martin bat mich, am Esstisch Platz zu nehmen. Danach brachte er mir etwas zu trinken. In seinem schwarzen Anzug und seinem weißen Hemd, einer dazu passenden schwarzen Fliege sah er sehr gut aus. Während wir alle drei am Tisch saßen, zögerte seine Mutter nicht lange und fragte:

»Na, wie hast du geschlafen?« Von ihrem zornigen Tonfall überrascht, antwortete ich:»Gut, es ist ein schönes Hotel.« Daraufhin fing sie an, mir Vorwürfe zu machen, wie ich denn dazu käme, ihre Gastfreundschaft abzulehnen, und dass sie wüsste, was wir im Hotelzimmer getan hätten, und als gute Katholikin hätte ich doch den Anstand haben müssen, wenigstens in die Kirche zu gehen, um das alte Jahr zu verabschieden. Ich war wie vor den Kopf gestoßen, sowohl wegen ihres Tonfalls als auch wegen der unverständlichen Vorwürfe. Ich blickte zu Martin, aber er hielt den Kopf gesenkt und sagte nichts. Es war eine sehr bedrückende Stimmung im Raum, und ich ärgerte mich über diese unbegründeten Vorwürfe seiner Mutter, war aber unfähig, etwas zu erwidern. Mir traten die Tränen in die Augen. Kurze Zeit später stand Martin auf und sagte:»Wir können fahren, das Taxi ist da.« Ohne ein Wort standen wir auf und verabschiedeten uns knapp von seiner Mutter. Jetzt erst sah ich, dass sie Tränen in den Augen hatte, was noch unverständlicher für mich war. So viel Wut und Zorn hatte ich bisher noch nie erlebt. Mir war sehr elend zumute. Ich war so deprimiert und traurig, dass meine ganze Freude auf den bevorstehenden Abend wie weggeblasen war. Der Saal, in dem wir unsere Silvesterfeier verbringen sollten, war sehr nobel und wunderschön geschmückt. Es waren viele fröhlich gestimmte Paare, die mit uns feiern sollten, anwesend. Wir saßen mit vier Paaren an einem Tisch. Obwohl wir viel tanzten und die Menschen sehr fröhlich waren, konnte ich mich nicht freuen. Im Gegenteil, meine Stimmung war bedrückt, und ich hatte oft Tränen in den Augen. Ständig musste ich an Martins Reaktion und daran denken, was mir seine Mutter vorgeworfen hatte. Er hatte mich mit keinem Wort verteidigt. Nun, ich muss gestehen, dass ich diese Familie kaum kannte, was die Situation für mich nicht unbedingt einfacher machte. So begrüßten wir das neue Jahr

1980. Gegen 4 Uhr morgens brachte mich Martin ins Hotel und fuhr nach Hause. Ich überlegte, ob ich überhaupt noch zu ihm fahren oder gleich am nächsten Tag in den Zug nach Deutschland steigen sollte. Aber nach dieser langen Nacht musste ich mich zuerst ausruhen, danach wollte ich eine Entscheidung treffen. Es sollte jedoch anders kommen, als ich dachte.

ZWEITER KUSS, ZWEITES SIEGEL

Am nächsten Tag gegen 12 Uhr mittags klopfte es an der Tür. Halb im Schlaf öffnete ich. An der Türschwelle stand Martin mit einem Blumenstrauß in der Hand. Er überreichte ihn mir und nahm mich in die Arme. Es dauerte nicht lange, und meine Enttäuschung und mein Vorhaben gehörten der Vergangenheit an. Ich freute mich, dass er da war. Wie selbstverständlich sagte er:»Meine Eltern würden dich gern zu uns zum Essen einladen.« Ohne zu überlegen, sagte ich zu. Ich kann es mir bis heute nicht erklären, weshalb ich meine Meinung damals so schnell geändert habe. Es war, als ob nichts Schlimmes gewesen sei.

Es dauerte eine Weile, bis ich mich angezogen und mir die Haare zurechtgemacht hatte. Danach fuhren wir in sein Elternhaus. Die ganze Familie wartete auf uns. Wir wünschten uns alles Gute für das neue Jahr. Martins Mutter wünschte uns eine glückliche gemeinsame Zukunft. Für mich kam der Satz etwas zu voreilig, weil weder Martin noch ich über eine gemeinsame Zukunft gesprochen hatten. Erstaunlicherweise hatte sie sich sehr viel Mühe gemacht, mich freundlich zu empfangen. Der Tisch war reich gedeckt, und wir unterhielten uns alle sehr nett. Alles in allem war es eine sehr angenehme Atmosphäre. Die Zeit verging sehr schnell, und es kam der Tag der Abreise. Ich verabschiedete mich von Martin und seiner Familie. Er brachte mich am 3. Januar nach Gdańsk zum Zug. Weil die Straßen an diesem Tag leer waren, kamen wir früh am Bahnhof an. So hatten wir noch genug Zeit, um miteinander gemütlich eine Tasse Tee zu trinken. Wir bedauerten beide, dass die Zeit so schnell vergangen war. Plötzlich zog Martin ein Kästchen aus seiner Hosentasche, öffnete es und zog eine Kette mit einem Anhänger heraus. Die Kette war aus Silber, und der Anhänger war eine kleine Glocke. Er legte sie mir um den Hals, mit den Worten, dass es nur eine Hälfte sei und er die zweite Hälfte der Glocke bereits um seinen Hals trüge. Danach sagte er:»So werden wir immer miteinander verbunden sein.« Wir küssten uns, und mir wurde bewusst, dass ich mit ihm mein Leben verbringen wollte, ja, ich liebte Martin. Es war ein schönes Gefühl, jemanden in seiner Nähe zu haben, den man liebte.

Gegen 11 Uhr kam der Zug am Bahngleis an, wir verabschiedeten uns, und ich stieg ein. Der Zug fuhr los, und Martin winkte mir noch eine Weile. Meine Augen füllten sich mit Tränen, trotzdem war ich froh, bald wieder zu Hause zu sein.

Die Semesterferien neigten sich dem Ende zu, und ich musste wieder nach Hamburg zurück. Ich dachte oft an meinen geliebten Martin und an die schöne Zeit, die ich mit ihm verbracht hatte. Der Zwischenfall mit seiner Mutter war fast vergessen. Im Gegenteil, es war, als ob es ihn nie gegeben hätte. Wir schrieben uns lange Briefe, in denen wir unsere gegenseitige Liebe und Sehnsucht beteuerten. Für mich war es nicht einfach, denn ich brauchte so manches Mal die Hilfe meines älteren Bruders. Auch ohne Wörterbuch ging es nicht. Im Mai schrieb mir Martin, dass seine Mutter sehr gern nach Deutschland zum Arbeiten kommen würde und ob wir ihr diesen Wunsch ermöglichen könnten. Weiterhin schrieb er, dass sie bei meiner Cousine Susanne und ihrem Mann Stefan wohnen würde. Es dauerte nicht lange, und meine Mutter fand eine Arbeitsstelle in einer Telefonfabrik, die ein Familienunternehmen war. Mir war dabei nicht wohl zumute, aber ich redete mir ein, dass alles gut gehen würde.

GESTALTWANDLUNG

Frau Nidek, Martins Mutter, kam im Juni, nachdem sie ein Ausreisevisum erhalten hatte, bei meiner Cousine an. Erst drei Wochen zuvor hatte sie ihre zweite Tochter bekommen. Meine Cousine empfing ihre Schwiegermutter herzlich, aber reserviert, ebenso verhielt sich ihr Ehemann Stefan. Zwei Tage nach ihrer Ankunft trat Frau Nidek die Arbeitsstelle in der Fabrik an. Es vergingen zwei Wochen, bis wir uns an einem Sonntag wiedersahen. Obwohl Susanne ein eher fröhlicher und offener Mensch war, kam sie mir sehr nervös und niedergeschlagen vor. Ihre Augenringe waren nicht zu übersehen. Ihr Ehemann beschäftigte sich fast die ganze Zeit mit seinen kleinen Töchtern. So kannte ich ihn nicht. Denn er war immer sehr gesprächig und offenherzig. Die Situation war sehr angespannt. Wir unterhielten uns mit Frau Nidek über ihre Arbeit und ob ihr die Arbeitsstelle gefallen würde. Sie sagte, dass sie sehr zufrieden sei und sich freuen würde, einige D-Mark zu verdienen, weil sie und ihr Mann für das Studium ihrer Kinder sehr viel Geld aufbringen müssten. In der Zwischenzeit ging meine Cousine zu ihrem Ehemann und den Töchtern, kurze Zeit darauf gesellten sich auch meine Brüder zu ihnen. Am Tisch blieben nur noch meine Eltern, Frau Nidek und ich sitzen. Es störte mich nicht, dass wir uns aufteilten, denn auf diese Weise konnten wir uns in Ruhe unterhalten. Sie erzählte uns, wie ihre Tätigkeit aussah, wie sie die Telefonteile reinigen musste, um diese wieder zusammenzusetzen, und vieles mehr. Plötzlich wechselte sie das Thema und ging auf ihren Sohn Stefan los. Ihre Unzufriedenheit war nicht zu überhören. Danach beklagte sie sich, dass ihre Schwiegertochter sie schlecht behandeln würde und sie sich sogar ihr Essen selbst kaufen müsse. Wir konnten es kaum glauben, denn das junge Ehepaar war uns gegenüber immer sehr gastfreundlich.

Frau Nidek verstieg sich immer mehr in ihren Behauptungen und Äußerungen. Mir fiel auf, was ich schon einmal in ihrem Haus erlebt hatte, nämlich, dass sie im Gesicht weiß wurde und ihre Nasenspitze sich rot färbte. Es war kein angenehmer Anblick. Wir schauten sie an und konnten kein Wort herausbringen. Sie beklagte sich weiter, beschimpfte ihre Schwiegertochter als unzuverlässig und unsauber und sagte, dass sie nicht die richtige Partnerin für ihren Sohn sei.

Danach lobte sie ihre Enkelinnen, vor allem die ältere, wie brav und lieb sie sei. Über die jüngere sagte sie: »Schade, aber die kleine Julia ist sehr krank, wer weiß, ob sie noch gesund wird.« Wir waren schockiert, weil es keinen Anlass gab, das zu glauben oder zu vermuten. Im Gegenteil, sie entwickelte sich prächtig, ihr Gesicht war rosig, und sie lächelte oft. Außerdem waren bisher keine gesundheitlichen Probleme aufgetreten. Normalerweise hatte Frau Nidek braune Augen. Doch als sie über die Krankheit der kleinen Julia sprach, wurden sie dunkelbraun, ja, fast schwarz. Ich fühlte mich sehr unwohl, eine Welle von Angst durchzog mich. Ich schaute meine Mutter an und merkte, dass sie plötzlich blass wurde.

Sie stand auf und bat mich, ihr beim Tischabräumen zu helfen. In der Küche fragte sie mich, ob ich auch die Veränderung in den Augen von Frau Nidek bemerkt hätte. Ich antwortete ihr, dass es kaum zu übersehen gewesen sei. Wir konnten uns das nicht erklären, aber jede von uns wusste, dass es nichts Gutes zu bedeuten hatte. Zudem bemerkte ich, dass mein Vater, der irgendwann dazugekommen war, den Kopf wortlos senkte. Bei jeder anderen Person hätten wir meine Cousine und ihre Familie in Schutz genommen – doch nicht bei Frau Nidek. Die Unfähigkeit, ihr zu widersprechen, wuchs mit jedem ihrer Sätze.

Der Höhepunkt des Abends war, als Stefan mich fragte, ob ich mit ihm Windeln für die kleine Julia holen würde, weil er diese zu Hause vergessen hätte. So stiegen wir in sein Auto und fuhren los. Plötzlich blieb er an einem Waldrand stehen, legte seine Hand auf meinen Oberschenkel und gestand mir seine Zuneigung. Ich war schockiert, denn ich kannte ihn nicht von dieser Seite, und es hatte nie einen Anlass gegeben, ein solches Verhalten zu vermuten. Ich legte seine Hand zur Seite und sagte: »Komm, vergessen wir es. Wir wissen beide, dass du deine Frau und deine Kinder liebst.« Er schaute mich an, und ich merkte, dass ihm diese Situation furchtbar peinlich war. Er drehte seinen Kopf zur Seite und sagte: »Es tut mir leid, ich weiß nicht, was über mich gekommen ist!« Anschließend fuhren wir weiter. Er holte die Windeln, und wir fuhren zurück. Noch an diesem Abend fragte ich Susanne, was bei ihnen los sei. Sie antwortete, dass alles in Ordnung wäre. Mein Gefühl sagte, dass ich keine weiteren Fragen stellen sollte.

Am nächsten Morgen fuhr ich nach Hamburg. Zwei Tage nach unserem Wiedersehen rief mich meine Mutter an und erzählte mir, dass Susanne sie angerufen und gefragt habe, ob ihre Schwiegermutter sich bei uns gemeldet hätte. Meine Mutter fragte sie erstaunt, was bei ihnen los sei und wieso alle so nervös wären. Nach diesen Worten fing Susanne zu weinen an und sagte: »Tante, ich halte das nicht mehr aus, sie beleidigt mich, wo sie nur kann, und hetzt Stefan gegen mich auf. Ständig erzählt sie, dass Julia sehr krank sei.« Ich konnte es nicht fassen, war aber gleichzeitig sehr traurig darüber, denn Martin war auch ihr Sohn, und wenn ich ihn heiraten sollte, dann wäre sie auch meine Schwiegermutter.

Zwei Wochen nach diesem Gespräch fuhr ich nach Hause. Meine Mutter und ich unterhielten uns über den letzten Besuch von Frau Nidek. Ich erzählte ihr, was an jenem Abend im Auto mit Stefan passiert war. Sie nahm es genauso wenig ernst wie ich und meinte nur, dass im Leben viele Situationen vorkommen würden, in denen man einen kühlen Kopf bewahren müsse. Ihrer Meinung nach sollte man nicht immer alles ernst nehmen. Wir merkten nicht, dass mein älterer Bruder Patrick an der Tür stand und lauschte.

JULIAS PLÖTZLICHE KRANKHEIT

Noch am selben Abend rief meine Cousine sehr aufgeregt an, weinte am Telefon und sagte, ihre Tochter Julia sei sehr krank und sie hätten sie bereits ins Krankenhaus gebracht. Es war jedoch Wochenende und der diensthabende Oberarzt hatte an diesem Wochenende keinen Dienst, sodass die kleine Julia von einem Assistenzarzt behandelt wurde. Ihre Hirnhautentzündung wurde nicht sofort erkannt, und als am Montagfrüh der Oberarzt seinen Dienst antrat, war es für eine erfolgversprechende Behandlung zu spät.

Noch am Montag erfuhren Susanne und Stefan, dass Julia einen Gehirnschaden davongetragen hatte und ein lebenslanger Pflegefall bleiben würde. Wir konnten es nicht fassen. Und alle fragten sich, was da passiert war. Allein diese Situation und die

Worte von Frau Nidek bezüglich der Krankheit von Julia hätten mich aufhorchen lassen müssen, aber ich war so verliebt in ihren Sohn, dass an eine Trennung von Martin nicht zu denken war.

Bevor ich wieder nach Hamburg fuhr, besuchte ich Susanne. Sie war mit ihrer älteren Tochter beschäftigt. Ich war froh darüber, denn so konnte ich mich mit ihr in Ruhe unterhalten. Sie weinte, als sie mich sah, und ihre Augenringe ließen erkennen, dass sie bereits einige Tage lang geweint hatte. Sie erzählte mir, dass ihre Schwiegermutter sie überall schlecht machen würde, sogar bei ihren Nachbarn, mit denen sie einen sehr guten Kontakt pflegte. In den letzten Tagen hatte Frau Nidek andauernd gesagt, dass Julia sehr krank sei und wir keine Freude an ihr haben würden. Weiterhin meinte Susanne, dass es wie ein Fluch sei, diese Frau im Haus zu haben. Danach sagte sie: »Sie heult ständig, wie schlecht sie es bei uns hat, ist aber gleichzeitig kalt wie Eis.« Unter Tränen erzählte sie, dass Julia die ganze Nacht geschrien habe und sie deshalb mit ihr am nächsten Morgen gegen 5 Uhr ins Krankenhaus gefahren sei. Susannes Worte über Frau Nidek waren so unglaublich, dass ich ihre Schwiegermutter ein wenig in Schutz nahm. Daraufhin sagte sie: »Wenn du Martin heiratest, wirst du diese Frau kennen lernen.«

Weder meine Cousine noch ihr Ehemann konnten ihr etwas recht machen, und es gab fast täglich irgendwelche Beleidigungen und Auseinandersetzungen mit ihr. In diesen drei Monaten verlor Susanne sehr viel Gewicht; sie wurde schmal und blass. Ihr Ehemann Stefan stritt oft mit seiner Mutter und nahm Susanne, so oft es ging, in Schutz.

Anfang September fuhr Frau Nidek zurück nach Polen. Sie verabschiedete sich von allen so herzlich, als ob nichts gewesen sei. Ihr Verhalten gab mir viel zu denken. Ich sprach darüber auch mit meinen Eltern. Meine Mutter sagte: »Du wirst nicht mit ihr leben, sondern mit Martin, und er scheint ein guter Mensch zu sein.« Wie wenig Menschenkenntnis sie hatte, sollte sich erst später herausstellen. Mein Vater sagte:»Anna, sei vorsichtig, und überlege dir gut, was du tust. Du hast immer noch genug Zeit, dir die ganze Sache kritisch durch den Kopf gehen zu lassen.«

ABSCHIEDSBRIEF AN MARTIN

Ich schrieb Martin noch zwei Briefe, dann beschloss ich, obwohl ich ihn immer noch sehr liebte, die ganze Angelegenheit zu beenden. Möglicherweise waren es das aggressive Verhalten seiner Mutter und die Äußerungen meines Vaters, die mir einiges zu denken gaben. Ich schrieb Martin, dass es besser sei, Abstand voneinander zu nehmen und sich nicht mehr zu sehen. Am nächsten Tag bat ich meine Mutter, den Brief abzuschicken. Sie weigerte sich, mir diesen Wunsch zu erfüllen, und meinte, dass man so eine Entscheidung erst einmal überdenken solle, bevor man etwas tue, was man später bereuen könne. Noch am selben Tag brachte ich den Brief zur Post.

Das Abschicken des Briefes fiel mir sehr schwer. Die Tage vergingen, und ich war mir nicht mehr sicher, ob ich die richtige Entscheidung getroffen hatte. Ich sehnte mich nach Martin und konnte mich kaum auf meine bevorstehende schriftliche Prüfung konzentrieren. Je mehr Zeit verstrich, desto unruhiger wurde ich und desto mehr sehnte mich nach ihm. Sogar mehr als zuvor. Ich hatte sehr viele schlaflose Nächte, träumte oft von ihm, und manchmal glaubte ich, ihn vor meinem Bett stehen zu sehen. Ich redete mit niemandem darüber, da ich befürchtete, man könne an meinem Verstand zweifeln.

Im November fuhr ich alle zwei Wochen nach Hause, so

auch an diesem Wochenende. Wir saßen alle gemeinsam im Wohnzimmer, als das Telefon klingelte. Ich wusste sofort, dass es Martin war. Meine Mutter nahm den Hörer ab. Sie begrüßte Martin und schaute mich an. Ich war so erfreut über den Anruf, dass ich ihr den Hörer aus der Hand riss und ihn voller Freude begrüßte. In diesem Moment wusste ich, dass ich ihn nicht mehr verlieren wollte, ungeachtet dessen, was in den letzten Monaten geschehen war. Meine Mutter schaute zu meinem Vater, und beide lächelten.

Danach schrieben wir uns wieder regelmäßig und freuten uns auf unser nächstes Wiedersehen. Ich hatte endlich Weihnachtsferien. Zwei Tage vor Heiligabend kam ein Telegramm mit folgendem Text: »Habe ein Visum, fahre heute nach Deutschland, Martin.« Meine Freude über sein Kommen, die ich damals empfand, kann ich nicht beschreiben. Ich weiß nur noch, dass ich vor Glück weinte.

HEIRATSANTRAG

Wir verbrachten zwei wunderbare Wochen miteinander. Zusammen begrüßten wir auch das Jahr 1981. Am 1. Januar gingen wir nachmittags spazieren. Es war ein wunderschöner Wintertag. Während wir uns unterhielten, fragte mich Martin, ob ich mir ein Leben mit ihm vorstellen könnte. Ich antwortete, dass er der einzige Mann sei, mit dem ich mein Leben verbringen wolle. Es wurde bereits dunkel, als wir zu Hause ankamen. Wir machten uns eine Tasse Tee und gingen auf mein Zimmer. Es dauerte nicht lange, bis Martin mir die lang ersehnte Frage stellte: »Möchtest du meine Frau werden?« Überglücklich antwortete ich: »Ich liebe dich und möchte deine Frau werden.« Meine Zustimmung war sehr nüchtern. Später konnte ich mich nicht daran erinnern, dass auch er jemals zu mir gesagt hätte:»Ich liebe dich.« Am 7. Januar 1981 fuhr er nach Hause und ich nach Hamburg.

MARTINS ERSTER ALKOHOLAUSRUTSCHER

Die nächsten Monate war ich mit meinem Studium und den Prüfungen beschäftigt. Anfang April erfuhr ich von Martin, dass er und sein Vater vorhätten, Anfang Juni nach Deutschland zu kommen. Die Wochen vergingen sehr schnell, und ich freute mich auf unser Wiedersehen. Anfang Juni war es dann so weit, und wir konnten Martin und seinen Vater vom Bahnhof abholen.

Die nächsten drei Wochen wohnte sein Vater bei meiner Cousine Susanne und ihrem Ehemann, während Martin, wie schon so oft, bei uns übernachtete. Die Zeit mit ihm war wunderschön. Wir genossen es beide. Vergessen waren die Probleme mit seiner Mutter. Wir machten Zukunftspläne und malten uns aus, wie es sein würde, wenn er seinen Beruf als Arzt ausüben würde.

Einige Tage später, an einem Sonntag, kamen Stefan und sein Vater uns besuchen. Sie waren nicht die einzigen Gäste, denn Tante Irmgard und ihre Freundin Johanna statteten uns ebenfalls einen Besuch ab. Wir tranken Kaffee, unterhielten uns und lachten viel. Nach einiger Zeit ging Martins Vater auf die Terrasse, um eine Zigarette zu rauchen. Kurz darauf gesellten sich meine Tante und ihre Freundin zu ihm. Ich sah nur noch, wie sich alle drei angeregt unterhielten. Irgendwann kamen sie wieder zu uns, und wir verbrachten einen sehr netten Abend bei Rotwein. Meine Tante und Johanna fuhren gegen 22 Uhr nach Hause.

Beim Abschied schaute mich Johanna seltsam an und sagte: »Ich wünsche dir noch einen schönen Abend. Wenn du mich mal brauchen solltest, so melde dich.« Ich fühlte mich nicht ganz wohl unter ihrem durchdringenden Blick. Bald darauf verließen uns auch Stefan und mein zukünftiger Schwiegervater. Meine Eltern, Martin und ich blieben noch eine Zeitlang sitzen.

Plötzlich fragte mich Martin, ob er noch ein Bier haben könne. Selbstverständlich brachte ich einige Bierflaschen und stellte sie auf den Tisch. In der darauffolgenden Stunde trank Martin nach dem Rotwein noch drei Flaschen Bier. Für einen Menschen, der immer wieder beteuerte, er würde keinen Alkohol trinken, war er doch recht gut darin. Mein Vater stand auf und sagte, wir sollten doch lieber ins Bett gehen. Mein zukünftiger Ehemann weigerte sich jedoch, lallte vor sich hin, rutschte plötzlich auf dem Sessel aus und landete auf dem Boden. Nach einiger Zeit überredete ich ihn, ins Bett zu gehen.

Am nächsten Morgen stand ich sehr früh auf, um mit meinen Eltern zu frühstücken. Ich schaute in Martins Zimmer. Er schlief seinen Rausch aus und schnarchte sehr laut. Für mich war es ein ungewöhnlicher Anblick, weil ich noch nie jemanden in so einem Zustand gesehen hatte. Am Frühstückstisch fragte ich meinen Vater nach seiner Meinung zur Situation, die sich gestern abgespielt hatte. Er schaute mich an und sagte: »Anna, er ist ein Lump, bevor du ihn heiratest, solltest du ihn besser kennenlernen.« Daraufhin meldete sich meine Mutter und sagte in energischem Ton: »Ach was, er ist noch jung, so etwas kann passieren. Ich bin sicher, wenn er dann Arzt ist, wird er keinen Alkohol mehr trinken dürfen.« Nun, er war für sie der perfekte Schwiegersohn.

Die nächsten zwei Wochen verliefen ohne Zwischenfälle. Beim Abschied sah ich, wie mein Vater und meine Mutter, unabhängig voneinander, ihrem zukünftigen Schwiegersohn Geld zusteckten. Auch die lange Wunschliste seiner Mutter, die wieder erfüllt werden sollte, wurde wunschgemäß ausgeführt. So fuhr

Martin mit Koffern voller Geschenke nach Hause. Dafür brauchte er jedes Mal drei Sitzplätze im Zug. Noch am gleichen Abend stellte ich meine Eltern zur Rede und fragte sie, warum beide ihm Geld zugesteckt hätten. Meine Mutter spielte die Situation herunter und sagte: »Er studiert doch und braucht Geld, außerdem wirst du ihn bald heiraten.« Mein Vater schwieg.

Zwei Tage darauf rief mich Martin an. Der Grund des Anrufes war unter anderem die Festlegung unseres Hochzeitstermins. Ich war ein wenig überrumpelt, weil es das erste Mal war, dass er mich darauf angesprochen hatte, und dazu noch am Telefon. Wir beschlossen, uns noch im selben Jahr zu treffen, um gemeinsam mit unseren Eltern die bevorstehenden Hochzeitsvorbereitungen zu besprechen.

HOCHZEITSVORBEREITUNGEN

Im Oktober desselben Jahres fuhr ich mit meinen Eltern nach Polen. Wie immer übernachteten wir auch dieses Mal bei der Familie meines Vaters. Am nächsten Tag fuhren wir zu Familie Nidek. Nach der herzlichen Begrüßung wurden wir gebeten, im Wohnzimmer Platz zu nehmen. Unterdessen ging Marcins Mutter in die Küche, um den Kaffee vorzubereiten. Kurz darauf ging ich zu ihr und fragte, ob ich ihr behilflich sein könne. Sie sagte: »Nein, ich schaffe das schon allein, du kannst dich setzen.« Ich verspürte eine gewisse Kälte in ihrer Stimme, ja, fast Abneigung. Daraufhin lächelte sie mich an, ihre Augen waren jedoch kalt. So ging ich wieder ins Wohnzimmer.

Martin und mein zukünftiger Schwiegervater unterhielten sich angeregt mit meinen Eltern und waren mitten in der Hochzeitsplanung. Später kam Frau Nidek mit dem Kaffee und setzte sich zu uns. Die Hochzeitsfeier wurde für den 15. Oktober 1982 festgelegt. Gemeinsam beschlossen wir, dass sowohl die standesamtliche als auch die kirchliche Trauung sowie die Hochzeitsfeierlichkeiten in Gdańsk stattfinden sollten. Mein Wunsch war es, in Deutschland zu heiraten, aber aufgrund der politischen Verhältnisse war das unmöglich. Mein zukünftiger Ehemann hätte keine Erlaubnis seitens des polnischen Staates bekommen, in Deutschland zu heiraten. Herr Nidek offenbarte uns bei dieser Gelegenheit, dass sie noch vor der Hochzeit ihr Haus aufstocken und renovieren wollten. Irgendwann, nach einigen Stunden voller Pläne, war es an der Zeit, sich zu verabschieden. Ich war der Überzeugung, dass meine zukünftigen Schwiegereltern mich für die restlichen vier Tage zu sich einladen würden, stattdessen stand Martin auf und sagte: »Wartet auf mich, ich packe nur ein paar Sachen zusammen und komme mit euch.« Vor der Haustür wandte sich meine zukünftige Schwiegermutter mir zu und sagte: »Geht beide in die Kirche und versucht, etwas zu erbitten.« Ich war sehr erstaunt über ihre Worte, auch weil ich nicht wusste, was sie damit meinte.

Es sollten viele Jahre vergehen, bis mir klar wurde, was sie da gesagt hatte. Ich war sehr froh, dass Martin mit uns kommen wollte. Spät am Abend kamen wir bei unseren Verwandten in Katowice an. Martin wurde in einem Gästezimmer untergebracht. Uns war klar, dass wir nur noch vier Tage Zeit hatten, um die notwendigen Unterlagen für die Hochzeit zu beschaffen. So fuhren wir gleich am nächsten Morgen zum Standesamt, wo wir sämtliche Urkunden bekamen. Bei dieser Gelegenheit bestellten wir auch den Termin für die kirchliche Trauung. Nach Tagen voller Erledigungen und Stress, aber auch der schönen Zeit, die ich mit Martin verbringen durfte, fuhren wir nach Deutschland zurück.

Weil sowohl Martin als auch ich uns für die bevorstehenden

Prüfungen vorbereiten mussten, fand in diesem Jahr kein Treffen mehr statt. Wie gewohnt, telefonierten wir oft miteinander und schrieben uns lange Liebesbriefe. Seine Briefe enthielten all das, was er mir nicht persönlich sagen konnte.

Monate vergingen, und wir fingen mit den Hochzeitsvorbereitungen an. Meine Mutter hatte vor, aus einer bürgerlichen Hochzeit eine Märchenhochzeit zu zaubern. So kaufte sie eine Menge an bunten Stoffen für Kleider, die sie später an ihre gesamte Verwandtschaft, an Tanten und Cousinen, verschickte, damit sich jede von ihnen ein langes Kleid nähen konnte. Die Familie meiner Mutter war sehr groß, und alle sollten eingeladen werden. Die Situation glich eher einem Marathon als Vorbereitungen für eine Hochzeitsfeier.

MARTINS FREUND ALEKSANDER

Im März beschloss ich, Martin zu besuchen. Ich packte einige Sachen zusammen. Weil ich wusste, dass er nicht zu Hause war, fuhr ich zu ihm nach Katowice. Er hatte den Studienort von Warschau nach Katowice verlegt. Mein Besuch sollte für ihn eine Überraschung werden. Katowice war zu dieser Zeit eine große graue Stadt, doch mit einem gewissen Flair. Ich machte mich auf die Suche nach dem Universitätsgelände. Weil die Kliniken und das gesamte Gelände sehr bekannt waren, war es nicht schwer, diese ausfindig zu machen. Im Studentenwohnheim angekommen, machte ich mich auf die Suche nach ihm. Von einem Kommilitonen erfuhr ich, dass Martin noch bis zum späten Nachmittag ein Praktikum in der Klinik absolvieren müsse. Bis zu unserem Wiedersehen hatte ich demnach noch vier Stunden Zeit. Wie die ganze Stadt waren auch die Kliniken und ihre Umgebung grau.

Das Ganze glich eher einer Militärkaserne. Fast alle Gebäude waren aus roten Ziegelsteinen, die mittlerweile ebenfalls grau geworden waren. Die Zeit rückte immer näher, und ich war schon sehr aufgeregt und neugierig auf die Reaktion von Martin, wenn er mich sah. Gegen 18 Uhr klopfte ich an seine Tür. Es dauerte nicht lange, und er stand vor mir. Wir fielen uns in die Arme und küssten uns. Nach dieser leidenschaftlichen Begrüßung sagte er: »Ich kann es kaum fassen, dass du hier bist, du glaubst nicht, wie ich mich freue.« Irgendwie spürte ich, dass er bereits von meiner Anwesenheit gewusst hatte. Sein Zimmer war nicht sehr groß, und er wohnte mit zwei Kommilitonen zusammen. Wir beschlossen, uns einen schönen Abend zu machen und auszugehen. Er bat mich, Platz zu nehmen, während er sich zum Ausgehen fertig machte. Mir fiel auf, dass er sehr müde und abgespannt aussah. Aber er hatte wohl keine Zeit, sich zu erholen, wenn er neben dem Praktikum auch noch Prüfungen ablegen musste.

Es dauerte nicht lange, bis sich die Tür öffnete und seine Zimmergenossen den Raum betraten. Sie begrüßten mich sehr freundlich und meinten, dass sie nun endlich Martins zukünftige Ehefrau kennenlernen dürften. Sie setzten sich zu mir, und wir unterhielten uns über ihr Studium, die neuesten Musikhits und über das Studentenleben in Polen. Von ihnen erfuhr ich, dass sie vor lauter Lernen und Stress kaum Zeit hätten, irgendetwas zu unternehmen, geschweige denn Partys zu feiern. In diesem Moment schauten sie sich gegenseitig an, und ich merkte, wie sie ein Lächeln unterdrücken mussten. Aleksander sagte: »Ja, und der Bravste von uns ist Martin, denn er passt immer auf, dass wir nicht zu viel Alkohol trinken und er sich für uns nicht noch womöglich schämen müsste.« Er schaute mich dabei seltsam an, so, als ob er sagen wollte: »Was tust du dir da an?.«

In diesem Moment kam Martin aus dem Bad, sah seine

Freunde an und sagte: »Ah ja, Aleksander und Robert hast du bereits kennen gelernt.« Er hatte dabei einen seltsamen Unterton in seiner Stimme, über den ich nicht weiter nachdachte. Während ich mich von ihnen verabschiedete, sagte Aleksander: »Pass auf dich auf!« Ich spürte, dass er mir etwas sagen wollte, sich aber nicht getraute, es auszusprechen. Eilig schob mich Martin zur Tür hinaus.

Wir beschlossen, zuerst essen zu gehen und später in einem Hotel zu übernachten. Er suchte ein sehr schönes Lokal aus. Während des Essens schmiedeten wir gemeinsam Pläne für unsere Zukunft. Ich genoss die Zeit mit ihm. Irgendwann fing er an, über sein Studium zu erzählen und unter welchem Druck er im Moment stehe. Nebenbei erwähnte er seine momentane finanzielle Not. Es wunderte mich, weil er von meinen Eltern die vollste finanzielle Unterstützung bekam, und wenn er die D-Mark in Zloty umgetauscht hatte, so hätte sein Einkommen vollkommen ausreichen müssen. Ich stellte jedoch keine Fragen bezüglich seiner Ausgaben. Im Gegenteil, ich wechselte schnell das Thema und wollte etwas über seine Großmutter, die Mutter seines Vaters, erfahren. Denn ich hatte jedes Mal, wenn wir bei seiner Familie waren, das Gefühl, mit ihr nicht reden zu dürfen, obwohl sie auch in diesem Haus wohnte.

Beim letzten Besuch in seinem Elternhaus sah ich sie nur kurz, mit Tränen in den Augen, auf der Treppe stehen. In diesem Moment war meine zukünftige Schwiegermutter hereingekommen. Sie schaute zur Treppe hinauf, und ich sah, dass sie die alte Frau sehr verärgert anschaute. Sie drehte sich auf der Stelle um und ging die Treppe wieder hinauf. Sie war groß und etwas untersetzt. Im Gegensatz zu Frau Nidek strahlte sie sehr viel Güte aus. Ihre Gesichtszüge waren warm und herzlich.

Und jetzt, wo wir uns wiedersahen, ergriff ich die Gelegenheit und fragte nach seiner Großmutter, wie es ihr gesundheitlich gehen würde und wie sein Großvater gewesen sei. Daraufhin schaute Martin mich an und sagte: »Es gab nie einen Großvater oder Ehemann, meine Großmutter war nie verheiratet.« Es war seltsam, denn mein zukünftiger Schwiegervater hatte einen Bruder. In der damaligen Zeit, zwischen dem Ersten und Zweiten Weltkrieg, zwei Söhne und keinen Ehemann zu haben, bedeutete Schande. Es fiel ihm schwer, darüber zu reden. Ich wollte näher darauf eingehen, aber er blockte ab und sagte, er wüsste darüber nicht sehr viel.

Später erfuhr ich von einer Cousine, der ältesten Tochter von Tante Marta, die auch im selben Ort lebte, dass seine Großmutter mehrere Liebesaffären mit verheirateten Männern hatte, was sie zu einer Aussätzigen machte. Ich erfuhr auch, dass in diesem Ort sehr viele Sinti und Roma lebten und sie auch mit ihnen Liebesaffären hatte. Nun hatte ich auch den Verdacht, dass mein zukünftiger Schwiegervater aufgrund seines Aussehens ein Sinti-und-Roma-Kind sein musste. Außer Martin waren alle seine Geschwister sehr dunkelhaarig und hatten eine dunklere Hautfarbe.

An diesem Abend beschloss ich, nicht mehr über seine Familie zu reden. Ich hatte ohnehin das Gefühl, dass sie noch mehr Geheimnisse hatten. Aber wie schrecklich und dämonisch diese waren, sollte ich erst später erfahren. Die nächsten zwei Tage meldete er sich krank, sodass wir diese gemeinsam verbringen konnten. Beim Abschied gab ich ihm noch 300 Mark in die Hand und meinte: »Ich hoffe, dass du die nächste Zeit mit diesem Geld auskommen wirst.«

Ich war dermaßen erschöpft, dass ich die nächsten drei Tage fast nur noch schlief. So kannte ich mich nicht, aber anscheinend hatte mich unser Wiedersehen viel Kraft gekostet. In dieser Zeit träumte ich sehr viel.

EIGENARTIGE TRÄUME

An einen Traum kann ich mich bis heute sehr gut erinnern. Ich träumte von meiner Großmutter mütterlicherseits. Ich kannte sie nicht, weil sie noch vor meiner Geburt gestorben war, wusste aber von meinen Eltern, dass sie eine sehr gütige und verständnisvolle Frau und Mutter gewesen war. In meinem Traum erschien sie sehr zerbrechlich, ihre Beine waren mit Verbänden bandagiert. Sie schaute mich sehr traurig an und sagte: »Hilf mir!« In diesem Moment wachte ich auf. Mein Gefühl, das ich damals empfand, kann ich nicht beschreiben. Aber ich hatte mich plötzlich an einen früheren Traum erinnert.

Ich war 18 Jahre alt, und es war der 1. November, der Tag, an dem die katholische Kirche Allerheiligen feierte. An diesem Tag gingen meine Eltern und Brüder in die Kirche. Ich fühlte mich krank, hatte Halsschmerzen, sodass ich beschloss, daheim zu bleiben. Ich war müde und legte mich ins Bett. Ich weiß noch heute, dass es kein richtiger Traum war, es war eher ein Tagtraum, als plötzlich eine alte Frau mit bandagierten Beinen vor mir stand; ihr Gesicht war blass und sie hatte dunkle, sehr traurige Augen. Ich war unfähig, mich zu bewegen. Die Frau schaute mich an. In diesem Moment empfand ich keine Angst, sondern nur Mitleid. Während sie mich prüfend anschaute, sagte sie: »Anna, hilf mir, nur du kannst mir helfen.« Nachdem sie mir das gesagt hatte, sah ich plötzlich hinter ihr eine grauenvolle, dämonische Gestalt, die diese Frau nach unten zog. Sie schrie auf, und beide verschwanden hinter einer Tür. Die Gestalt trug ein langes, weißes Gewand. Ihr Gesicht glich einer Teufelsfratze, war sehr lang und rot, ihre Augen schwarz wie Kohle. Die Hände waren sehr lang mit langen grauen Nägeln.

Es dauerte eine Weile, bis ich zu mir kam. Noch am selben

Tag erzählte ich meinen Eltern den seltsamen Traum. Nachdem ich die Person in meinem Traum beschrieben hatte, sagte meine Mutter sehr verwundert: »Das war meine Mutter!« Daraufhin holte sie alte Fotos hervor, die ich zuvor nie gesehen hatte. Auf ihnen erkannte ich die alte Frau aus meinem Traum. Es war tatsächlich meine Großmutter. Nach diesem Tag erschien sie mir nicht mehr. Ich hatte sie völlig vergessen – bis zu jenem Tag im Jahr 1982.

In dieser Nacht hatte ich noch einen weiteren Traum, dieses Mal über meine zukünftige Schwiegermutter und Martin. Ich sah ihre Gesichter. Meine Schwiegermutter erschien mir in sehr dunklen Farben. Ihr Gesicht war grau, ihre rabenschwarzen Augen waren von dunklen Augenringen umgeben. Sie schaute mich voller Hass an. Martin sah ich zusammen mit seinen Freunden. Sie waren auf einer Party, tranken Alkohol und waren mit mehreren jungen Frauen zusammen. Es schien, als ob sie eine Sexorgie feierten. In dem Moment wachte ich auf, völlig verschwitzt.

Immer wieder fragte ich mich, was dieser Traum zu bedeuten hatte. Frau Nidek hatte ich bereits in solch einem Zustand gesehen. Aber Martin? Das war natürlich völlig unmöglich, so etwas tat er nicht! Ich verbannte auch diesen Traum aus meinem Kopf.

Als es mir besser ging, sprach ich mit meiner Mutter über meine Großmutter. Ich erzählte ihr von meinem Traum, mit der Hoffnung, die Wahrheit ans Licht zu bringen, wenn es überhaupt etwas gab, das man ans Licht bringen konnte. Sie schaute mich nur an und sagte, dass sie das jüngste Kind der Familie war und sie keine Antwort auf diesen Traum geben könne. Danach stand sie auf und sagte: »Vielleicht braucht sie deine Gebete?« Irgendetwas in ihrer Stimme verriet mir, dass sie mir nicht die Wahrheit sagte.

In den nächsten Monaten dachte ich immer wieder an den Traum. Aber nur für kurze Zeit, danach verwarf ich ihn wieder.

Indessen liefen die Hochzeitsvorbereitungen auf Hochtouren. Weil meine Mutter ernsthaft darauf bedacht war, mir ein außergewöhnlich schönes Märchenkleid zu kaufen, wurde das Ganze noch komplizierter. Es dauerte ganze drei Monate, bis das geeignete Brautkleid gefunden wurde. Es war ein Traum aus Spitze, Perlen, Stickereien, Pailletten und Satin. Zum Fest wurden 180 Gäste eingeladen.

Die Zeit verging sehr schnell und wir hatten den 16. Juli; an diesem Tag feierte ich meinen 23. Geburtstag. Einige Wochen zuvor hatten meine Cousine Susanne und ihr Ehemann von meiner bevorstehenden Hochzeit mit Martin. Seit dieser Zeit redeten sie nicht mehr mit uns. Sie gingen auch nicht mehr ans Telefon. Ich bedauerte diesen Zustand, denn wir hatten uns alle sehr gut verstanden. Stattdessen kam Brigitte, ihre älteste Schwester, zur Feier.

DER BOSHAFTE BLUMENSTRAUSS

Brigitte wohnte in derselben Ortschaft wie meine zukünftigen Schwiegereltern. Sie besuchte ihre Schwester für einige Tage. Sie war etwa zwanzig Jahre älter als ich. Aufgrund des Altersunterschieds hatten wir kaum Kontakt miteinander. Sie überreichte mir einen großen Blumenstrauß mit gelben Blumen und Disteln. Bei der Übergabe sagte sie:»Die gelben Blumen sollen in dir eine ständige Eifersucht wecken, und mit den Disteln wünsche ich dir sehr viele Schmerzen und Qualen in deiner Ehe mit Martin.« Ich nahm den Blumenstrauß entgegen und bedankte mich. In diesem Moment zog mich mein Bruder Jörg zur Seite und fragte mich, wofür ich mich denn eigentlich bedankt hätte? Erst dann begriff ich, dass sie mir Böses wünschte. Ich wurde nervös. Am liebsten hätte ich sie ausgeladen und ihr den Blumenstrauß hinterhergeworfen. Aber ich entschied mich, die ganze Sache zunächst ruhen zu lassen. Irgendwann würde ich sie fragen, was diese bösen Wünsche zu bedeuten hätten.

Am späten Nachmittag kam ein langjähriger Bekannter und überreichte mir vierzig rote Baccararosen. Er war der Sohn eines Geschäftsfreundes meines Vaters. Ein dunkelhaariger, groß gewachsener, sehr gut aussehender junger Mann, in den ich vor einigen Jahren, bevor ich Martin kennengelernt hatte, heimlich verliebt gewesen war. Nachdem er mir die Rosen übergeben und mir gratuliert hatte, sagte er: »Schade, aus uns hätte was werden können.« Ich glaube, dass ich ein wenig rot wurde. Anscheinend hatte damals keiner von uns den Mut, seine Gefühle dem anderen zu zeigen. Auch heute noch denke ich oft daran, wie mein Leben verlaufen wäre, wenn wir miteinander verheiratet gewesen wären.

Zu meinen Geburtstagsgästen zählten auch Tante Irmgard und ihre Freundin Johanna. Irgendwann am Abend habe ich mich zu den beiden gesetzt, und wir unterhielten uns über meine bevorstehende Hochzeit. Meine Tante offenbarte mir, dass sie bei unserer Hochzeit nicht dabei sein würde, weil der Weg nach Polen für sie zu beschwerlich sei. Ich spürte, dass das nicht der wahre Grund war. Weil ich sie sehr schätzte und sie meine Patin war, bedauerte ich, dass sie nicht zur Hochzeit kommen wollte. Ihre Freundin Johanna äußerte sich mit keinem Wort dazu.

Später hatte ich keine Gelegenheit mehr, Brigitte auf den boshaften Kommentar, den sie ihrem Blumenstrauß beigefügt hatte, anzusprechen.

DER GRENZÜBERGANG

Am 10. Oktober war es dann so weit. Vollgepackt mit Nahrungsmitteln und Kleidern fuhren wir mit zwei Autos nach Gdańsk. Während ich gemeinsam mit meinen Eltern in einem Auto fuhr, waren meine Brüder mit dem anderen Auto unterwegs. An der DDR-Grenze angekommen, befahl man uns, den Kofferraum zu öffnen und alles auszupacken. Kaffee und Puddingpulver sollten ausgeschüttet werden. Meine Mutter wurde kreidebleich im Gesicht, mein Vater stand fassungslos da, und ich überlegte krampfhaft, wie wir unsere Hochzeitsfeier retten könnten.

Weil ich in den vergangenen Jahren des Öfteren die Grenze an der Stelle überschritten hatte, wusste ich, dass dieser Grenzübergang nur eine Transitstrecke zwischen Westdeutschland und Polen war. Demnach hatten diese Zollbeamten kein Recht, uns auseinanderzunehmen. Nach kurzer Überlegung meldete ich mich zu Wort und sagte: »Sie haben kein Recht, uns in dieser Art und Weise zu behandeln, weil es nur eine Transitstrecke ist.« Einer der Zollbeamten wurde so wütend, dass er seine Kollegen mit Spürhunden herbeirief, während die anderen Zöllner unser Auto, mit Maschinengewehren in der Hand, umstellten. Unterdessen steckten die Spürhunde ihre Nasen unter unseren Wagen und zwischen die verpackten Nahrungsmittel. Wir fühlten uns wie Schwerverbrecher. Mit lauter Stimme sagte ich: »Das kann doch wohl nicht wahr sein, was die hier veranstalten.« Meine Mutter sah mich an und sagte mit nervöser Stimme: »Wenn du so weitermachst, wirst du deine Hochzeitsfeier im Knast verbringen.« Dazu kam es aber nicht. Nach zwei Stunden forderte man uns zum Weiterfahren auf. Das Ganze glich einer Show. Aber wir hatten alles ohne Schaden überstanden.

Wir fuhren zu einer Schwester meiner Mutter, die etwa

zwanzig Kilometer von Gdańsk entfernt wohnte. Alle warteten bereits auf uns. Meine zukünftigen Schwiegereltern waren nicht dabei, weil sie angeblich nach dem Umbau mit dem Hausputz beschäftigt waren.

Nachdem ich mich ein wenig frisch gemacht hatte, wollte ich mit Martin allein sein. Wir entschuldigten uns bei den Anwesenden und gingen spazieren. Die Zeit verging sehr schnell, und es war schon dunkel geworden, als wir uns wieder auf den Heimweg machten. Im Haus war es mittlerweile ruhiger geworden. Meine Tante lud uns alle, auch Martins gesamte Familie, für den nächsten Tag zum Polterabend ein. Martin bedankte sich und fuhr nach Hause.

Es war eigenartig, denn die gesamte Hochzeitsorganisation übernahm die Verwandtschaft meiner Mutter. Anscheinend erforderte der Umbau die ganze Aufmerksamkeit der Familie Nidek. Ich dachte nicht weiter darüber nach.

POLTERABEND

Der Polterabend wurde auf 18 Uhr festgelegt. Fast pünktlich erschien am darauffolgenden Tag die gesamte Familie Nidek. Ich sah sie seit vielen Monaten das erste Mal wieder. Martins Schwester Dorota begrüßte mich sehr freundlich, jedoch kühl. Meine zukünftige Schwiegermutter hatte verweinte, gerötete und geschwollene Augen. Martins jüngerer Bruder kam mit seiner Freundin Kamila. Ich hatte mir unser Wiedersehen anders vorgestellt. Der Abend war sehr gut organisiert. Unter den Gästen waren auch sehr viele Personen, die ich nicht kannte. Jeder von ihnen hatte irgendetwas mitgebracht, das man im Hof zerschlagen konnte. Es wurde gesungen, getrunken und gegessen.

Und wie es sich an solch einem Abend gehörte, auch sehr viel Geschirr zerschlagen. Das Ganze dauerte drei Stunden, danach mussten mein zukünftiger Ehemann und ich, wie es die Tradition verlangte, alle Scherben zusammenkehren und aufräumen.

Mittlerweile waren nur noch die engsten Familienmitglieder übrig. Als wir mit dem Aufräumen fertig waren, feierten wir im Haus weiter. Jetzt erst bemerkte ich die angespannte Situation. Es war, als ob man die Luft mit einem Messer schneiden könnte. Ich erschrak, als ich in das Gesicht von meiner zukünftigen Schwiegermutter blickte. Es war, wie ich es schon von früher her kannte, blass, die Augen dunkel, aber diesmal verweint und die Nasenspitze noch mehr gerötet. Wir sprachen nur das Notwendigste. Nach einer halben Stunde fuhren auch sie nach Hause. Weil noch einiges zu erledigen war, wollten Martin und ich uns am nächsten Tag früh treffen.

Als meine Tante die Tür hinter ihnen schloss, sagte sie leise: »Großer Gott, was ist das bloß für eine Familie?« Wir waren alle sehr verwundert über die Art und Weise, wie Martins Familie mit uns den Polterabend gefeiert hatte. Sie saßen an einem Tisch. Es kam kein Lächeln oder der Versuch, an unseren Gesprächen teilzunehmen. Ihre kühle Art ließ auch in mir keine Stimmung aufkommen. Ich unterhielt mich mit allen – außer Freundlichkeit und einem Lächeln war nichts möglich.

In dieser Nacht habe ich sehr schlecht geschlafen. Mir gingen viele Gedanken durch den Kopf, vor allem, ob ich mit dieser Heirat auch das Richtige tun würde. Das erste Mal, seit wir uns kannten, versuchte ich, die Situation nicht herunterzuspielen. Die Stimmung am nächsten Tag am Frühstückstisch war eher bedrückt. Wir sprachen nicht viel miteinander. Nachdem ich etwas Kaffee getrunken hatte, ging ich auf mein Zimmer. Kurz darauf klopfte es an der Tür und mein älterer Bruder Jörg kam herein. Wir unterhielten uns über den letzten Abend, vor allem über meine zukünftige Schwiegermutter. Es war nicht zu überhören, dass er sich Sorgen um mich machte. Bevor er das Zimmer verließ, sagte er: »Du hast noch immer Zeit, die ganze Sache abzusagen.« In diesem Moment klingelte es an der Tür. Als ich Martin in der Tür sah, war die Äußerung meines Bruders schnell vergessen.

Martin war mit dem Auto seines Vaters gekommen. Unterwegs besprachen wir noch alle Einzelheiten, die wir erledigen mussten. Gemeinsam besichtigten wir die Kirche, in der die Trauung stattfinden sollte, und besprachen mit dem Pfarrer die Hochzeitszeremonie. Danach fuhren wir in den Saal, der speziell für die Hochzeitsfeier gemietet war. Als wir dort ankamen, warteten auf uns bereits meine Geschwister, mein Cousin Simon und seine Frau, um den Saal für die Feier vorzubereiten. Wir stellten die Tische zusammen und schmückten den Saal mit Girlanden, goldenen Schleifen und Weiterem. Die Nahrungsmittel, die wir aus Deutschland mitgebracht hatten, wurden in der Küche neben dem Saal abgestellt. Dort sollte später das Festmahl für die Feier von mehreren Köchinnen zubereitet werden.

DIE SCHRECKLICHE GASTGEBERIN

Am 13. Oktober fuhren meine Geschwister, Martin und ich gegen Abend zu seiner Familie. Wir standen nun vor einem sehr schön renovierten Haus. Es war aufgestockt, der Eingangsbereich um einiges breiter. Auch die Eingangstür war neu, mit viel Glas versehen. Die alten Fenster waren durch neue ersetzt worden. Auch der Innenbereich war kaum wiederzuerkennen. Ich war erleichtert, dass alle Vorbereitungen erledigt waren. Ich war entspannt, glücklich und freute mich auf den nächsten Tag, den Tag, an dem wir standesamtlich getraut werden sollten. Was jedoch an diesem Abend bei den Nideks passierte, habe ich bis heute nicht vergessen.

Bereits bei der Begrüßung merkte ich eine unglaubliche Kühle und Gereiztheit, vor allem bei Martins Mutter. Meine Freude schlug plötzlich in Nervosität um; ich konnte mit dieser Situation nicht umgehen und fragte mich, was in den letzten Tagen geschehen war. Kamila, die Freundin von Martins jüngerem Bruder Piotr, war auch anwesend. Sie war in meinem Alter und studierte wie Martin Medizin. Sie war eine aparte, schwarzhaarige, etwas untersetzte Frau. In der Küche begrüßte ich zwei Frauen, die mit den Vorbereitungen für den nächsten Tag beschäftigt waren. Hier sollte nach der Trauung ein kleiner Empfang stattfinden. Wir saßen alle an einem Tisch, als meine zukünftige Schwiegermutter Kaffee und eine Buttertorte brachte. Sie setzte sich zu uns und gab jedem ein Stück. Sie ging von einem zum anderen, und ihre Bewegungen und übertriebene Gestik glichen einem Schauspiel im Theater. Danach setzte sie sich zu uns.

Die ersten Minuten verbrachten wir in Stille. Keiner von uns sagte ein Wort. Ich merkte sofort, dass der Butterkuchen alt und die Butter ranzig war. Meine Geschwister schauten zu mir herüber. Keiner der Anwesenden beschwerte sich über die alte Torte. Die Stimmung war kurz vor der Explosion, als plötzlich Frau Nidek das Wort ergriff. Sie fragte uns über die letzten zwei Tage aus und ob alles zu unserer Zufriedenheit verlaufen sei. Ihre Stimme hatte einen nervösen Unterton, und so dachte ich, dass auch an ihr die letzten Tage nicht spurlos vorübergegangen waren. Bald lockerte sich die Stimmung, und wir unterhielten uns über die verschiedensten Themen. Ich war froh darüber, denn von der anfänglichen Missstimmung war nicht mehr viel zu spüren. Ich merkte jedoch, wie mir zusehends übel wurde und der ranzige Geschmack der Buttertorte langsam in mir hochkroch.

Irgendwann fragte ich Martin, ob er einen Fotografen für die Trauung engagiert hätte. Wir hatten dieses Thema zuvor nicht besprochen, denn dieser Part gehörte dem Bräutigam. Meine Frage beantwortete jedoch nicht mein zukünftiger Ehemann, sondern sein Vater mit den Worten: »Wozu braucht ihr einen Fotografen, es werden genügend Gäste dabei sein, die Fotos machen werden.« Ich war sehr verärgert und brachte keinen Ton heraus.

Es dauerte eine Weile, bis Martins Mutter eine Packung voller Bonbons brachte. Diese warf sie auf den Tisch und sagte: »Hier, die könnt ihr essen, das sind die, die ihr aus Deutschland mitgebracht habt.« Ich war wie vor den Kopf gestoßen, und mir wurde übel, es war einfach zu viel für mich. Ich schaute sie an und sah wieder dieses dunkelrote Gesicht mit der roten Nasenspitze und den schwarzen Augen. Plötzlich fing sie an, mir wieder irgendwelche haltlosen Vorwürfe zu machen, indem sie sagte, dass die erste Brautjungfer nicht Kamila, sondern eine meiner Cousinen sei und sie mehr Mitspracherecht bei den Vorbereitungen erwartet hätte. Die Krönung des Ganzen war, als sie mir vorwarf, Martin gekauft zu haben. Dabei vergaß sie, dass sie diejenige war, die lange Wunschzettel geschrieben hatte. Mit einem aber hatte sie recht, und zwar, dass meine Eltern Martin während seines Studiums finanziert und sämtliche Kosten für die Hochzeit samt der Kleidung für den Bräutigam und den Eheringen übernommen hatten.

Mein erster Gedanke war, dass diese Frau geistesgestört sei und keiner von uns es vorher gemerkt hatte. Plötzlich erinnerte ich mich an die Worte von Susanne, die mir damals sagte: »Du wirst sie noch kennenlernen!« Ich erinnerte mich auch daran, dass meine zukünftige Schwiegermutter anscheinend auch bei Susannes Hochzeit mit Stefan sehr viel Ärger gemacht hatte.

Mein zukünftiger Schwiegervater versuchte, sie sehr vorsichtig zu beruhigen, jedoch ohne Erfolg. Alle saßen da und waren unfähig, dieser Frau zu widersprechen. Ich hatte gehofft, dass wenigstens Martin sie zur Ruhe bringen würde, aber er saß nur da, schaute auf sein Glas und sagte kein Wort, wie ein kleiner Schuljunge. Ich hielt diese Situation nicht mehr aus. Zutiefst enttäuscht und erniedrigt stand ich auf und lief zur Toilette. Ich musste mich übergeben. Danach wusch ich mein Gesicht und meine Hände mit kaltem Wasser. Ich zitterte am ganzen Körper. Ich konnte es nicht fassen, was da gerade abgelaufen war.

Plötzlich war die Hochzeit nur Nebensache. Ich wollte nur noch weg aus diesem Haus und von diesen Leuten. Mir wurde klar, dass mein zukünftiger Ehemann mich vor seiner Mutter nie in Schutz nehmen würde. Aus welchem Grund auch immer, aber diese Familie hatte Angst vor der eigenen Mutter und Ehefrau.

Während ich so in meine Gedanken versunken war, klopfte es plötzlich an der Tür. Ich machte auf, und Martin stand an der Türschwelle. Mit einem Mal war ich unfähig, ihm zu sagen, dass es keine Hochzeit mehr geben würde, stattdessen fragte ich: »Was ist los mit deiner Mutter?« Etwas verlegen antwortete er: »Es war wohl alles zu viel in der letzten Zeit, der Hausumbau und die Hochzeit.« Daraufhin nahm er mich in die Arme und küsste mich. Ich vergaß meinen Ärger. Er bat mich, mich wieder zu beruhigen und an den Tisch zurückzukehren, was ich auch tat. Wir blieben nur noch kurze Zeit. Bis dahin benahmen sich alle, als ob nichts gewesen sei. Beim Abschied wünschten sie mir eine gute Nacht.

Zum ersten Mal an diesem Abend sah ich ein kleines Lächeln auf den Lippen meiner zukünftigen Schwiegermutter. Aber es war noch etwas anderes. Ich spürte, dass sie mit ihrem Schauspiel sehr zufrieden war. Das Ganze widerte mich an. Damals wäre es der beste Moment gewesen, die Hochzeit abzusagen und nach Hause zu fahren. Gleichzeitig fragte ich mich jedoch, was meine Eltern, vor allem aber meine Mutter, dazu sagen würden. Sie war diejenige, die alles organisiert hatte, sie, die aus dieser Hochzeit eine Märchenhochzeit machen wollte. In Wirklichkeit war ich nicht mehr fähig, die richtige Entscheidung zu treffen.

Es sollten noch einige Jahre vergehen, bis ich die Antwort auf mein damaliges Verhalten bekam. Auf dem Rückweg sprach kaum jemand ein Wort. Alle waren in die eigenen Gedanken versunken. Meine zumindest kreisten die halbe Nacht um das, was am Abend geschehen war. Andauernd stellte ich mir die Frage, ob das, was ich vorhatte, richtig war.

Es war der 14. Oktober, der Tag, an dem die standesamtliche Trauung vollzogen werden sollte. Während ich noch im Bett lag, hörte ich eine rege Unterhaltung zwischen meinen Eltern und Jörg. Ich konnte nicht verstehen, worüber sie sprachen, aber mit Sicherheit ging es um den gestrigen Abend. Kurze Zeit später stand ich auf und ging ins Bad. Im Flur traf ich auf meine Mutter; sie lächelte mir zu und sagte: »Guten Morgen.« Sie tat so, als ob nichts gewesen wäre. Heute weiß ich, dass sie alles Erdenkliche getan hätte, damit diese Hochzeit stattfindet. Und nun zum perfekten Schwiegersohn: In den vergangenen Jahren war er immer gut gelaunt gewesen, hatte oft gelächelt und war Medizinstudent.

Die schlaflose Nacht spiegelte sich in meinem Gesicht wider. Die dunklen Ringe unter meinen Augen konnte ich jedoch gut mit Make-up überschminken, sodass ich mit dem Ergebnis sehr zufrieden war. Anschließend wurde die Frisur hochgesteckt. Ich trug ein blau-weißes zweiteiliges Kleid, bestehend aus einem weit geschnittenen Rock und einer Bluse mit einem dazu passenden, wunderschön gearbeiteten breiten Gürtel. Meinen Kopf bedeckte ein reizender kleiner Hut. Außer meinem Vater und meinen Brüdern liefen alle sehr aufgeregt herum. Mein Vater lächelte mir zu, und ich gesellte mich zu ihnen. Wir sprachen nicht viel, doch ich konnte spüren, dass er und Jörg sehr angespannt waren. Mein Vater unterbrach die Stille: »Anna, ich hoffe, du hast es dir gut überlegt, du hast immer noch die Wahl.« Ich antwortete nicht, wusste aber, dass er recht hatte. Jede Braut sollte an einem so wichtigen Tag in ihrem Leben glücklich sein. Ich aber spürte eine nie dagewesene Unsicherheit.

Wir wurden bereits erwartet. Außer Stefan und seiner Familie war die gesamte Familie Nidek anwesend, so auch Piotr mit seiner Freundin Kamila und seine ältere Schwester Dorota. Beim Eintreten zog mich Martin zur Seite. Er lächelte mich an und holte aus seiner Hosentasche ein kleines Bündel Papier, öffnete es, nahm einen Ring heraus und steckte ihn mir an den Ringfinger meiner linken Hand. Ich war überrascht, freute mich aber gleichzeitig sehr über sein Geschenk.

Während ich dabei war, mir den Ring genauer anzusehen, der sehr dünn war und eine Halbkrone hatte, gesellte sich seine Schwester zu uns und sagte: »Ich musste meine goldene Uhr einschmelzen lassen, aber es hat noch für einen Ring gereicht; den habe ich für mich machen lassen.« Daraufhin zeigte sie ihn mir, dieser hatte sehr viel mehr Gold und war mit einem Rubin versehen. Mir war klar, dass sie mich damit brüskieren wollte, ich ließ mir aber nichts anmerken, obwohl ich über ihre theatralische Art ziemlich enttäuscht war.

DER PLÖTZLICHE AUFPRALL AUF DEM WEG ZUM STANDESAMT

Wir fuhren alle zum Standesamt. Es befand sich rund fünf Kilometer entfernt. Vor uns im Auto fuhren meine zukünftigen Schwiegereltern mit Martins jüngerem Bruder und seiner Freundin. Meine Eltern, Martin und ich fuhren gleich hinter ihnen. Mein Vater saß am Steuer, während Martin und ich es uns auf dem Rücksitz bequem machten. Hinter uns fuhren meine Geschwister und die anderen Gäste.

An einer Kreuzung auf der Landstraße blieben die Nideks plötzlich stehen. Was danach passierte, kann ich mir bis heute nicht erklären. Mein Vater, eigentlich ein guter Autofahrer, fuhr, ohne zu bremsen, auf das bereits stehen gebliebene Auto. Es gab einen riesigen Knall, unsere Sachen, die wir in der Hand hielten, flogen nach vorn. Während Martin sich noch festhalten konnte, schlug ich mit dem Kopf auf den vorderen Sitz. Als ich wieder zu mir kam, sah ich, dass sowohl meinen Eltern als auch Martin nichts passiert war. Martin sah mich erschrocken an und drückte mir ein Taschentuch auf die Stirn. Ich hatte mich beim Aufprall verletzt und blutete leicht. Nachdem wir klarer denken konnten, stiegen wir aus dem Wagen. Es war zum Glück niemand ernsthaft verletzt.

Martins Eltern schauten uns nicht einmal an, weil sie so beschäftigt waren, ihr eigenes Auto zu inspizieren und den Schaden zu ermessen. Martins jüngerer Bruder kam zu uns gelaufen und fragte, ob alles in Ordnung sei. Danach schaute er meinen Vater an und fragte mit erhobener Stimme: »Wie konnte das geschehen, haben Sie geschlafen?« Alle standen fassungslos um uns herum. Daraufhin schaute mich mein Vater an und sagte: »Ich weiß nicht, was geschehen ist, ich habe nicht gesehen, dass das Auto vor uns angehalten hat.« Im Hintergrund konnte man Sabina, meine zukünftige Schwiegermutter, und ihren Ehemann hören, wie sie um ihr Auto weinten und wie kostspielig die Reparatur sein würde. Mein Vater versprach, dass er für den Schaden aufkommen werde. Es dauerte eine Weile, bis sich alle beruhigt hatten und weiterfahren konnten.

Die Stimmung im Standesamt war eher gedämpft. Durch den Aufprall tat mir alles weh, vor allem meine Stirn und mein Kopf. Mir liefen die Tränen. Eine glückliche Braut sieht mit Sicherheit anders aus. Die Zeremonie an sich war sehr feierlich. Ich kann mich jedoch nur in Bruchstücken an die Trauung erinnern. Danach fuhren wir alle zu meinem Ehemann nach Hause.

Die Gäste nahmen an einem langen Tisch im Wohnzimmer Platz, während in der Küche das Essen von drei Frauen zubereitet wurde. Nach einiger Zeit wurde serviert. Als ich zu meinen Schwiegereltern aufblickte, überkam mich ein ungutes Gefühl. Irgendetwas sagte mir, wenn ich jetzt ein falsches Wort sagen würde, könnte die ganze Situation eskalieren.

Später erfuhr ich von meinen Eltern, dass sie genauso gedacht hatten wie ich. Nach dem Essen sagte meine Mutter: »Komm mit in die Küche, schauen wir mal, was die Köchinnen machen.« In der Küche war es ebenfalls sehr still. Die Frauen begrüßten uns sehr freundlich, waren aber sehr zurückhaltend, fast ängstlich. Wir unterhielten uns miteinander, erzählten von unserem Unfall und wie eigenartig die ganze Situation sei. Eine der Frauen, eine kleine, etwas untersetzte ältere Person, sagte leise: »Hier ist ja sowieso der Teufel los.« Die anderen schauten erschrocken zu ihr hinüber. In diesem Moment kam meine Schwiegermutter mit einem breiten Grinsen in die Küche und forderte uns sehr freundlich, aber bestimmt auf, zur Gesellschaft zurückzukehren, was so viel zu bedeuten hatte, wie, dass wir uns von den Frauen fernhalten sollten.

MARTINS NACHT VOR DER STANDESAMT-LICHEN TRAUUNG

Später waren meine Neugierde und der Wunsch, uns mit den Frauen noch einmal zu unterhalten, größer als das Verbot meiner Schwiegermutter. So gingen meine Mutter und ich nach dem Kaffee noch einmal in die Küche. Die Stimmung unter den Gästen hatte sich mittlerweile gebessert, man unterhielt sich. Und so merkte keiner, dass wir uns entfernt hatten. Diesmal setzten wir uns an den Tisch in der Küche, mit der Hoffnung, dass wenigstens eine der Frauen sich zu uns gesellen würde. Meine Mutter redete nicht lange um den heißen Brei herum: »Was ist hier los, warum sind alle so aufgeregt?« Daraufhin erzählte eine von ihnen uns, dass es einen Tag zuvor einen gewaltigen Streit zwischen Martin und seinen Eltern gegeben hätte. Es war so weit gekommen, dass er in den nahe gelegenen Wald gelaufen war. Sein Vater und sein Bruder suchten ihn fast die ganze Nacht. Erst am frühen Morgen, gegen 5 Uhr, fanden sie ihn unter einem Baum. Weiter erzählte sie, dass Sabina verboten hätte, Kaffee und Kuchen vorzubereiten. Später änderte sie jedoch ihre Meinung. Die Frau schaute mich an und sagte: »Ihr Ehemann bekommt eine gute Schwiegermutter.« Zu meiner Schwiegermutter äußerte sie sich nicht. Diese Geschichte war unglaublich, ich war überrascht, wie schnell sich der gestrige Vorfall im Dorf herumgesprochen hatte.

Wir gingen wieder zur Gesellschaft zurück. Jetzt nahm ich neben Martins Großmutter, der Mutter seines Vaters, Platz. Sie war sehr nett, und wir unterhielten uns. Weil am nächsten Tag die kirchliche Trauung stattfinden sollte, verabschiedeten wir uns am späten Nachmittag von Martin und seiner Familie. Mein Cousin Simon hatte noch kurz zuvor einen Fotografen ausfindig machen können. Die halbe Nacht überlegte ich, was am Tag zuvor passiert sein könnte. Irgendwann schlief ich ein.

DIE »GELUNGENE« HOCHZEITSFEIER

Als es an die Tür klopfte, wachte ich auf und sah meine Mutter. Sie setzte sich auf die Bettkante, gab mir einen Kuss auf die Stirn und sagte: »Anna, steh auf, es ist schon 7 Uhr, und die Friseurin ist bereits da.« Zufrieden verließ sie das Zimmer. Dieses Mal, wie es der Brauch so wollte, kam der Bräutigam mit seiner Familie, um die Braut abzuholen.

Nach einer Stunde war ich mit dem Schminken fertig. Danach wurden meine Haare hochgesteckt. Währenddessen hörten wir die ersten Gäste. Danach zog ich das Brautkleid an. Zuletzt wurde ein langer Schleier in meine Haare geknüpft, der mit einer Krone aus Perlen und weißen Blumen zusammengehalten wurde. Man hörte immer mehr Gäste ankommen. Im Erdgeschoss wurde es lauter. Endlich war ich mit der Garderobe fertig. Bevor ich die Treppe hinunterging, um meine Gäste zu begrüßen, sagte mir die Friseurin: »Ich habe schon viele Bräute gesehen, aber noch nie eine wie dich.« Ich fühlte mich geschmeichelt, war aber der Meinung, dass jede Braut an ihrem Tag eine Prinzessin sei.

Als ich die Treppe hinunterging, fühlte ich mich wie eine Prinzessin. Alle waren da, Verwandte, Bekannte, Martins Studienfreunde und andere. Drei von ihnen waren mir aus meinem damaligen Besuch im Studentenwohnheim bekannt. Als Erstes überreichte mir Martin einen Strauß aus langen, weißen Freesien, gebunden mit dazu passendem grünen Zierkraut. Anschließend wurden wir aufgefordert, uns hinzuknien, um den elterlichen Segen zu empfangen. Für mich war es ein sehr feierlicher Moment. Nach dieser Zeremonie fuhren wir in die Kirche. Wir stiegen beide in das mit Blumen geschmückte Auto meines Onkels, der auch mein Trauzeuge war.

Die Kirche war mit wunderschönen weißen Freesien geschmückt, passend zum Brautstrauß. Auf dem Boden wurde ein roter Teppich ausgerollt, auf dem wir beide, geführt von einem Priester, zum Altar schritten, vor uns die Brautjungfern, insgesamt fünf Paare. Vor dem großen Altar nahmen wir auf weißgeschmückten Stühlen Platz. Ich sah den Fotografen mit seiner Kamera, die auf uns gerichtet war.

Immer wieder überkam mich eine seltsame Angst. Es war kein gutes Gefühl, und ich wurde zunehmend nervöser, was man sehr gut auf dem Videofilm erkennen kann.

Die Zeremonie war sehr feierlich. Nachdem wir uns das Jawort gegeben und uns ewige Liebe und Treue geschworen hatten, wurden die Ringe getauscht. Anschließend erklärte uns der Pfarrer zu Mann und Frau. Es war seltsam, aber ich bekam von allem nicht sehr viel mit. Es war, als ob eine hohe Mauer vor mir stünde. Anschließend legte ich feierlich in Begleitung meiner ersten Brautjungfer den Brautstrauß am Altar der Mutter Gottes nieder, der sich an der Seite befand.

Vor dem Ausgang warteten zwei Ministranten, die um eine Spende baten. Weil mein Mann keine Anstalten machte, ihnen etwas Geld zu geben, fing ich an, in meiner Handtasche nach etwas Geld zu suchen. Er schaute mich dabei an und sagte in einem sehr scharfen Ton: »Was machst du da für einen Zirkus mitten in der Kirche?« Überrascht und verletzt antwortete ich: »Es wäre eigentlich die Aufgabe des Bräutigams, etwas zu spenden, aber ich mache das schon für dich.« Daraufhin lächelte er etwas verlegen. Mich überkam dabei ein seltsames Gefühl. Es war, als ob ich bereits jetzt schon an dieser Ehe meine Zweifel hatte.

Es hat eine Weile gedauert, bis alle Gäste uns vor der Kirche beglückwünscht hatten. Neben den üblichen Hochzeitsgeschenken wurden uns auch eine Menge Blumensträuße überreicht. Anschließend fuhren wir zum Feiern in den Saal. Dort wurden wir in Anwesenheit aller Gäste vor der Eingangstür aufgefordert, ein Stück trockenes Brot mit Salz und Wasser zu uns zu nehmen. Dieser Brauch bedeutete, dass uns diese lebenswichtigen Nahrungsmittel niemals fehlen sollten. Danach fand ein Sektempfang im Saal statt. Es war alles sehr feierlich, die Musik spielte leise, und allmählich nahmen alle Gäste ihre Plätze ein. Aus den Stoffen, die meine Mutter den weiblichen Gästen vor unserer Hochzeit nach Polen geschickt hatte, hatte sich jede Frau ein schönes, bodenlanges Kleid nähen lassen. Uns gegenüber saßen unsere Eltern, während die Brautjungfern mit ihren Partnern neben uns Platz genommen hatten. Noch bevor das Essen serviert wurde, kam der Pfarrer, der nach der Zeremonie von meinen Eltern zum Essen eingeladen worden war. Als meine Schwiegereltern ihn sahen, waren sie im Begriff, vor allem meine Schwiegermutter, den Saal zu verlassen. Der Grund dafür war nicht nachzuvollziehen. Daraufhin sprang meine Mutter auf, versuchte, die Situation zu retten, indem sie den Pfarrer bat, neben meinem Vater Platz zu nehmen. Ich verstand die ganze Aufregung nicht, weil es eigentlich üblich war, den Pfarrer zur Feierlichkeit einzuladen. Irgendwann verabschiedete er sich, sodass sich meine Eltern wieder meinen Schwiegereltern zuwenden konnten. Es war sehr schön; alle unterhielten sich und lachten viel. Unsere Eltern unterhielten sich rege, man konnte jedoch nicht verstehen, worüber. Mein Bruder Patrick saß neben meiner Schwägerin Dorota. Auch sie schienen sich gut zu verstehen. Für mich sah alles friedlich aus.

Nach dem Kaffee wurden Martin und ich von meinem Cousin

Simon gebeten, uns für die Fotos bereitzuhalten. Das Fotoatelier befand sich auswärts, sodass wir beide, wie auch die Brautjungfernpaare und unsere Geschwister, dahin gebracht werden mussten. Dorota und Patrick wollten jedoch mit seinem Auto fahren. Wir sollten uns später im Atelier treffen. Es wurden bereits die ersten Fotos gemacht. Langsam wurden wir nervös, weil die beiden noch immer nicht angekommen waren. Nach etwa einer Stunde war alles vorbei, und wir fuhren zurück. Als wir im Saal ankamen, warteten unsere aufgeregten Eltern auf uns. Während sich meine Eltern im Hintergrund hielten, fauchte mich meine Schwiegermutter an, was ich mir eigentlich einbilden würde, ihre Tochter Dorota so hinters Licht zu führen und ihr nicht einmal die richtige Adresse mitzuteilen. Mit keinem Wort erwähnte sie Patrick, es ging nur um ihre Tochter. Von uns beiden wurde nur ich angegriffen. Martin stand da und sagte kein Wort. Die Situation wurde sehr unangenehm, weil die Gäste, die um uns herum saßen, alles mit anhörten.

Irgendwann wurde es zu viel für mich, und ich merkte, dass mir die Tränen herunterliefen. Ich fühlte mich von meinem Mann im Stich gelassen. In den darauffolgenden Ehejahren änderte sich nichts an dieser Tatsache.

Ab diesem Zeitpunkt sprach ich wenig. Ich fühlte eine tiefe Traurigkeit und merkte, dass auch meine Eltern ruhiger geworden waren. Meine Schwiegermutter saß da wie ein Pfau auf einem Servierteller, allzeit bereit, mit ihrem Ehemann die Hochzeitsgesellschaft zu verlassen. Ihre innere Wut spiegelte sich in ihrem Gesicht wider. Gedanklich versuchte ich, meinen Schwiegervater in Schutz zu nehmen, indem ich mir einredete, er wäre zu schwach für seine Frau. Jetzt aber wurde mir klar, dass sie zwar die Oberhand hatte, er aber auch sehr viel Wut in sich trug und sehr verletzend sein konnte.

Später erfuhr ich, dass er als herausragender Parteifunktionär viele Menschen wegen Kleinigkeiten verraten und ihnen dadurch sehr geschadet hatte. Aus diesem Grund hatte er viele Feinde. Als die Solidarność, verbunden mit dem politischen Umbruch in Polen, ins Leben gerufen wurde, mit dem Ziel, die obersten Parteifunktionäre zu eliminieren, stand mein Schwiegervater in seinem Ort auf der Liste an erster Stelle. Als das Kriegsrecht ausgerufen wurde, wurden diese Listen mit den Namen vernichtet. Diesem Umstand verdankte er sein Leben.

Es wurde spät, und nachdem mein Schleier offiziell abgenommen worden war, begleitet von anderen kleinen Zeremonien, verließen wir als frisch vermähltes Ehepaar den Saal. Während die anderen Gäste noch bis spät in die Nacht feierten, wurden wir von meinem Onkel nach Hause gefahren. Die Hochzeitsnacht verbrachten wir in Martins Zimmer. Es war ein kleiner Raum mit Dachschrägen und einem kleinen Fenster. Ich fasste den Mut und fragte ihn, warum seine Mutter derart bösartig sei. Lachend spielte er die Situation herunter. Danach sagte er, dass ich mir etwas einbilden würde. Seine Mutter sei nur nervös gewesen. Ich sollte das aber nicht überbewerten. An dieser billigen Ausrede hielt er die nächsten Jahre fest. In den darauffolgenden Jahren dachte ich oft darüber nach, wie es gewesen wäre, wenn ich vor Martin noch andere Beziehungen gehabt hätte. Ob er dann auch meine erste große Liebe geworden wäre?

KAPITEL 2:
NACH DER TRAUUNG

ALEKSANDERS EHRLICHE MEINUNG

Am darauffolgenden Tag fand die Nachfeier statt. Zu dieser waren die Gäste geladen, die bei der Hochzeit am Vortag dabei gewesen waren. Ich nahm nur langsam wahr, dass ich nun Martins Frau war und auch zu seiner Familie gehörte. Ich war wie in Trance, aber eine glückliche Braut sah anders aus. Vielleicht war es der Stress der vergangenen Tage, der keine echte Freude aufkommen ließ? Alle bereiteten sich für die Nachfeier vor. Als wir die Menge an Blumensträußen, die uns zum Geschenk gemacht wurden, sahen, verteilten wir sie in Blumenvasen. Durch die Blumenpracht wirkten die Räume viel freundlicher. Es sah wunderschön aus. Meine Schwiegereltern sagten nichts dazu.

Wir fuhren zum Saal, wo uns bereits an die hundert Gäste erwarteten. Es war beinahe eine Fortsetzung des gestrigen Tages, mit dem Unterschied, dass wir uns diesmal unter die Gäste mischten und uns mit ihnen unterhielten. Dabei lernte ich Familienmitglieder kennen, die mir wegen unserer Übersiedlung nach Deutschland unbekannt waren. Ich gesellte mich auch zu Martins Studienfreunden Aleksander und Robert. Wir unterhielten uns über unser Studium. Meine Neugierde, etwas über Martin zu erfahren, wuchs, und so fragte ich seine Freunde, wie er so als Mensch sei. Sie lachten, und einer von ihnen sagte: »Er ist ein toller Kumpel. Wenn bei einer Feier alle betrunken auf dem Boden liegen, bleibt er als Einziger nüchtern und passt auf, dass wir nicht erwischt werden.« Außer Aleksander, den ich schon von meinem Besuch aus Katowice kannte, lachten alle. Ich hatte das Gefühl, dass sie sich auf meine Kosten amüsierten, und fühlte mich nicht ganz wohl dabei. Als ich Anstalten machte, aufzustehen und zu gehen, flüsterte mir Aleksander leise ins Ohr: »Du hast dich nun mal für Martin entschieden.« Dabei sah er mir ernst in die Augen und gab mir zu verstehen, wie schon beim ersten Treffen, dass ich mit meiner Heirat einen Fehler begangen habe. In diesem Moment fühlte ich mich ein wenig unwohl. Schnell stand ich auf und ging zu den anderen.

Es war eine sehr angenehme Atmosphäre, und ich fühlte mich in meiner Aufgabe als Gastgeberin sehr wohl. Während sich Patrick und Dorota gut zu verstehen schienen, sprachen unsere Eltern nicht viel miteinander. Meine Mutter sah sehr erschöpft und traurig aus, und es war eine gewisse Spannung zwischen meinen und Martins Eltern zu spüren. Gegen 18 Uhr verabschiedeten sich meine Eltern und Geschwister von uns. Kurz darauf fuhren auch meine Schwiegereltern nach Hause. Als alle Gäste fort waren, verließen auch Martin und ich den Saal. Ich freute mich schon auf einen ruhigen Abend. Auf dem Nachhauseweg wollte ich von meinem Mann wissen, was mit seiner Mutter los sei, vor allem aber, wieso sie am Hochzeitstag so einen Aufstand gemacht hatte und mir gegenüber dermaßen unfreundlich gewesen war. Aber wie immer spielte er den Ahnungslosen und fragte: »Wieso?« Worauf ich antwortete: »Hilf mir, es zu verstehen! Kann es sein, dass sie nicht nervös ist, sondern eine psychische Erkrankung hat?« Er lachte und meinte, dass es völliger Unsinn sei und ich eine ausgeprägte Fantasie hätte.

Als wir uns seinem Elternhaus näherten, wurde ich, wie schon so oft, sehr nervös, ließ es mir aber nicht anmerken. Später erst wurde mir bewusst, wie sehr mich seine Eltern am Hochzeitstag gekränkt hatten. Heute kommt es mir vor, dass dies bereits der Anfang vom Ende war.

Seine Eltern waren bereits zu Bett gegangen. Dorota und Piotr saßen noch im Wohnzimmer, sie erwarteten uns. Als Erstes fiel mir auf, dass die vielen Blumen verschwunden waren. Als ich danach fragte, antwortete Dorota knapp: »Die sind im hinteren Zimmer.« Was ich da sah, konnte ich kaum glauben. Die Sträuße waren in fünf große Eimer hineingestopft worden. Ich ging zurück, und bevor ich irgendetwas sagen konnte, sagte sie: »Die haben doch nur gestört, wir mussten sie entfernen.« In Wirklichkeit jedoch waren ihr die vielen Blumen und Geschenke ein Dorn im Auge. Martin tat so, als ob ihm das nichts ausmachen würde.

Am darauffolgenden Tag sagte meine Schwiegermutter, während wir das Frühstück vorbereiteten, beiläufig: »Ach ja, wir mussten die Blumen aus den Räumen entfernen, weil sie viel Dreck gemacht haben.« Es war eine eigenartige Atmosphäre in dem Haus. Ich hatte einmal mehr das Gefühl, auf meine Wortwahl achten zu müssen, um keine Missstimmung aufkommen zu lassen.

DIE TRÄNEN MEINER MUTTER

Nach dem Frühstück fuhren Martin und ich zu meinen Eltern. Es war eigenartig, denn die Stimmung im Haus meiner Tante, in dem der Polterabend stattgefunden hatte, war gedämpft. Man freute sich über unser Kommen, aber dies hielt sich in Grenzen. Wir setzten uns zu ihnen. Während meine Mutter grübelte, unterhielten sich mein Vater und meine Geschwister mit uns über die Hochzeit. Irgendwann stand meine Tante auf und ging hinaus. Ich nutzte die Gelegenheit und folgte ihr. Ich fragte sie, was los sei und dass ich meine Mutter so nicht kennen würde. Sie schaute mich etwas traurig an und sagte: »Sie hat die letzten zwei Nächte nur geweint.« Ich war fassungslos und fragte, was geschehen sei. Daraufhin erzählte sie mir, dass meine Schwiegereltern am Hochzeitstag mehrmals den Saal verlassen wollten, weil sie sich ununterbrochen gestritten hätten. Meine Schwiegermutter warf meiner Mutter vor, sie hätte sich ihren Schwiegersohn gekauft und dass ich, als Musikstudentin, keinesfalls in ihre Familie passen würde. Ich merkte, wie sich Ärger in mir breitmachte. Es war unfassbar, was da abgelaufen war, ich war mir nur noch nicht sicher, ob meine Mutter aus dem Grund, was am Hochzeitstag passiert war, weinte oder weil ihr bewusst geworden war, dass ihr Traumschwiegersohn aus einer überheblichen und bösartigen Familie stammt. Ich entschloss mich, mit meinen Eltern darüber zu reden.

Am selben Abend packten wir unsere Geschenke aus. Es waren eine Menge Tafelgeschirr, Besteck, Ölbilder und viele andere Sachen.

Um keinen Ärger aufkommen zu lassen, bemühte ich mich in den darauffolgenden Tagen, eine hilfsbereite und nette Schwiegertochter zu sein. Nach einer Woche hieß es, Abschied zu nehmen. Einerseits war ich froh, von dieser Familie wegzukommen, andererseits jedoch war ich sehr traurig, meinen Ehemann für eine bestimmte Zeit verlassen zu müssen.

Nachdem meine Sachen im Kofferraum verstaut waren, kehrte ich noch mal zurück, um mein Haarspray aus dem Bad zu holen. Meine Mutter sah es und sagte: »Ach komm, lass es hier, vielleicht kann es deine Schwiegermutter gebrauchen.« Nach dem, was meine Schwiegermutter ihr angetan hatte, habe ich mich über ihr Verhalten sehr gewundert. Um des lieben Friedens willen gab ich schließlich nach. Ich hätte auf meine Mutter nicht hören dürfen, denn das Zurücklassen meines Haarsprays war, wie ich erst später merken sollte, ein großer Fehler.

UNSERE SITUATION ZU HAUSE

Nachdem wir zuhause angekommen waren, ging das gewohnte Leben weiter. Ich widmete meine Zeit dem Studium, wurde aber von meiner Mutter ermahnt, mich wie eine gute Ehefrau zu benehmen, das hieß, geduldig zu sein, nicht allein auszugehen und auf meinen Ehemann zu warten. Allmählich fiel mir auf, dass vor allem sie sich mit der Zeit sehr veränderte. Das Leben in unserer Familie war viel ernster geworden. Es wurde nicht mehr so viel gelacht wie früher, auch mein Vater war schweigsamer geworden. Es war, als ob alles, was uns Freude gemacht hatte, das gemeinsame Musizieren, Singen und Lachen, sich in kurzer Zeit gewandelt hätte. Mein Bruder Patrick hielt engen Kontakt zu Dorota. Zwischen ihnen war wohl mehr als nur eine Bekanntschaft. Er schrieb ihr oft, so wie ich früher Martin, und telefonierte häufig mit ihr.

Eines Abends blieben Jörg und ich allein zu Hause. Es war gut so, denn endlich hatte ich die Gelegenheit, mit ihm in Ruhe zu reden. Er war mir in meiner Schulzeit und auch später immer ein guter Berater gewesen, außerdem hatte er eine gute Menschenkenntnis. Ich wollte seine Meinung in Bezug auf Familie Nidek hören. Anfangs fiel es ihm nicht leicht, über sie zu sprechen. Er sagte, dass ich einen Alkoholiker geheiratet hätte. Jörg hatte das Gefühl, dass mit meiner Schwiegermutter etwas nicht stimmte, konnte mir aber nicht sagen, was es sei. Ich wusste, dass er damit recht hatte. Des Weiteren erzählte er mir, dass Dorota sich an Patrick, der fünf Jahre jünger war, herangemacht hatte. Sie hatte sich sehr um ihn bemüht. Seine Behauptung erstaunte mich, denn ich hatte es nicht bemerkt. Danach sagte er, dass er mit dieser Familie nichts zu tun haben wolle.

Die Einzigen, die von Anfang an den Durchblick hatten, waren mein Vater und Jörg, das ist mir erst nach diesem Gespräch bewusst geworden. Um mein Inneres zu beruhigen, redete ich mir ein, dass Martin, wenn er Arzt sein würde, sich keine Fehler leisten könne, geschweige denn, Alkohol zu trinken. Auch später dachte ich oft an das Gespräch mit Jörg, wusste aber, dass es mein Vorhaben, Martin zu heiraten, nicht beeinflusst hätte.

WEIHNACHTEN MIT MARTIN

Kurz vor Weihnachten kam mein Ehemann. Bis zum Studienende waren es nur noch zwei Semester. Für die nächste Zeit bekamen wir bei meinen Eltern eine Dreizimmerwohnung im Erdgeschoss. Wir freuten uns darüber, denn eine Mietwohnung und die Investition dafür wäre für uns beide als Studenten nicht möglich gewesen. Es war schön, ihn wiederzusehen und in seinen Armen zu liegen. In dieser Zeit war er ein zärtlicher und einfühlsamer Ehemann, den ich sehr liebte. Ich war zuversichtlich, dass sich daran nichts ändern würde. Die Tage vergingen schnell, und nach allem, was vorher passiert war, haben sich meine Eltern, vor allem meine Mutter, mit Martin sehr gut verstanden. Ich war sehr froh darüber.

Am 3. Januar 1983 fuhr Martin nach Polen zurück. Es war sehr schwer, ihn wieder loslassen zu müssen, aber wir konnten beide an der Situation nichts ändern. Unsere Wohnung schien mir plötzlich von einer Leere erfüllt, die ich vorher nicht gekannt hatte.

MEINE ERSTE SCHWANGERSCHAFT

Es vergingen einige Tage, bis ich merkte, dass eine plötzliche Veränderung in mir vorging. Ich hatte Schwindelanfälle, und mir wurde zusehends übel. Auf den Rat meiner Mutter hin ging ich zum Frauenarzt, um mich untersuchen zu lassen. Die Blutuntersuchung ergab, dass ich schwanger war. Es war ein unbeschreibliches Gefühl, zu wissen, dass wir Eltern werden würden. Auf dem Rückweg war ich so mit mir beschäftigt, dass ich beim Überqueren der Straße den regen Autoverkehr nicht bemerkte. Ich kam erst zu mir, als ich, mitten auf der Straße stehend, die quietschenden Autoreifen und kurz darauf das laute Schimpfen des Autofahrers hörte. Heute weiß ich, dass ich eine ganze Menge Schutzengel gehabt haben musste. Am selben Abend rief ich Martin an, um ihm die süße Neuigkeit zu berichten. Er freute sich sehr – oder wenigstens hatte ich das Gefühl.

Am nächsten Tag rief mich mein Schwiegervater Helmut an. Seine erste Frage war: »Du erwartest ein Kind?« Ich war etwas überrascht, vor allem über seinen barschen Ton und dass diese Neuigkeit so schnell die Runde gemacht hatte. Im Hintergrund hörte ich Martins Mutter. Nachdem ich seine Frage bejaht hatte, sagte er: »Warum denn jetzt, müsst ihr denn jetzt schon ein Kind haben, konntest du nicht warten?« Von dieser Familie war ich einiges gewohnt, doch das war der Gipfel der Unverschämtheit. Ich spürte eine tiefe Abneigung gegen die beiden. Später erzählte ich Martin von diesem Telefonat, er lachte nur und sagte, ich hätte mich verhört.

Die ersten Wochen meiner Schwangerschaft verliefen komplikationslos, bis auf die Tatsache, dass ich mich auf mein Studium nicht mehr konzentrieren konnte. Mit der Zeit wurde ich während der Vorlesungen immer nervöser, sodass ich des

Öfteren den Raum vorzeitig verlassen musste. Nach einigen Wochen wurde es so problematisch, dass ich beschloss, mein Studium zu unterbrechen, um es nach der Schwangerschaft wieder aufzunehmen. Nach einigen Wochen hatte sich mein Zustand gebessert, und ich bemerkte eine Veränderung in meinem Gesicht. Ich strahlte eine unglaubliche Ruhe und Zufriedenheit aus. Meine Haut sah fast makellos aus. Meine Eltern und Geschwister bemühten sich sehr um mich.

Weil ich nun genug Zeit für mich hatte, stellte ich die Möbel im Schlafzimmer um und hängte einige Fotos von Martin an die Wand. Einige von ihnen stellte ich auf die Kommode. Es war eine sehr ruhige Zeit, in der ich sehr oft Klavier spielte und klassische Musik hörte. Es kam mir vor, als ob mein Baby diese Momente ebenfalls sehr genoss. In der Osterzeit besuchte uns Martin wieder. Es war jedes Mal ein schönes Gefühl, ihn in meiner Nähe zu wissen. Dieses Mal war es jedoch aufgrund meiner Schwangerschaft noch viel schöner und intensiver. Es wurde mir bewusst, wie sehr ich ihn liebte und ihn in dieser Zeit gebraucht hatte.

WIEDER EINE HAARLOCKE

Kurz vor der Abreise wollte er wieder eine Haarlocke von mir. Ich dachte mir nichts dabei, schnitt eine ab und gab sie ihm. Es war anders als das erste Mal, als wir noch nicht verheiratet waren, denn damals schnitt er meine Haarlocke ab, während ich ihm dieses Mal die Locke schenkte.

DER UNHEIMLICHE VORFALL

Eine Woche, nachdem er abgefahren war, geschah etwas Sonderbares: Plötzlich wachte ich mitten in der Nacht auf, schweißgebadet und voller Angst. Ich drehte automatisch meinen Kopf zur Seite, an der ich die Fotos von Martin angebracht hatte. Auf einmal gab es einen lauten Knall, als ob jemand wutentbrannt mit einer Faust gegen ein Möbelstück geschlagen hätte, und in dem Moment fielen alle Fotos auf den Boden. Weil der Raum vom Licht einer Straßenlaterne gut beleuchtet war, konnte ich die Konturen der Möbel und Gegenstände gut sehen. Ich lag da, völlig verschwitzt, mit einer Angst, wie ich sie noch nicht erlebt hatte. Es dauerte eine Weile, bis ich fähig war, mich zu bewegen.

Ich stand auf, schaltete das Licht ein und traute meinen Augen nicht. Alle Fotos lagen mit Martins Gesicht nach unten auf dem Teppich. Aus Angst darüber, dass man mich auslachen würde, habe ich mit niemandem darüber gesprochen. Die Angst jedoch wollte nicht mehr von mir weichen, und so war jede Nacht aufs Neue eine Herausforderung für mich. Es verging keine Nacht, in der ich nicht schweißgebadet und voller Angst aufgewacht wäre. Ich wusste, dass es nichts Gutes zu bedeuten hatte. Ich fing an, mir Sorgen um mein ungeborenes Baby zu machen.

Eines Tages fragte ich meine Mutter, was am Hochzeitstag passiert war. Sie sprach nur ungern darüber, und ich hatte das Gefühl, dass sie mir nicht die ganze Wahrheit sagte. Sie erzählte, dass meine Schwiegereltern sie und meinen Vater fast den ganzen Hochzeitstag über beleidigt hätten. Auf der einen Seite ging es darum, dass ich als »Musikerin« nicht zu einem Arzt passen würde, andererseits jedoch wären wir zu reich, und ihr Sohn würde von unserer Familie nie akzeptiert werden. Sie hatte sich auch abfällig über mein Brautkleid geäußert und dass meine Eltern Martin gekauft hätten. Hinzu kam, dass ich absichtlich den falschen Weg zum Fotografen beschrieben hätte, weil ich nicht gewollt hätte, dass ihre Tochter mit auf den Fotos sei. Weil ich den Weg nicht gekannt und diese Aufgabe eigentlich dem Bräutigam zugestanden hatte, war ihre Behauptung unsinnig. Meine Eltern spürten, dass die Nideks nur auf ein falsches Wort warteten, um den Saal verlassen zu können. Nach dem, was sich vor der Hochzeit bei den Nideks abgespielt hatte, wunderte mich deren Verhalten am Hochzeitstag nicht mehr. Es waren unzählige Beleidigungen und Widersprüche, die vor allem Martins Mutter von sich gab.

Die Monate vergingen, und meine Schwangerschaft wurde immer beschwerlicher. Mein Baby war sehr unruhig. Martin beteuerte mir jedes Mal, wie sehr er sich auf unseren Sohn freuen würde. Von seinen Eltern hatte ich seit dem Telefonat nichts mehr gehört, und weil sie kein eigenes Telefon hatten, war es mir unmöglich, mich mit ihnen in Verbindung zu setzen. Diesen Umstand bedauerte ich keineswegs.

EINE ANGEBLICHE OPERATION

Anfang Juni fuhr ich mit meiner Mutter nach Hamburg. Es war ein sehr schöner sonniger Tag, und wir beschlossen, den morgendlichen Zug dem Auto vorzuziehen. Gegen 10 Uhr kamen wir am Hauptbahnhof an. In der Geschäftsstraße bestellten wir uns zuerst einen Kaffee. Während wir uns unterhielten, schauten wir auf die bunten Wasserspiele eines nahegelegenen Brunnens. Man konnte das laute Lachen der Kinder hören und die Menschen um uns herum beobachten. Es war eine willkommene Abwechslung.

Am späten Nachmittag fuhren wir zurück. Am nächsten Tag fühlte ich mich sehr schwach. Ich war der Meinung, dass der gestrige Tag zu viel gewesen sei. Ich legte mich wieder ins Bett, aber die Bauchschmerzen wurden immer schlimmer. Gegen Abend beschloss ich, ins Krankenhaus zu fahren, um mich untersuchen zu lassen.

Ich war sichtlich erleichtert, als mir der Arzt sagte, es wären keine Frühwehen. Andererseits konnte er sich meinen Zustand nicht erklären. Weil das Krankenhaus zur Universitätsklinik gehörte, bestand die Visite am nächsten Morgen aus zwei Ärzten und mindestens zehn Medizinstudenten. Man hatte die Idee, dass die Schwangerschaft bei mir eine Blinddarmentzündung ausgelöst haben könnte. Der Arzt erklärte mir, dass ich in diesem Zustand nicht entlassen werden dürfe und man bei mir eine Blinddarmoperation vornehmen müsse. Der Eingriff würde folgendermaßen verlaufen: Das Baby sollte aus dem Mutterleib entfernt werden, dann würde man den Blinddarm herausnehmen und das Baby wieder zurück in den Bauch legen, der anschließend zugenäht werden sollte. Der Arzt versicherte mir, dass derartige Eingriffe schon öfter erfolgreich durchgeführt worden waren. Trotz seiner Beteuerungen war ich ausschließlich darauf bedacht, meinem Kind keinen Schaden zuzufügen, und so habe ich mich entschieden, diesen Eingriff nicht vornehmen zu lassen.

Nachdem der Arzt mich fast bedrängte, der Operation zuzustimmen, bat ich ihn, mir noch etwas Zeit zum Nachdenken zu geben. Er war damit einverstanden und versprach, nach der Visite noch einmal bei mir vorbeizuschauen. Nachdem alle das Zimmer verlassen hatten, packte ich meine Sachen und verließ in Windeseile das Krankenhaus. Nach zwei Tagen besserte sich mein Zustand. Zu meinem Erstaunen wurde ich vom Krankenhaus weder angeschrieben noch angerufen.

In dieser Zeit absolvierte Martin erfolgreich seine letzten Prüfungen. Jetzt konnte er sich in Ruhe auf die Ausreise nach Deutschland vorbereiten. Eines Tages rief er mich an und fragte, ob es tatsächlich notwendig wäre, alle Hochzeitsgeschenke mitzunehmen, oder ob wir sie doch nicht besser seiner Mutter überlassen sollten. Über diese Frage erstaunt, antwortete ich ihm, dass man Geschenke nicht weiterverschenkt, zumal wir vor allem das Geschirr gut gebrauchen konnten. Obwohl er sein Studium bereits Ende Juli abgeschlossen hatte, musste er bis zur Übergabe der Urkunden im November noch in Polen bleiben.

SCHWÄCHEANFALL

Anfang August fuhr ich mit meinem jüngeren Bruder Valentin in die Bücherei der Universität, an der ich studiert hatte. Er wollte sich einige Bücher über meine Studentenkarte ausleihen. Während wir auf dem Heimweg auf den Zug warteten, wurde mir plötzlich schwindlig, und ich spürte, wie die Laute und Gespräche der Menschen immer undeutlicher wurden und sich immer weiter entfernten. Es war so, als ob alles meinem Blick entschwand. In diesem Moment schaffte ich es, ein »Hilf mir!« auszusprechen. Ich sah nur noch vage, wie Valentin aus einer Telefonzelle einen anderen Mann herauszerrte, um einen Krankenwagen für mich zu organisieren. Als ich wieder zu mir kam, sah ich zwei Sanitäter und meinen Bruder über mich gebeugt, der mehrmals sehr aufgeregt rief: »Du musst atmen, denke an dein Kind!« Man setzte mir eine Sauerstoffmaske auf und brachte mich in ein Krankenhaus. Später erfuhr ich von Valentin, dass ich eine kurze Zeit aufgehört hatte, zu atmen; es war mein Glück, dass der Notarzt so schnell bei mir war.

Ich bin mir nicht sicher, ob ich in einer solchen Situation um-
gekommen wäre, wenn ich sie zu Hause erlebt hätte. Aber eines
weiß ich: Mein Bruder hat mir und meinem Baby das Leben
gerettet.

DIE GEBURT UND KOMPLIKATIONEN

Der Termin für die Geburt unseres ersten Kindes war auf den
7. September festgelegt. Diesen wollte mein Mann keineswegs
verpassen. Trotz der intensiven Ausreisevorbereitungen kam
Martin Anfang September. Unser Sohn ließ sich jedoch Zeit und
kam erst am 20. September zur Welt. Es war eine sehr schwere
Geburt, und ich lag zwei Tage lang in den Wehen. Es war, als
ob unser Baby es nicht eilig gehabt hatte, das Licht dieser Welt
zu erblicken. Es war mir eine sehr große Hilfe, dass Martin bei
mir war. Kurz bevor die Geburt eingeleitet wurde, wollte Martin
plötzlich den Raum verlassen, sein Gesicht war blass und angespannt. Die Hebamme hielt ihn jedoch mit einem festen Griff
zurück. Nachdem alles vorbei war, schnitt Martin die Nabel-
schnur durch. Kurz darauf wurde unser Sohn auf meine Brust
gelegt. Es war ein unbeschreiblicher Moment, und ich hielt das
schönste Baby dieser Welt in meinen Armen. Danach wurde
ich in einen Ruheraum gebracht. Dort sollte ich zwei Stunden
zur Beobachtung verbleiben, bevor man mich auf ein Zimmer
bringen würde.

Irgendwann wachte ich auf und merkte, dass Martin neben
mir auf einem Stuhl schlief. Ich zitterte vor Kälte. Meine Hände
waren grau und eiskalt. Der Raum war nur schwach beleuchtet.
Ich rief mit einer sehr schwachen Stimme nach meinem Mann.
Er wachte auf und sah mich an. Plötzlich lief er wortlos aus dem

Raum. Ich konnte sein Rufen nach einer Schwester hören. Dann wurde es schwarz vor meinen Augen. Es hat wohl einige Stunden gedauert, bis ich wieder aufwachte. Martin und meine Eltern saßen an meinem Bett. Meine Mutter sagte, dass ich während des nachgeburtlichen Ruhens sehr viel Blut verloren hätte. Nach drei Tagen besserte sich mein Zustand.

Alexander, so sollte unser Sohn heißen, wurde mir von der diensthabenden Ärztin gebracht. Sie sah mich an und sagte: »Sie haben ein wunderschönes Baby, man sieht, dass sie sich während der Schwangerschaft sehr gesund ernährt haben.« Von Martin bekam ich fünfzig rote Baccararosen. Ich erhielt Blumensträuße von meiner Familie und den Bekannten. Auch unser Baby bekam viele Geschenke. Alle freuten sich mit uns. Meine Eltern wurden das erste Mal zu stolzen Großeltern. Während ich noch im Krankenhaus lag, waren für Alexanders Heimkommen viele Vorkehrungen getroffen worden. Meine Eltern hatten einen Kinderwagen, ein Kinderbett und alles Weitere gekauft, was man für die Versorgung eines Babys brauchte. Nach einer Woche durften wir das Krankenhaus verlassen.

Noch am selben Tag riefen meine Schwiegereltern an und beglückwünschten uns zu unserem Sohn. Einige Tage nach Alexanders Geburt kehrte Martin nach Polen zurück.

Ich genoss die Zeit mit Alexander. Manchmal wachte er nachts plötzlich auf und schrie, als ob er etwas Schlechtes geträumt hätte. Damals redete ich mir ein, dass es bei Babys normal sei.

DIPLOMÜBERGABE

Die Zeit verging, und es war der 15. November, der Tag, an dem Martin sein Diplom entgegennehmen sollte. Sein Wunsch war es, mich bei der Übergabe dabei zu haben. Während dieser Zeit war meine Mutter bei unserem Baby. Es fiel mir sehr schwer, Alexander zurückzulassen, aber ich wusste, dass er in guten Händen war. So konnte ich nach Polen reisen, um bei der Übergabe des Diploms dabei zu sein. Es war ein sehr feierliches Ereignis. Nachdem jeder Absolvent einzeln aufgerufen worden war, übergab der Dekan das Diplom, verbunden mit Glückwünschen. Anschließend legten alle Absolventen gemeinsam den hippokratischen Eid ab. Nach der offiziellen Feier fuhren wir zu meinen Schwiegereltern.

Der Aufenthalt bei ihnen verlief das erste Mal seit langer Zeit ohne Zwischenfälle. Seine Eltern und Geschwister waren sehr nett, und wir sprachen viel über Alexander. Alle waren sehr neugierig auf ihn. Am 17. November wurde ich von der ganzen Familie zum Bahnhof gebracht. Es war ein sehr netter Abschied. In mir wuchs die Hoffnung, endlich als Mitglied dieser Familie angenommen worden zu sein.

Insgesamt hatte ich neben meinem eigenen Koffer noch zwei weitere, in denen sich ein Teil der Hochzeitgeschenke, von meiner Schwiegermutter eingepackt, befand. Nach zwei Stunden Fahrt fiel die Heizung im Zug aus, sodass es bald sehr kalt wurde. Der Grenzaufenthalt wurde, wie schon so oft, zum Horroraufenthalt. Nachdem einige Waggons vor uns bereits inspiziert waren, kamen wir an die Reihe. Eine junge Grenzbeamtin kam herein, schaute sich um und fragte die Fahrgäste, wie viel Gepäck jeder bei sich habe. Als sie meine drei Koffer sah, sagte sie nur: »Um Himmels willen!« Danach forderte sie mich auf, alle

Gepäckstücke herunterzuholen und zu öffnen. Ich weigerte mich jedoch und sagte: »Das mache ich nicht, sie sind mir zu schwer.« Sie bestand jedoch darauf und rief einen Kollegen zur Hilfe. In diesem Moment war es mir egal, was passieren würde.

Es dauerte nicht lange, bis ein Zollbeamter alle seine Kollegen aufforderte, den Zug zu verlassen. Man solle unverzüglich aussteigen, weil der Zug bereits zwei Stunden Verspätung habe und für die Weiterfahrt bereit sei.

In Hamburg wurde ich von meinen Eltern und Jörg abgeholt. Es war ein wunderschönes Gefühl, meinen Sohn wieder in den Armen zu halten. Ich schwor mir, ihn nie wieder so lange allein zu lassen.

EINE GROSSE ÜBERRASCHUNG

In der nächsten Zeit fühlte ich mich oft sehr erschöpft. Ich bekam Schmierblutungen und wurde immer blasser. Daraufhin ging ich zum Frauenarzt. Nachdem er mich untersucht hatte, sagte er: »Sie sind in der fünften Woche schwanger. Nach dieser schweren Geburt hätten sie mindestens zwei Jahre warten sollen.« Mit diesem Ergebnis hatte ich nicht gerechnet und war anfangs sehr niedergeschlagen. Außer Martin wusste keiner von dieser Schwangerschaft. Ich war mit meiner Situation überfordert und wünschte mir, Martin bei mir zu haben. Es dauerte einige Wochen, bis ich meinen Zustand akzeptiert hatte. Später ärgerte ich mich über meine mangelnde Schwangerschaftsakzeptanz. So entschuldigte ich mich immer wieder bei meinem ungeborenen Baby.

In der Zwischenzeit fand Martins Übersiedlung nach Deutschland statt. Nachdem alle seine persönlichen Sachen und unsere

Geschenke in Holzkisten verschickt worden waren, kam er eine Woche später an. Er stand in seinem braunen Anzug da und mit einer Reisetasche in der Hand. Endlich konnte ich ihn mit dem Gefühl, dass er nun für immer bei uns bleiben würde, begrüßen.

DAS PROBLEM MIT DER SPRACHSCHULE

Die ersten Wochen nach seiner Ankunft waren sehr anstrengend. Seine Anmeldung in Deutschland war mit sehr vielen Verpflichtungen und Erledigungen bei den Behörden verbunden. Nachdem der Personalausweis beantragt und der Name Martin in Martin umgewandelt worden war, war es als Nächstes für ihn zwingend, einen Platz in einer Sprachschule für Spätaussiedler zu finden, was gar nicht so einfach war. Sämtliche Sprachschulen waren überfüllt.

Eines Tages kam unsere Nachbarin vorbei, und wir unterhielten uns über dieses Problem. Zu meinem Erstaunen erzählte sie uns, dass ihre Tochter, die vor einiger Zeit ihr Lehramtsstudium erfolgreich absolviert hatte, zurzeit an einer Sprachschule für Spätaussiedler tätig sei. Ich setzte mich mit ihr in Verbindung, und sie versprach, sich für meinen Mann einzusetzen. Nachdem alle Formalitäten erledigt waren, wurde er drei Wochen später für die Gesamtdauer von einem Jahr in der Sprachschule aufgenommen. Ab diesem Zeitpunkt wurde bei uns nur noch Deutsch gesprochen. Martin lernte sehr schnell. Sein Ziel war es, danach in einem Krankenhaus ein einjähriges Praktikum zu absolvieren.

Einige Tage vor Weihnachten schrie unser Sohn während seines Mittagsschlafs plötzlich laut auf. Er war so laut, dass mir ein kalter Schauer den Rücken herunterlief. Voller Panik lief ich ins

Kinderzimmer, um nachzuschauen, was passiert war. Alexander lag in seinem Bett. Neben seinem Gesicht auf dem Kopfkissen war überall Blut. Erschrocken stellte ich fest, dass er aus dem Mund blutete. Beim näheren Hinschauen sah ich, dass die oberen Schneidezähne durchgebrochen waren. Es war ungewöhnlich früh. Der Kinderarzt meinte jedoch, dass das Durchbrechen der Zähne in diesem Monat sehr selten, aber möglich sei.

DOROTA UND PATRICK HEIRATEN

Eines Abends im April kam Patrick bei uns vorbei, um seine Heirat mit Dorota bekanntzugeben. Die Hochzeit sollte am 10. Juni stattfinden. Es war eine ungewöhnliche Konstellation, weil bereits meine Cousine Susanne in diese Familie eingeheiratet hatte, danach Martin und ich und jetzt mein Bruder.

Die Monate vergingen sehr schnell. Die Nächte mit unserem Sohn wurden immer problematischer, weil er nachts des Öfteren schreiend aufwachte und ich mich weder in der Nacht noch am Tag richtig ausruhen konnte.

MARTINS WAHRES GESICHT

Soweit ich mich erinnern kann, leistete mein Mann kein einziges Mal Hilfe bei der Betreuung unseres Sohnes, mit der Begründung, er könne sich neben dem Sprachkurs nicht auch noch um ihn kümmern. Ich war sehr erschöpft und oft sehr müde und blass und hatte dunkle Ringe unter den Augen. Martin veränderte sich, er war nicht mehr dieser zärtliche und gütige Ehemann, den ich kannte. Er wurde fordernd, und wenn er etwas nicht sofort bekam, konnte er sehr ungeduldig werden. In seiner Stimme lag dann ein gefährlicher Unterton. Weil ich unnötige Diskussionen vermeiden wollte, gab ich sehr oft nach.

Meine Eltern sahen die Veränderung an mir, stellten jedoch keine Fragen. Weil ich nicht zu den Menschen gehöre, die sich ständig beklagen, entschied ich, über meine Situation mit Martin Stillschweigen zu bewahren.

Eines Nachmittags, es war ein Sonntag im März, bekam unser Sohn seinen Grießbrei. Er war ein sehr unruhiges Kind und so auch an diesem Tag. Nachdem er gesättigt war, bekam er einen Schreianfall. Martin kam herein und schaute Alexander an. Martins Gesicht wurde rot vor Zorn. Wutentbrannt schrie er: »Ich werde dir Manieren beibringen!« Bevor ich registrieren konnte, was geschah, schlug er Alexander mit seiner rechten Hand auf den Hinterkopf. Mir blieb fast der Atem stehen. Ich schrie ihn an und machte ihm Vorwürfe, was er für ein Vater sei und dass er es nicht noch einmal wagen solle. Martin schaute mich wie in Trance an und verließ wortlos den Raum. Die nächsten Wochen vergingen ruhig und ohne Zwischenfälle.

An einem Montag, Ende April, kam Martin am Nachmittag vom Sprachkurs. Es ging mir nicht gut, und ich merkte, wie diese Schwangerschaft mir zusehends Probleme bereitete. Ich war sehr erschöpft und von Alexanders Schreiattacken, die meistens nachts stattfanden, völlig übermüdet. An diesem Abend bot sich mein Mann an, sich um unseren Sohn zu kümmern. Ich war etwas erstaunt, denn es war das erste Mal seit Alexanders Geburt, dass Martin seine Hilfe anbot. Während ich in der Küche die Milchflasche zubereitete, beschäftigte er sich sehr liebevoll mit Alexander. Anschließend gab er ihm die Milchflasche.

Irgendetwas sagte mir, dass ich bei ihnen bleiben sollte. So legte ich mich aufs Bett und sah beiden zu. Es war eigenartig, denn Alexander wollte nicht trinken, was sehr selten vorkam. Mein Mann wollte sich mit dieser Situation nicht zufriedengeben und zwang unseren Sohn, die Milchflasche zu leeren. Danach hob er ihn hoch und sagte: »Siehst du, so macht man das!« Ich bemerkte, wie stolz er auf sich war, seinen Willen bei dem Kleinen durchgesetzt zu haben. Diese Situation widerte mich an. In dem Moment spuckte unser Sohn die gesamte Milch schwallartig auf Martins Gesicht. Mein Mann schrie auf, hob unseren Sohn noch höher und warf ihn dann aus drei Metern Entfernung aufs Bett. Alexanders Kopf landete genau neben der mittleren Bettkante des Ehebetts.

Ohne den Kleinen anzuschauen, lief er wutentbrannt aus dem Zimmer, um sein Gesicht zu waschen. Nachdem unser Sohn den Schreck überwunden hatte, fing er zu weinen an. Ich nahm ihn auf den Arm und versuchte, ihn zu beruhigen. Es dauerte eine Weile, bis er ruhiger geworden war. An diesem Tag ist mir klar geworden, dass ich mein Kind nie mehr mit Martin allein lassen durfte. Ich hatte nicht die Kraft, mit ihm über den Vorfall zu reden, geschweige denn, ihm Vorwürfe zu machen, nahm mir aber vor, in Zukunft vorsichtiger zu sein. Unser Kind sollte nie wieder den Wutanfällen seines Vaters ausgeliefert sein. Leichter gesagt als getan, denn es kam anders als gedacht.

HOCHZEITSVORBEREITUNGEN

Anfang Mai kam Dorota aus Polen, um die Hochzeitsvorbereitungen zu besprechen. Sie verbrachte insgesamt zwei Wochen in der oberen Wohnung meiner Eltern. Währenddessen kaufte Patrick ein Haus am anderen Ende des Ortes, das er noch vor der Hochzeit beziehen wollte. Meine Mutter machte es sich zur Aufgabe, auch diese Hochzeit samt der Brautkleidung zu finanzieren. Die Vorbereitungen liefen auf vollen Touren. Eines Abends war es oben ziemlich laut geworden. Wir wurden neugierig und gingen hinauf. Meine Eltern und Geschwister saßen wortlos im Wohnzimmer, während Dorota sehr aufgebracht und mit lauter Stimme Patrick beschimpfte und ihm Vorwürfe machte. Diese Auseinandersetzung dauerte eine Weile. Dann drehte sie sich plötzlich um und verließ das Zimmer. Keiner der Anwesenden wusste, worum es gegangen war.

Mein Vater erzählte, dass sie plötzlich einen Wutanfall bekommen und Patrick ohne ersichtlichen Grund angeschrien hatte. Das Ganze erinnerte mich an die Situation mit meiner Schwiegermutter, die grundlos Behauptungen aufstellte und die Menschen um sich herum beleidigte. Martin schüttelte den Kopf und verließ die Wohnung genau in dem Moment, als ich meinen Bruder fragte, ob er Dorota tatsächlich heiraten wolle. Sein Entschluss, Dorota zu heiraten, stand fest. Daraufhin sagte ich ihm: »Wenn ihr euch wirklich liebt, dann werdet ihr glücklich miteinander, andernfalls wirst du es bedauern.« Heute weiß ich nicht mehr, woher ich mir das Recht genommen hatte, so mit ihm zu reden. Aber wahrscheinlich war es die Tatsache, dass sie mit ihren Wutausbrüchen ihrer Mutter ähnelte. Meine Mutter sagte: »Na ja, es ist seine Entscheidung.« In den folgenden Tagen beruhigte sich die Situation wieder.

Es war mir nicht entgangen, dass Martin und Dorota eine innige Geschwisterliebe verband. So entschied er, dass sie für unser zweites Kind die Patin sein solle. Ich hatte nichts dagegen und schlug gleichzeitig Jörg als Paten vor.

Wir hatten nicht viel Geld, weshalb wir froh waren, keine Miete zahlen zu müssen und von meinen Eltern jederzeit die notwendige Unterstützung zu bekommen.

MARTINS NEUES AUTO

Martin setzte sich in den Kopf, ein neues Auto haben zu müssen, weil er meinte, die ständigen Busfahrten zur Sprachschule würden seine Zeit zu sehr in Anspruch nehmen. Ohne mich vorher zu unterrichten, sprach er mit meinen Eltern darüber. Sie überlegten nicht lange und boten sich an, ihm seinen Wunsch zu erfüllen. Drei Wochen später konnten wir unseren neuen weinroten Honda vom Autohaus abholen. Martin versprach meinen Eltern, den Betrag später zurückzuzahlen.

Es dauerte fünf Jahre, bis er sein Versprechen einlösen konnte. Wir freuten uns über unser erstes Auto. Noch am selben Tag setzten wir unseren Sohn hinten in den Wagen in einen Kindersitz und fuhren in die nächstgelegene Stadt. Dort verbrachten wir alle gemeinsam einen sehr schönen Nachmittag. Alexander freute sich über den Spaziergang am See.

Der Hochzeitstermin von Dorota und Patrick rückte immer näher. An den Hochzeitsvorbereitungen nahm ich keinen Anteil. Martin griff immer wieder dieses Thema auf und versuchte, mir klarzumachen, wie schön es wäre, wenn ich mithelfen würde. Doch für mich kam die lange Fahrt in meinem Zustand nicht infrage.

Martin trank mindestens zweimal in der Woche zu viel Alkohol. Danach wurde er zornig darüber, mich zu der Reise nach Polen nicht überreden zu können. An solchen Abenden beschimpfte er mich und meinte, ich sei der Grund dafür, dass er sich immer wieder betrinken müsse. Natürlich war es völliger Unsinn. Er brauchte eine Ausrede für seinen Alkoholkonsum. Wie ich später erfuhr, hatte er bereits viel Alkohol während seines Medizinstudiums getrunken. Während ich nach unserer Hochzeit treu auf ihn wartete, vergnügte er sich auf sämtlichen Partys und Alkoholorgien.

Es war mir unverständlich, wie wenig Verständnis er für meine Situation hatte.

MARTINS NÄCHSTER WUTANFALL

Zwei Tage vor der Reise nach Polen lud ich meine Eltern zum Kaffee ein. Wir saßen an einem Tisch in der Küche. Ich hatte Alexander auf meinem Schoß. Er war sehr unruhig. Plötzlich griff er nach der Tischdecke, um sie herunterzuziehen. Ehe ich es mich versah, sprang Martin auf und war im Begriff, unseren Sohn zu schlagen. In diesem Moment beugte ich mich schützend über Alexander. So bekam ich seine Hand im Gesicht zu spüren. Es war das erste Mal, dass er mich schlug.

Meine Eltern saßen fassungslos da, meinem Vater stieg die Zornesröte ins Gesicht, und ehe er etwas sagen konnte, fing Martin zu weinen an, entschuldigte sich mehrmals und beteuerte, es nie wieder zu tun. Meine Mutter sagte darauf: »Wie konntest du das tun? Er ist doch noch so klein!« Der Schlag, den er mir stattdessen versetzt hatte, wurde von meiner Mutter übersehen.

Ich war froh, nicht mitfahren zu müssen. Denn nachdem sich meine Schwiegereltern an unserem Hochzeitstag so benommen hatten, war ich nicht sicher, ob ich die Hochzeit meines Bruders unbeschwert mitfeiern konnte. In dieser Zeit machte ich mir sehr viele Gedanken über unsere Ehe, Martins Zornesausbrüche und wie unser zukünftiges Eheleben aussehen würde. Ich hatte noch immer nicht die Hoffnung aufgegeben, dass sich alles zum Guten wenden würde.

ZUSAMMENTREFFEN MIT MEINEN FREUNDEN

Weil Martin es nicht gern sah, wenn meine Freunde zu Besuch kamen, traf ich mich mit ihnen, wenn er nicht da war. So auch in dieser Woche.

Nach eineinhalb Wochen kehrten alle wieder heim, außer Patrick, der einige Tage länger blieb. Ich konnte spüren, wie sehr sich Martin auf unser Wiedersehen freute. Alexander bekam sehr viele Spielsachen und ich ein silbernes Armband. Seine offensichtliche Freude war wie eine Liebesbestätigung an unseren Sohn und mich. Seine Freude und Liebesbeteuerungen hielten zwei Tage an. Danach offenbarte er mir, dass seine Mutter zusammen mit Patrick auf dem Weg nach Deutschland sei, um uns zu besuchen. Mit dem Besuch seiner Mutter war ich einverstanden. Aber er bestand darauf, sie die nächsten drei Monate bei uns wohnen zu lassen. Es ärgerte mich, dass diese Angelegenheit hinter meinem Rücken besprochen worden war. Ich wehrte mich dagegen und meinte, wie er, in meinem Zustand, noch seine streitsüchtige Mutter für drei Monate bei uns unterbringen wolle, denn arbeiten wollte sie in Deutschland auch noch. Sofort verteidigte er sie und meinte, wenn ich offener ihr gegenüber wäre, dann würde sie sich besser fühlen und wäre nicht immer so nervös. Für mich waren seine Argumente nicht nachvollziehbar, weil ich niemanden aus unserer Familie kannte, den sie nicht bereits beleidigt hätte.

Mir war klar, dass das Armband, das er mir geschenkt hatte, dazu dienen sollte, mich friedlich zu stimmen, was einer Bestechung gleichkam. Wir waren mit unserem Streit dermaßen beschäftigt, dass wir nicht merkten, wie sich unser Sohn jammernd in eine Ecke seines Kinderzimmers verkroch und weinte.

Wir liefen beide ins Kinderzimmer, um nach ihm zu sehen. Martin nahm ihn auf den Arm und versuchte, ihn zu beruhigen. Aber Alexander weinte noch mehr. Danach streckte er seine kleinen Hände nach mir aus.

Während mein Mann mir unseren Sohn übergab, sah ich eine unglaubliche Angst in Alexanders Augen. Es schien, als ob er sich vor seinem Vater fürchtete. Er klammerte sich an mich. Es dauerte eine Weile, bis ich ihn beruhigen konnte. Unser Streit war zumindest an diesem Tag beendet.

Spät am Abend brachte ich Alexander zu Bett. Als ich danach das Wohnzimmer betrat, sah ich eine halbvolle Wodkaflasche auf dem Tisch. Martins Gesicht sagte mir, dass er dabei war, sich wieder einmal zu betrinken. In der letzten Zeit geschah es öfter, vor allem dann, wenn wir Meinungsverschiedenheiten hatten und er etwas nicht durchsetzen konnte. An solchen Abenden war es besser, keine Unterhaltung mit ihm zu führen, denn in diesem Zustand konnte er sehr beleidigend und ungehalten sein.

Weil ich nach unserem Streit ohnehin erschöpft war, sagte ich: »Gute Nacht!«, worauf er antworte: »Ja!« Dieses »Ja« war laut und klang sehr aggressiv. Im Wohnzimmer wurde mein Ehemann immer lauter, sodass ich nicht einschlafen konnte. Ich traute mich nicht, hineinzugehen, um nachzusehen, was er tat. Es war 4 Uhr morgens, als es ruhiger wurde und ich einschlafen konnte. Gegen 7 Uhr zwang mich Alexanders Weinen zum Aufstehen. Auf dem Weg ins Kinderzimmer schaute ich nach Martin. Die Wodka- flasche war leer. Außerdem standen auf dem Tisch mehrere leere Bierflaschen. Mein Mann schlief tief und fest auf dem Sofa. Mir war nicht gut. Ich war müde. Der gestrige Streit hatte mich sehr viel Kraft gekostet. So wie sich mein Mann verhielt, fragte ich mich, ob unsere Ehe einen dauerhaften Bestand haben würde.

Weil es Samstag war, musste mein Vater nicht ins Geschäft.

Ich versorgte Alexander mit frischen Windeln und brachte ihn zu meinen Eltern. Danach machte ich mich fertig und ging zu ihnen, um mit ihnen gemeinsam zu frühstücken. Ich erzählte meinen Eltern, was passiert war. Es war mir klar, dass sie den Streit zwischen Martin und mir gehört hatten. Ich berichtete ihnen von Martins Vorgehensweise, dass er, ohne meine Zustimmung, seine Mutter eingeladen hatte, uns zu besuchen. Der Rat meiner Mutter war, ich solle mit Martin nochmals über diese Angelegenheit in Ruhe reden.

Ich fühlte mich mit meinem Problem allein gelassen. Es war ohnehin klar, dass sie sich in unsere Probleme nicht einmischen wollte. Wir unterhielten uns auch über die Hochzeit von Patrick. Bei dieser Gelegenheit erfuhr ich, dass meine Schwägerin noch einige Wochen in Polen verbringen musste, um alles für die Ausreise vorzubereiten. Meine Schwiegermutter hatte sich am Hochzeitstag sehr ruhig verhalten, sodass man vermutete, sie hätte Beruhigungsmittel eingenommen. Es war aber auch ihre Tochter, die geheiratet hatte, und nicht irgendeine Schwiegertochter.

Als ich zwei Stunden später unsere Wohnung betrat, sah ich, dass mein Mann immer noch tief und fest schlief. Alexander hatte ich bei meinen Eltern gelassen. Ich legte mich aufs Bett, und irgendwann schlief auch ich ein. Am späten Nachmittag wurde ich wach und stand auf.

Beim Betreten der Küche sah ich Martin am Tisch bei einer Tasse Kaffee sitzen. Er sah ziemlich mitgenommen aus. Seine Augen waren geschwollen, und der ganze Raum roch nach Alkohol. Mir wurde übel. Ohne ihn zu beachten, machte ich mich daran, mir etwas zu essen zu machen. Plötzlich stand er auf, kam auf mich zu und umarmte mich. Mit einer Bewegung stieß ich ihn von mir, weil ich weder den Alkoholgeruch noch seine hinterlistige Art ertragen konnte. Ich wusste, dass unser gestriges

Gespräch noch nicht beendet war. Mit Tränen in den Augen sah er mich an und bat mich mehrmals um Entschuldigung. Er versprach, sich nicht wieder zu betrinken und alles mit mir vorher zu besprechen. Aber dieses Mal bat er mich, nicht nachtragend zu sein und ihm zu helfen, seiner Mutter für die nächsten drei Monate einen Nebenverdienst zu ermöglichen. Irgendwie hatte ich Mitleid mit ihm. Schneller, als ich sehen konnte, hatte ich ihm verziehen und erklärte mich bereit, mit ihm in die Telefonfabrik zu fahren, wo meine Schwiegermutter bereits früher gearbeitet hatte, um mich nach einer Arbeitsstelle für sie zu erkundigen.

MARTINS MUTTER UND IHRE GESCHENKE FÜR UNS

Sabina kam in der darauffolgenden Woche bei uns an. Für diese Zeit überließen wir ihr unser Wohnzimmer. Nachdem ich es für sie vorbereitet hatte, hoffte ich im Stillen, dass sie sich bei uns wohlfühlen würde. Was für mich noch wichtiger war, war der Wunsch, dass wir für die nächste Zeit alle miteinander gut auskommen sollten. Unsere Begrüßung verlief nicht besonders herzlich, aber ruhig.

Sie war sehr erschöpft von der Reise, sodass sie sich nach dem Abendessen sofort schlafen legte. Zuerst sprachen wir nicht viel miteinander. Aber nachdem Martin ihr eröffnet hatte, dass sie in Kürze ihre Arbeitsstelle antreten könne, freute sie sich sehr. Sie lächelte und sagte: »Das ist schön, ich freue mich darüber!«

Sie hatte auch einige Geschenke mitgebracht: für Martin einen wunderschön verarbeiteten Aschenbecher aus Kristallglas, für mich Wein- und Sektgläser, ebenfalls aus hochwertigem Bleikristall, und für Alexander Spielzeug. Am nächsten Tag stellte ich die Kristallgläser in eine Glasvitrine im Wohnzimmer. Das Kristallglas glitzerte in allen Farben, die Verarbeitung war derart exakt, dass sich der Schein sehr genau auf der Wand widerspiegelte. Es war, als ob ich mich für einen Moment in diesem Glitzerschein verloren hätte. Was dieser Schein der Kristallgläser zu bedeuten hatte, sollte ich erst einige Jahre später erfahren.

Bevor Sabina am Montag zu arbeiten anfing, verbrachten wir zusammen das Wochenende. Sie beschäftigte sich viel mit unserem Sohn. Es waren sehr sonnige Tage, die beide oft auf der Terrasse verbrachten. Am Sonntag, einen Tag vor ihrem Arbeitsbeginn, wurde sie nervös und machte sich Sorgen, ob sie das alles schaffen würde. Ich beruhigte sie, indem ich meinte, dass sie dort bereits tätig gewesen sei und den Ablauf kenne.

Ich bemerkte, dass mein Mann mit der Zeit immer unruhiger wurde. Jedes Mal, wenn er abends von seinem Sprachlehrgang nach Hause kam, wollte er genau wissen, was seine Mutter im Laufe des Tages gemacht hatte. Ich erzählte ihm, dass sie sich sehr liebevoll um Alexander kümmern würde und alles in Ordnung sei. Ich bereitete täglich, nachdem ich Alexander versorgt hatte, für sie beide das Frühstück vor. Dazu gehörte auch die Brotzeit. Sie bestand aus belegtem Brot, Obst und Getränken. Ich war froh, dass sie sich bei uns gut eingelebt hatte und sie ihre achtstündige Arbeitszeit gut überstand. Es machte mir auch nichts aus, dass sie sich von mir in jeder Hinsicht bedienen ließ.

Auch meine Eltern kamen nach ihrer Ankunft zu uns, um sie zu begrüßen. Bei dieser Gelegenheit machte ich Kaffee, und wir saßen gemeinsam auf der Terrasse. Die Gespräche verliefen sehr vorsichtig und reserviert. Während sich mein Vater eher im Hintergrund hielt, unterhielt sich meine Mutter mit Sabina. Sie erzählte ihr, dass Patrick, der einige Monate vor seiner Hochzeit mit Dorota ein Haus gekauft hatte, bereits so weit sei, um ins neue Heim einzuziehen. Das war vor einigen Tagen gewesen. Seit dieser Zeit vermieden sie einen erneuten Kontakt.

Für mich und, ich denke, auch für meinen Mann war diese Situation nicht einfach, weil wir mit unserer Wortwahl sehr vorsichtig sein mussten, um eine Eskalation zwischen beiden Elternteilen zu vermeiden.

Seit längerer Zeit bemerkte ich bei meinen Eltern, vor allem bei meiner Mutter, eine Veränderung. Ständig sah sie Gefahren für sich und ihre Familie, die es gar nicht gab. So oft sie es für nötig hielt, und es war fast täglich, ermahnte sie alle zur Vorsicht.

Heute weiß ich, dass ich seit Alexanders Schwangerschaft die Angst in mir trug, während meine Mutter ihre Ängste nach außen verbreitete. Es war wie eine Krankheit, die immer längere Schatten auf uns warf und die man nicht abschütteln konnte.

Meine Schwiegermutter überstand ihre erste Arbeitswoche erstaunlich gut, und so freuten wir uns alle auf ein schönes und sonniges Wochenende.

An einem Samstag bereitete ich mit Martins Hilfe das Frühstück auf der Terrasse vor. Wir warteten noch eine Weile, bis seine Mutter sich zu uns gesellte. Sie erzählte uns von ihrer Tätigkeit und freute sich, wie schnell Martin der deutschen Sprache mächtig geworden war. Währenddessen bewunderte ich die Blumenpracht im Garten. Meine Eltern liebten ihren Garten. Es waren überwiegend Rosen und hier und da ein Obstbaum. Man konnte das Zwitschern der Vögel und das Summen der Bienen hören. Es war ein Sommermorgen wie im Bilderbuch.

Noch bevor wir mit dem Frühstück fertig wurden, stand Sabina auf, holte eine Nagelschere, setzte sich wieder an den Frühstückstisch und schnitt sich die Fingernägel. Die Nagelreste flogen in alle Richtungen, auf die Teller und manche auch in die Tassen. Ich schaute zu Martin hinüber, er tat jedoch so, als ob ihn das nicht stören würde. Bevor ich etwas sagen konnte, gab mir Martin mit einer Handbewegung zu verstehen, dass ich ruhig bleiben sollte. Das Verhalten meiner Schwiegermutter widerte mich an. Wortlos stand ich auf und fing an, den Tisch abzuräumen. Mein Mann folgte mir in die Küche. Ich fragte ihn, warum er als ihr Sohn sie nicht in ihre Schranken weisen konnte. Daraufhin meinte er, ich müsse ihr dieses Verhalten verzeihen, versprach mir aber, zu einem späteren Zeitpunkt mit ihr darüber zu reden. Den gesamten Nachmittag saß sie auf der Terrasse, und so oft es ging, beschäftigte sie sich mit Alexander.

Irgendwann sagte ich zu meinem Mann, dass sie mit dem Kleinen im Kinderwagen spazieren fahren könnte. Daraufhin meinte er, dass sie sich lieber ausruhen und zu Hause bleiben solle. Er schaute mich seltsam an und sagte: »Du musst mir eines versprechen: unseren Sohn nie unbeaufsichtigt in die Hände meiner Mutter zu geben.« Er sagte es mit einem beunruhigenden Unterton. Als ich ihn nach dem Grund fragte, sagte er, sie wäre für diese Aufgabe zu nervös und möglicherweise überfordert.

Plötzlich erinnerte ich mich an Susanne und die Ereignisse, die ihre schwerkranke Tochter betrafen. Wir hatten keinen Kontakt mehr, weder zu ihr noch zu Martins älterem Bruder Stefan. Ich bedauerte es sehr, musste aber ihren Wunsch akzeptieren. Mein Gefühl sagte mir, dass seine Besorgnis um unseren Sohn gerechtfertigt war. Ich nahm mir vor, in Zukunft vorsichtiger zu sein. Weil wir am Abend grillen wollten, ging ich zu meinen Eltern und lud sie dazu ein. Sie waren jedoch der Meinung, dass es besser sei, wenn sie nicht dabei waren, um Meinungsverschiedenheiten zu vermeiden. Ich war etwas enttäuscht, akzeptierte aber ihren Vorschlag.

Es tat weh, erkennen zu müssen, wie viele Elternpaare und junge Familien im Gegensatz zu uns liebevoll miteinander umgingen und sich gegenseitig besuchten. Am Abend bereitete ich einiges zum Grillen in der Küche vor. Martin kümmerte sich um die Holzkohle, während seine Mutter auf der Terrasse auf einem bequemen Stuhl am Tisch saß. Sie entschuldigte sich, uns bei den Vorbereitungen nicht behilflich sein zu können, weil sie starke Kopfschmerzen hätte.

DIE DIABOLISCHE GESICHTSVERÄNDERUNG UND DER WUTANFALL

Ich erschrak, als ich in das Gesicht von Sabina sah. Die Nase war geschwollen und rot. Das Gesicht war sehr blass und sie presste ihre Lippen aufeinander. Die Pupillen waren sehr dunkel und die Augen blutunterlaufen. Plötzlich spürte ich diese Angst, die mich seit der Schwangerschaft mit Alexander immer wieder überkam. Auch Martin kam mir nervöser vor als sonst. In der Luft lag eine eigenartige Stimmung, die nichts Gutes bedeutete. Mein Mann und ich waren die Einzigen, die sich während des Essens unterhielten. Seine Mutter sah nur auf ihren Teller und äußerte sich nicht. Danach räumten wir auf, und ich war im Begriff, mich ins Schlafzimmer zu begeben, als mein Mann mir den Weg versperrte und mich bat, mich noch ein wenig zu ihnen zu setzen.

Intuitiv ging ich nicht auf seine Bitte ein und forderte ihn auf, zur Seite zu gehen. Daraufhin sagte er: »Mach keinen Ärger, sie hat dir doch nichts getan.« Er bedrängte mich noch mehr, auf seine Bitte oder, besser gesagt, auf seine Forderung einzugehen, was ich letztendlich auch tat. Es dauerte nicht lange, und die Situation eskalierte tatsächlich. Plötzlich fing sie an, mich zu beschuldigen, ich würde mich zu wenig um ihren Sohn sorgen und sei keine gute Ehefrau; ich könne nicht einmal seine Hemden bügeln. Dann deutete sie mit der Hand auf die Brusttasche seines weißen Hemdes und meinte, dass er bei ihr nie verdreckte und ungebügelte Hemden gehabt hätte. Weil er Raucher war und oft lose Zigaretten in seiner Brusttasche hatte, hatte sich deren Ansatz verfärbt. Sein Hemd war aber weder schmutzig noch ungebügelt. Martin setzte einen drauf und sagte: »So sehen alle meine Hemden aus!« Es war das erste Mal, dass er sich offensichtlich auf die Seite seiner Mutter stellte. Es tat sehr weh, und ich fühlte mich von beiden schikaniert.

Dass sie ihre Wutausbrüche hatte, bekam ich mittlerweile zu spüren, aber ich hätte nie erwartet, dass sich mein Mann ohne ersichtlichen Grund auf ihre Seite stellen würde. Ich brachte kein Wort heraus, stand auf und ging ins Kinderzimmer, wo unser Sohn bereits schlief. Mir kamen die Tränen, und ich setzte mich an sein Kinderbett. Ständig musste ich daran denken, was gerade geschehen war. Dass sich Ehepaare streiten und Schwiegertöchter mit ihren Schwiegermüttern oft nicht zurechtkommen, war mir klar, aber dass mich mein Ehemann, noch dazu in meinem Zustand, in dieser Art und Weise demütigte, war zu viel für mich. Ich weinte und fragte mich, was in den nächsten Wochen während ihrer Anwesenheit noch alles passieren würde.

Plötzlich ging die Tür auf, und Martin kam herein. Er meinte, ich solle mich beruhigen und nicht alles so ernst nehmen, dabei lächelte er. Danach meinte er, ich solle keinen Unsinn machen und wieder zu ihnen beiden zurückkehren. Ich stand auf und sagte mit einer sehr lauten Stimme: »Sucht euch ein anderes Opfer aus, ich stehe euch jedenfalls nicht mehr zur Verfügung.«

In dieser Nacht schlief ich sehr schlecht und wachte immer wieder auf. Es war bereits 3 Uhr, doch mein Mann war immer noch nicht im Bett. Später erfuhr ich, dass sie derartige Anfälle auch bei sich zu Hause hatte und es fertigbrachte, tagelang weder zu kochen noch aufzuräumen oder zu bügeln. An solchen Tagen war sie sehr streitsüchtig und beklagte sich andauernd über ihren schlechten Gesundheitszustand. Nachdem diese Phasen vorbei waren, tat sie so, als ob nie etwas gewesen wäre.

Früh am Morgen stand ich auf, um nach Alexander zu sehen. Er war sehr unruhig, und ich musste bis zu vier Mal nachts aufstehen, um ihn zu beruhigen. Nachdem ich mit der Zubereitung der Milchflasche fertig war, ging ich ins Kinderzimmer. Martin war nirgends zu sehen, und ich vermied es, das Wohnzimmer zu betreten. Unser Sohn lag wach in seinem Bettchen. Normalerweise meldete er sich entweder mit einem fröhlichen Quietschen oder mit ungeduldigem Weinen. An diesem Morgen jedoch lag er wach und wartete geduldig auf mein Kommen. Nach seiner Mahlzeit legte ich ihn neben mich ins Ehebett. Wir schliefen beide ein.

Irgendwann gegen Mittag wachte ich auf und sah, dass Alexander noch immer schlief. Es war ungewöhnlich, aber ich war froh darüber. So stand ich auf und ging ins Bad. Aus der Küche hörte ich, wie sich Martin mit seiner Mutter unterhielt. Ich wurde gerade fertig, als Alexander zu weinen anfing. Ich nahm ihn auf den Arm und ging in die Küche, um uns etwas zum Essen vorzubereiten. Ich nahm mir vor, die beiden zu meiden, um ihnen keine Gelegenheit zu geben, mich weiterhin zu demütigen.

Als ich die Küche mit unserem Sohn betrat, begrüßten sie mich mit einer aufgesetzten Freundlichkeit. Während Martin auf uns zukam, würdigte uns seine Mutter keines Blickes. Als er im Begriff war, unseren Sohn auf seinen Arm zu nehmen, drehte sich dieser um und klammerte sich fest um meinen Hals. Es schien fast so, als ob Alexander die Situation gespürt hätte. Das würde auch sein ruhiges Verhalten und langes Schlafen erklären. Ungeachtet dessen, was sie beide dachten, setzte ich ihn in seinen Laufstuhl und bereitete für uns etwas zu essen vor.

Unsicher fragte mich mein Mann, wann wir denn zum Mittag essen würden. Ich antwortete, dass sich seine Mutter ausnahmsweise darum kümmern solle. Nachdem Alexander und ich etwas gegessen hatten, setzte ich ihn in seinen Kinderwagen, und wir gingen spazieren. Mein Mann machte keine Anstalten, uns zu begleiten. Es war auch besser so, denn die Enttäuschung über sein gestriges Verhalten saß noch sehr tief.

Am Abend, als seine Mutter zu Bett gegangen war und wir allein waren, versuchte er, sich zu entschuldigen. Er bat mich, ihm zu verzeihen. Damals glaubte ich noch, zumindest halbherzig, dass sein Bedauern und seine Entschuldigungen ehrlich seien. Er schaffte es auf seine Art, mich immer wieder zu beruhigen und ihm zu verzeihen.

Die kommende Woche verlief ohne Zwischenfälle, mit dem Unterschied, dass meine Schwiegermutter ihr zweites Frühstück für die Arbeit selbst zubereitete. Es war ihr ausdrücklicher Wunsch, und ich respektierte ihn.

DER FLUCH

Es war ein Montag, Anfang Juli. Als sie nachmittags von ihrer Arbeitsstelle kam, merkte ich wieder einmal diese teuflische Veränderung in ihrem Gesicht. Martin war noch in der Sprachschule. Sie war sehr nervös, und ich fühlte mich unwohl in ihrer Gegenwart, versuchte jedoch, mir nichts anmerken zu lassen. Nachdem sie das Mittagessen gegessen hatte, das ich vorbereitet hatte, fing sie an, mich zu maßregeln. Es war wieder eine dieser Situationen, in denen sie mich ohne Grund beleidigte und beschimpfte. Ihrer Meinung nach kümmerte ich mich mal wieder nicht genug um ihren Sohn, und vor ihr als Mutter hätte ich keinen Respekt. Wie schon so oft war ich mir keiner Schuld bewusst, und deshalb konnte ich ihre Vorwürfe nicht nachvollziehen.

Ich spürte, wie sie sich immer mehr in ihrem Zustand verstieg. Ich hatte Angst, sie würde mir etwas antun. Sie nahm ihren Teller, was ungewöhnlich war, und legte ihn in die Spüle. Ich stand drei Meter von ihr entfernt, als sie sich plötzlich umdrehte, ihre rechte Hand zur Faust erhob, sodass man alle Venen sehen konnte, und mit einer dunklen, krächzenden, fast unmenschlichen Stimme sagte sie: »Du gebärst schon drei Monate und kannst immer noch nichts bekommen.« In diesem Moment durchzog mich ein kalter Strom, und mein Baby bewegte sich im Bauch. Danach verließ sie wortlos den Raum.

Mir wurde plötzlich schwindlig und übel, sodass ich mich hinsetzen musste. Nachdem ich wieder zu mir gekommen war, ging ich mit Alexander zu meinen Eltern. Ich hatte Angst vor dieser Frau und beschloss, bei ihnen auf Martin zu warten. Sie waren sehr besorgt, als ich ihnen geschildert hatte, was vorgefallen war. Während sich meine Mutter kaum äußerte, sagte mein Vater mit einer wutentbrannten Stimme: »Diese alte Hexe wird dir noch etwas Schlimmes antun. Lass sie nach Hause fahren. Bedenke, dass die Geburt deines zweiten Kindes bevorsteht.« So aufgebracht hatte ich meinen Vater selten gesehen. Meinem Mann erzählte ich nichts von dem Vorfall. In dieser Nacht konnte ich nicht einschlafen.

VORZEITIGE WEHEN

Plötzlich, gegen Mitternacht, bekam ich sehr starke Bauchschmerzen. Ich merkte, wie sich alles in mir zusammenzog. Aber es war anders als die Wehen bei unserem ersten Kind. Ich wartete nicht lange, weckte Martin, und wir fuhren ins Krankenhaus. Nachdem ich untersucht worden war, sagte man mir, dass es Geburtswehen wären, mein Kind jedoch noch nicht die richtige Position eingenommen hätte, sodass man eventuell einen Kaiserschnitt vornehmen müsse. Man versprach mir, alles zu tun, um die Wehen und die bevorstehende Geburt hinauszuzögern. Meine Blutwerte ergaben, dass ich Diabetes hatte. Es kommt häufig vor, dass die Werte während einer Schwangerschaft erhöht sind, aber ich hatte damit bisher keine Probleme gehabt. Nach der letzten Blutentnahme vor einer Woche war alles in Ordnung gewesen. Der diensthabende Arzt beschloss, mich auf Diät zu setzen und meinen Zustand im Krankenhaus zu beobachten.

Für mich stellte sich die Frage, ob meine Schwiegermutter tatsächlich die Fähigkeit besaß, mit einem Fluch Frühwehen bei mir auszulösen.

Ich musste die ganze Zeit über an die Ratschläge meines Vaters denken. Ich sah noch vor mir, wie sie ihre Faust erhob. Ihre Worte, die sie dabei ausstieß, klangen wie ein Fluch.

Noch am selben Abend rief ich meinen Mann an und bat ihn, unseren Sohn für die Zeit meiner Abwesenheit zu meinen Eltern zu bringen. Er stimmte zu. Von meinen Eltern erfuhr ich, dass Martin und seine Mutter noch am selben Abend sehr laut miteinander stritten. Sie wussten jedoch nicht, worüber. Im Krankenhaus verbrachte ich insgesamt zwei Wochen.

Mit der Diät kam ich nicht zurecht, und ich hatte ständig Hunger. Neben mir lag eine junge Frau, die kurz vor ihrer Entbindung war. Es tat weh, ihr zusehen zu müssen, was sie im Gegensatz zu mir zum Essen bekam. Am zweiten Tag fragte ich, ob sie sich eine größere Portion bestellen könne, um sie mit mir zu teilen. Sie lachte und versprach, mir zu helfen. Einen Tag darauf hatte sie vier Brötchen anstatt zwei auf ihrem Frühstücksteller. Wir teilten uns das Essen. Die Situation war gerettet, und ich hatte keinen Hunger mehr. Trotzdem haben sich die Zuckerwerte nach einigen Tagen gebessert.

Die Wehen ließen nach, sodass der Arzt beschloss, mich zu entlassen. Im Falle einer Verschlechterung sollte ich mich sofort wieder einweisen lassen, um die Geburt in Gang zu bringen.

KAPITEL 3:
ANDREAS GEBURT

ANDREAS GEBURT

Zwei Wochen nach meiner Entlassung aus dem Krankenhaus bekam ich erneut Schmerzen. In dieser Zeit war nichts Außergewöhnliches mit meiner Schwiegermutter vorgefallen. Mit keinem Wort fragte sie, wie es mir ging. Es war, als ob nichts geschehen sei. Ich war froh darüber, denn so konnte ich in Ruhe die Zeit mit Alexander verbringen. Sie entschied, für sich und Martin das Frühstück vorzubereiten. Dadurch entging es mir, dass sie keine belegten Brote für ihre Arbeit zubereitete. Der Tag, an dem meine Wehen wieder einsetzten, war ein Samstagabend. Mein Mann hatte zu viel Alkohol getrunken. Deswegen ging ich zu meinen Eltern, um sie zu bitten, mich ins Krankenhaus zu fahren. Zum Glück war gerade mein jüngerer Bruder Valentin bei ihnen. Er erklärte sich sofort bereit, mich hinzufahren. Während er auf mich wartete, nahm ich meine gepackte Tasche und wollte gerade die Wohnung verlassen, als Martin auf mich zukam und mich lallend fragte, wohin ich wolle. Er wollte unbedingt mit ins Krankenhaus.

Man brachte mich auf die Geburtsstation. Ich bat meinen Bruder, er möge so lange bei mir bleiben, bis Martin wieder zu sich gekommen sei. Mein Mann schlief neben meinem Bett auf einem Stuhl, schnarchte laut, und es roch nach Alkohol. Ich schämte mich für ihn, war jedoch aufgrund meiner eigenen Situation nicht im Stande, mich um ihn zu kümmern. So war ich froh, dass Valentin bei mir blieb. Es vergingen einige Stunden, bis Martin zu sich kam. Valentin verließ das Krankenhaus gegen 2 Uhr nachts. Gegen 6 Uhr morgens, am 4. August, wurde unsere Tochter Andrea geboren. Sie kam drei Wochen zu früh und war am ganzen Körper und auf den Ohren von kleinen Härchen bedeckt.

Am Morgen wurde Andrea mir zum Stillen gebracht. Meine Freude über unsere kleine Tochter war unbeschreiblich. Für mich war sie das süßeste Baby der Welt. Friedlich fing sie an, an meiner Brust zu saugen. Nach einiger Zeit merkte ich, dass irgendetwas nicht stimmte. Ich bekam plötzlich Schmerzen, dachte aber, es sei normal. In dem Moment verschluckte sie sich und fing an, zu husten. Sie spuckte Blut, und auch aus meiner Brust tropfte Blut. Ich rief die Schwester und erzählte ihr von dem Vorfall. Sie sagte, dass so etwas passieren könne, ich solle es morgen noch einmal versuchen. Diese Situation wiederholte sich; danach beschloss ich, entgegen dem Vorschlag der Hebamme, unsere Tochter nicht zu stillen. Es tat mir leid, denn die erste Bindung des Neugeborenen an die Mutter unterblieb damit.

Später sagte mir Johanna, dass die erhobene, geballte Faust und der Satz, den meine Schwiegermutter vor den ersten Wehen »Du gebärst schon drei Monate ...« hervorgestoßen hatte, wie ein Fluch über mir hing.

ANDREA WIRD NICHT ALS ENKELIN AKZEPTIERT

Während ich im Krankenhaus lag, zeigte sich meine Schwiegermutter von ihrer »besten« Seite. Nachdem mein Mann meine Eltern benachrichtigt hatte, dass ich ein gesundes Mädchen zur Welt gebracht hatte, wollte meine Mutter diese Neuigkeit sofort meiner Schwiegermutter erzählen. Noch während sie sprach, wurde sie von ihr mit den Worten unterbrochen:»Ich bin nicht die Großmutter dieses Mädchens, außerdem habe ich es nicht verdient, ihre Großmutter zu sein.« Daraufhin sagte meine Mutter:»Aber es ist deine Enkelin, und du bist ihre Großmutter.«

Um sie nicht allein zu lassen, lud meine Mutter sie zum Frühstück ein. Sie meinte, sie hätte schon gefrühstückt und würde jetzt auf ihren Sohn warten, bis er aus dem Krankenhaus komme. Kurz darauf haben meine Eltern sie auf der Terrasse, auf den Bodenfliesen sitzend, gesehen. Es traute sich jedoch keiner von ihnen, hinzugehen, um sie anzusprechen. Gegen Mittag fuhr Martin nach Hause. Als er ankam, saß sie immer noch auf dem Terrassenboden. Er erzählte ihr die Neuigkeit. Sie sagte ihm jedoch, dass es sie nicht interessieren würde, und fing an, ihm irgendwelche Vorwürfe zu machen. Ich wäre keine gute Schwiegertochter, dass er sich verändert habe und vieles mehr. Weil beide immer lauter wurden, ging meine Mutter, mit der Absicht, sie zu beruhigen, hinunter. Sie hatte das Streitgespräch mitbekommen. Dann bat sie meinen Mann, sich bei seiner Mutter zu entschuldigen. Wofür auch immer, er tat es und half seiner Mutter, vom Boden aufzustehen. Diese Entschuldigungen führten jedoch zu nichts. Im Gegenteil, meine Schwiegermutter bekam immer mehr Macht über uns. Nachdem sich die Lage entspannt hatte, nahmen beide die Einladung meiner Mutter zum Mittagessen an. Sabinas rote Nase und die schwarzen Augen waren nicht zu übersehen.

Heute weiß ich, dass meine Mutter im Unrecht war. Sich bei jemandem immer wieder für irgendetwas zu entschuldigen, das man nicht getan hatte, war ein Fehler. Meine Mutter hatte damals kein Recht, sich in diese Angelegenheiten einzumischen. Es wurde mir erst später bewusst, dass sie sich berufen fühlte, die Situation zu retten, ungeachtet dessen, was es für Folgen haben würde.

GEFAHRVOLLE SITUATION FÜR ALEXANDER

Danach packte Sabina Alexander, der mit Autos auf dem Boden spielte, und ging hinaus vor die Tür. Es wurde sehr ruhig, sodass mein Mann nach den beiden sehen wollte. Draußen waren sie jedoch nicht, und auch der Kinderwagen war weg. Er bekam Angst und lief zu meinen Eltern. Sie wollten ihn beruhigen, sahen aber gleichzeitig eine unglaubliche Angst in seinen Augen, sodass auch Jörg und Patrick die Situation ernst nahmen. Martin und meine Geschwister machten sich auf die Suche nach unserem Sohn und Sabina. Mein Mann lief in den nahegelegenen Park. Er suchte alles ab und fand beide in der Nähe eines Teiches. Während sie auf einer Parkbank saß, spielte unser Sohn auf der grünen Wiese neben dem Teich.

Es war sehr gefährlich, denn er machte bereits die ersten Geh-versuche und, wie es sich im Nachhinein herausstellte, war sie kurz davor eingeschlafen. Der Kleine hob erfreut seine Händ-chen und rief nach seinem Vater. Martins große Aufregung ver-stand damals keiner von meiner Familie. Er bat darum, unseren Sohn nicht mehr der Obhut seiner Mutter zu überlassen.

DIE FLUCHBELADENE TREPPENREINIGUNG

Seit Kurzem wischte Sabina jeden Tag die Treppe mit schmutzigem Wasser und alten Putzlappen. Alle lachten darüber, sogar Martin machte sich darüber lustig. Niemand hielt es für notwendig, sie darauf anzusprechen.

Eines Abends kam mein Vater nach Hause, als sie die Treppen-stufen, die zur Wohnung meiner Eltern führten, wischte. Sie be-merkte ihn nicht, und so konnte er in Ruhe beobachten, was sie machte. Er hörte, wie sie während ihrer Tätigkeit etwas murmelte. Es waren irgendwelche Worte, die er zunächst nicht verstand. Sie war so in ihre Arbeit vertieft, dass sie nicht merkte, wie er neben ihr stand. Plötzlich konnte er die Worte verstehen, die sie immer wieder aussprach. Es waren Flüche und Beschimpfungen. Sie wiederholte die Namen meiner Familienmitglieder, alle Namen, außer dem ihres Sohnes, und brachte diese mit ihren Flüchen und Beschimpfungen in Verbindung. Mein Vater wartete nicht lange, nahm ihr den dreckigen Lappen aus der Hand und warf den Eimer um. Das dreckige Wasser ergoss sich über alle Treppenstufen. Er schrie sie an, sie solle auf der Stelle aus dem Haus verschwinden; dabei beschimpfte er sie als Hexe und Unruhestifterin. Sie erschrak, ließ alles stehen und lief in unsere Wohnung zurück.

Seit diesem Vorfall merkten alle, dass er die einzige Person war, vor der sie Respekt, ja, fast Angst hatte. Damals dachte ich, sie hätte Angst vor weiteren Wutausbrüchen meines Vaters, der Grund jedoch war ein anderer.

Im Krankenhaus fragte ich meine Eltern und Martin, warum sie seine Mutter nicht mitgenommen hatten. Ich war der Meinung, dass sie ihre neugeborene Enkelin hätte sehen wollen. Mein Mann meinte nur, sie würde sich nicht wohlfühlen und hätte viel zu tun.

MESSIWOHNUNG

Nach acht Tagen konnten wir das Krankenhaus endlich verlassen. Einerseits freute ich mich darauf, wieder daheim zu sein, und vor allem, Alexander wiederzusehen, andererseits hatte ich kein gutes Gefühl, denn meine Schwiegermutter war noch immer bei uns. Weil Martin in der Sprachschule war, wurde ich von Jörg abgeholt. Er brachte uns zur Tür, dann verabschiedete er sich mit dem Hinweis, noch etwas erledigen zu müssen.

Als ich die Wohnung betrat, blieb mir fast das Herz stehen. Ich konnte kaum glauben, was ich da sah. Sie war in einem unglaublich verwahrlosten Zustand. Überall lagen alte Essensreste und nicht aufgeräumte alte Töpfe in der Spüle und auf dem Esstisch. Der Gestank von verwesenden Essensresten lag in der Luft. Danach ging ich ins Wohnzimmer; es war nicht aufgeräumt, und auf den Möbeln lag überall Staub. Wie zu riechen war, war auch dieser Raum nicht gelüftet worden. Im Bad quoll der Wäschekorb über.

Nun stand ich da mit unserer kleinen Tochter und Tränen in den Augen. Mich überkam eine unendliche Traurigkeit. Ich fühlte mich gedemütigt. Allmählich stiegen in mir Ärger und Wut über Martin und seine Mutter auf. In dem Moment hörte ich die Stimme meiner Mutter. Sie kam nach oben, in der Annahme, wir wären noch nicht daheim. Ich war auch irgendwie verärgert über meine Mutter, dass sie nicht den Mut aufbrachte, meiner Schwiegermutter ihre Grenzen aufzuzeigen. Nach einiger Zeit fing Andrea zu weinen an.

Nachdem ich sie beruhigt und ins Ehebett gelegt hatte, klingelte es an der Tür, und mein jüngerer Bruder kam herein. Nachdem wir uns begrüßt hatten, sagte er mit knappen Sätzen, dass ich an dem Tag nicht kochen müsse, weil unsere Mutter es bereits für uns getan hatte. Im ärgerlichen Ton antwortete ich, dass ich es nicht vorhätte und schon gar nicht in diesem Schweinestall. Er lächelte verlegen und meinte, er wäre für diesen Zustand nicht verantwortlich.

Kurz darauf schaltete ich das Babyphone ein, für den Fall, dass Andrea aufwachen würde. Unser Sohn hüpfte vor Freude, als er mich sah, und wollte sofort in meine Arme. Er wich mir nicht von der Seite.

Während des Mittagessens fragte ich meine Mutter, warum sie den Zustand unserer Wohnung zugelassen hatte. Sie meinte, dass sich keiner, weder sie noch mein Vater, in diese Angelegenheit einmischen wollte und dass keiner von ihnen seit meiner Abwesenheit in unserer Wohnung gewesen sei. Danach erzählten sie mir, was zwischen ihnen und meiner Schwiegermutter vorgefallen war. Mein jüngerer Bruder sagte: »Diese Frau ist psychisch krank, passt auf euch auf!«

Nach einer Stunde fing Andrea zu weinen an. Sogleich ging ich in unsere Wohnung. Alexander blieb bei meiner Mutter, weil ich zuerst die Sache mit dem Chaos in unserer Wohnung klären wollte. Gegen 18 Uhr kamen Martin und seine Mutter nach Hause. Anscheinend hatte sie irgendwo auf ihn gewartet. Als wir uns begrüßten, schien Martin sehr nervös zu sein. Ich spürte, dass beide von mir erwartet hatten, ihnen das Essen vorzubereiten. Entgegen ihrer Erwartung ging ich zu unserer Tochter.

Ich hörte, wie Martin den Tisch von den Töpfen und dem Geschirr freiräumte und ihnen beiden etwas zu essen machte. Danach setzte ich mich zu ihnen und stellte sie zur Rede. Auf meine Frage, warum sie die Wohnung in der kurzen Zeit so vernachlässigt hätten, antwortete meine Schwiegermutter: »Das ist deine Wohnung, räum sie dir selber auf, ich bin nicht dafür zuständig.« Daraufhin meinte ich zu Martin, dass es eine Unverschämtheit wäre, was sie aus dieser Wohnung gemacht hätten, und dass ich, nachdem er mir immer erzählt hatte, seine Mutter wäre eine ordentliche Frau, etwas anderes erwartet hätte. Ich spürte, wie sie immer wütender wurde. Plötzlich stand sie auf und ging auf ihr Zimmer. Daraufhin sagte mir Martin, die ganze Situation täte ihm leid und er wäre bereit, zusammen mit mir aufzuräumen. Ich beruhigte mich ein wenig. Wir saßen noch eine Weile zusammen und unterhielten uns. Danach gingen wir zu Bett. Meine Schwiegermutter sah ich an diesem Abend nicht mehr.

Am nächsten Tag räumte ich das Notwendigste auf, vor allem das Kinderzimmer und unser Schlafzimmer, in dem Andrea die ersten Monate schlafen sollte.

DAS ERBE DER ROTEN NASE

Nach der Arbeit wollte sie ihre Enkelin, wie sie sagte, endlich einmal kennenlernen. Die Kleine schlief in ihrem Kinderwagen auf der Terrasse. Meine Schwiegermutter beugte ihren Kopf über dem Kinderwagen so weit vor, dass ich das Gefühl hatte, sie wolle sich hineinlegen. Dann hörte ich sie sagen: »Da bist du ja endlich. Ich dachte schon, du wolltest mich nicht kennenlernen.« An diesem Abend und die ganze Nacht hindurch weinte die Kleine, egal, ob ich sie trug oder im Kinderwagen durch die Wohnung fuhr. Erst am frühen Morgen schlief sie erschöpft ein. Sie schien insgesamt unruhiger und weinerlicher zu sein als in den ersten zwei Wochen. In dieser Zeit brachte ich ihren veränderten Zustand noch nicht mit Martins Mutter in Verbindung.

Am Samstag räumten Martin und ich unsere Wohnung auf. Das Wohnzimmer überließen wir meiner Schwiegermutter, die jedoch keine Anstalten machte, ihren Bereich in Ordnung zu bringen. Sie verbrachte die meiste Zeit allein auf der Terrasse. Mittlerweile war mir ihr Gemütszustand egal. Zum einen hatte ich es satt, ständig ihren Boshaftigkeiten ausgeliefert zu sein, zum anderen waren es nur noch drei Tage bis zu ihrer Abfahrt nach Polen.

Weil sie nicht mehr zur Arbeit ging und ich mit ihr allein in der Wohnung war, bat ich Martin, daheimzubleiben, was er auch tat. Am Mittwoch brachte er sie zum Bus nach Hamburg. Sie verabschiedete sich von uns, als ob nichts geschehen wäre. Sie weinte, drückte unsere Kinder an sich, als sei sie die beste Groß-mutter der Welt. Heulend stieg sie in Martins Auto.

Es überraschte mich immer wieder, wie schnell sie sich einer Situation anpassen und wie theatralisch sie auftreten konnte. Ich war froh, dass sie uns wieder verließ, wusste jedoch, dass dieser Abschied nicht der letzte gewesen war. Noch am selben Abend räumte ich das Wohnzimmer und ihr Schlafgemach auf und ließ keinen Zentimeter aus. Ich musste es einfach tun.

Allmählich beruhigte sich unsere Tochter, was mir jedoch auf-fiel, war, dass sie manchmal beim Weinen eine rote Nasenspitze bekam. Im Stillen hoffte ich, dass sich das irgendwann legen würde.

DOROTAS NETTE BEGRÜSSUNG

Ende September siedelte Dorota, die Ehefrau von Patrick, nach Deutschland über. Das Haus, das er gekauft hatte, wurde nun fertiggestellt, sodass beide einziehen konnten. Außer dem Schlaf-zimmer und einer Sitzgelegenheit im Wohnzimmer war noch nichts eingerichtet. Dort warteten wir alle auf ihre Ankunft. Gegen Nachmittag traf sie endlich ein. Nach der herzlichen Begrüßung ging sie mit ihm durchs Haus. Nachdem die Führung beendet war, gesellten sie sich zu uns. Martin freute sich sehr, dass seine Schwester endlich gekommen war.

Einmal traf ich Stefan zufällig in Hamburg; ich ergriff die Gelegenheit und fragte ihn nach dem Grund ihres Benehmens und ob wir ihnen etwas getan hätten. Wutentbrannt sagte er: »Das weißt du doch, lass mich in Ruhe!« Sein barscher Ton bewog mich dazu, keine weiteren Fragen zu stellen.

Wir verbrachten einen netten Nachmittag bei Patrick und Dorota. Die Sonne ging langsam unter, sodass es auch im Wohnzimmer dunkler wurde. Dorota stand auf und wollte das Licht einschalten. Nachdem sie den Schalter betätigt hatte und sah, dass in dem Raum noch keine Glühlampe angebracht war, wurde sie sehr zornig. Sie machte meinem Bruder Vorwürfe, dass er es nicht mal fertiggebracht hatte, vor ihrer Ankunft eine Glühlampe einzuschrauben, und dass sie sich dieses Haus anders vorgestellt hätte. Mein Bruder wurde rot im Gesicht und sagte: »Beruhige dich, das können wir später immer noch machen.« Ich bedauerte ihn, war aber nicht sonderlich überrascht, denn mit ihren Wutanfällen erinnerte sie mich an ihre Mutter, mit dem Unterschied, dass nicht ihre Nasenspitze, sondern ihr ganzes Gesicht rot anlief.

Das war einfach zu viel für mich. Verärgert stand ich auf und sagte: »So, es wird Zeit zu fahren, mit deiner Wut musst du selbst fertigwerden. Ich bin nicht hergekommen, um mir deine Launen anzuhören.« Martin packte mich am Arm und versuchte, mich zu beruhigen, merkte jedoch bald, dass es keinen Sinn hatte. Wir fuhren nach Hause.

In der Zwischenzeit lernte unser Sohn Laufen. Er war sehr lebhaft und neugierig, sodass man ihn keinen Moment lang aus den

Augen lassen durfte. Andrea entwickelte sich prächtig, schlief sehr viel und war ein sehr ruhiges Baby. Im Oktober fand ihre Taufe statt mit Dorota als Taufpatin, von der sie unter anderem einen großen braunen Teddybären mit schwarzen Augen bekam. Er wurde in den nächsten Jahren zu ihrem liebsten Gefährten, der jede Nacht neben ihr im Bett liegen musste.

HAARRASUR

Eines Abends nahm Martin unseren Sohn auf den Arm und meinte, er hätte zu wenige Haare auf dem Kopf. Und wenn man einem kleinen Kind alle Haare mehrmals ganz abschneiden würde, dann würden diese besser wachsen und voller werden. Diese Methodik kannte ich nicht, und so hatte ich keine Ahnung, was er mit unserem Sohn vorhatte. Er setzte ihn in die Wanne und nahm eine Schere in die Hand. Mich überkam ein ungutes Gefühl. In dem Moment wurde mir bewusst, was er meinte. Als ich ihm die Schere aus der Hand nehmen und Alexander aus der Wanne heben wollte, stieß er mich mit Gewalt aus dem Badezimmer und sperrte die Tür ab. Ich schrie, er solle die Tür aufmachen. Kurz darauf hörte ich lautes Weinen und Schreien unseres Sohnes. Ich schrie noch lauter, hämmerte an die Tür. Alsbald kamen meine Eltern und mein jüngerer Bruder, um zu sehen, was bei uns vor sich ging. Ich weinte, war ratlos und wütend zugleich, dass ich unserem Sohn nicht helfen konnte. Nach einigen Minuten öffnete Martin die Tür, lächelte zufrieden und sagte: »So, jetzt kannst du zu ihm.« Alexander saß immer noch in der Wanne, war völlig verängstigt und wimmerte vor sich hin. Seine Haare waren abgeschnitten und an manchen Stellen war Blut zu sehen. Er hatte sich gewehrt, und so hatte sein Vater die Schere immer wieder in seine Kopfhaut hineingestoßen. Ich holte Alexander heraus und wickelte ihn in ein Handtuch. Meine Eltern konnten ihren Zorn darüber nicht verbergen. Sie machten Martin Vorwürfe, aber er lächelte, ohne darauf einzugehen.

Immer wieder, wenn unser Sohn glücklich war und sich seines Lebens freute, wurde dieser Zustand von seinem Vater zunichtegemacht. Sein Verhalten schmerzte mich. Martin war sich dessen bewusst. Bereits damals hätte ich etwas dagegen unternehmen sollen, war jedoch unfähig, dagegen vorzugehen. Auch Jahre danach hatte unser Sohn Angst und weinte, wenn seine Haare geschnitten wurden. Er ließ keinen Friseur an sich heran.

WIE VON GEISTERHAND

Die Wochen vergingen, und ich merkte eine Veränderung in unserer Wohnung, konnte mir aber nicht erklären, woran es lag. Es trat eine unerklärliche Unruhe ein. Obwohl es keinen Durchzug gab, schloss sich hier und da eine Tür. Manchmal konnte man auch ein Klopfen hören, ohne dass jemand an der Tür war. Ich wurde unruhiger, den Grund dafür suchte ich jedoch in meinem stressigen Alltag mit zwei kleinen Kindern. In dieser Zeit mahnten mich auch meine Eltern zur Ruhe. Martin tat, als ob er nichts bemerkt hätte. Aber manchmal konnte ich spüren, dass er mich beobachtete. Nachts wachte ich oft auf und hatte Probleme, wieder einzuschlafen. Mein Mann beschäftigte sich mit unseren Kindern, so oft es ging. Aus Angst, er könnte ihnen durch seine Unbeherrschtheit etwas antun, blieb ich immer in ihrer Nähe. Bereits damals spürte ich, dass er unserer Tochter mehr zugetan war als unserem Sohn.

Eines Abends geschah etwas Sonderbares, das ich mir bis heute nicht erklären kann. Wir saßen allein im Wohnzimmer. Auf dem Tisch stand eine Flasche Mineralwasser, die ich kurz vorher aufgemacht hatte. Plötzlich hörten wir ein Summen, das auf das Entweichen der Kohlensäure aus der Flasche zurückzuführen war. Als ich im Begriff war, den Verschluss fester zuzudrehen, sprang mein Mann auf. Sein Gesicht war blass. Er verkroch sich in eine Ecke hinter dem Fernseher. Sehr ängstlich stammelte er irgendwelche Worte, die ich kaum verstand. Ich lief zu ihm und fragte, was mit ihm los sei, woraufhin er mich fragte, ob auch ich diese Geräusche höre. Sein Verhalten war sehr merkwürdig. Er war sonst derjenige, der die Ruhe bewahrte, wenn sich etwas Seltsames ereignete. Als die Sache mit der Kohlensäure geklärt war, beruhigte er sich. Damals wusste ich noch nicht, was es zu bedeuten hatte.

MARTINS ERSTES PRAKTIKUM IM KRANKENHAUS

Nachdem Martin seinen Sprachkurs mit Bravour bestanden hatte, bekam er ohne Probleme die Erlaubnis, ein einjähriges Praktikum in einem nahegelegenen Krankenhaus zu absolvieren. Es gehörte zur Universitätsklinik in Hamburg. Für seine Tätigkeit wurde er nicht entlohnt. Der Chefarzt hatte ihm jedoch zugesichert, wenn nach diesem Jahr eine Assistenzarztstelle zur Verfügung stünde, dass Martin diese bekommen würde. In den nächsten fünf Monaten wurden zwei neue Assistenzärzte aufgenommen. Wir machten uns große Hoffnungen, dass er später übernommen werden würde. Bevor sein Praktikum beendet war, erkundigte er sich nach den Möglichkeiten seiner Übernahme als Assistenzarzt.

Das war Ende Februar 1986. Zwei Wochen darauf wurde ihm schriftlich mitgeteilt, dass das Krankenhaus keine Stellen mehr frei hätte und seine Übernahme nicht möglich sei. Wir waren beide sehr enttäuscht. Die Tatsache, dass wir irgendwann diesen Ort verlassen mussten, rückte immer näher. Trotzdem waren wir uns einig, dass es das Beste wäre, noch einmal mit dem Chefarzt zu reden. Nachdem Martin einen Termin bei ihm bekommen hatte, fuhren wir zusammen hin. Er war ein sehr netter, grauhaariger, älterer Herr. Auf unsere Anfrage versicherte er uns, wenn es nach ihm ginge, würde er meinen Mann sofort übernehmen, könne aber gegen die Vorschriften nichts machen. Seinem Rat nach sollten wir mit dem Personalleiter sprechen. Es schien, als ob der Chefarzt meinen Mann nicht auf seiner Station haben wollte.

Nach diesem Gespräch gingen wir zum Personalleiter. Auch er versicherte uns, dass das Krankenhaus keine Stellen mehr frei hätte, und beiläufig sagte er: »Es gäbe da eine Möglichkeit, als Volontär zu arbeiten, dafür wird man aber nicht entlohnt.« Die Idee gefiel mir im ersten Moment nicht, war aber besser, als die Wartezeit nutzlos zu Hause zu verbringen. Martin nahm die Stelle für ein weiteres Jahr an, hätte jedoch jederzeit aufhören können, wenn sich eine Assistenzarztstelle angeboten hätte.

DER WEG ZUM SOZIALAMT

Wir waren weiterhin auf die finanzielle Hilfe meiner Eltern angewiesen und stellten deswegen einen Antrag auf Sozialhilfe. Ohne Probleme wurde uns ein monatlicher Betrag von 600 Mark, mit der Option, das Geld später zurückzuzahlen, zugesichert. Der Sozialbeamte war sehr nett und meinte, er hätte noch nie einen derartigen Fall gehabt, würde uns jedoch vertrauen. Auch

Jahre später hatten wir noch Kontakt zu ihm. Manchmal, wenn wir in der Nähe waren, statteten wir ihm im Büro einen Besuch ab und tranken eine Tasse Kaffee mit ihm.

Mein Bruder und Dorota richteten mit der Zeit ihr Haus ein. Es wurde sehr schön. Ihren kleinen Garten hinter dem Haus wollten sie erst später fertigstellen. In der Zwischenzeit besuchte auch sie eine Sprachschule. Ich hatte jedoch das Gefühl, dass ihr das Erlernen der deutschen Sprache schwerer fiel als Martin. Wir besuchten uns gegenseitig und gingen manchmal miteinander spazieren. Trotzdem hatte ich das Gefühl, dass in dieser Ehe einiges nicht stimmte.

ANDREAS ERSTER GEBURTSTAG

Anfang August wurde unsere Tochter ein Jahr alt. Sie gehörte zu den Kindern, die früh zu sprechen begannen. Das Laufen fiel ihr jedoch schwer. Es war herrliches Wetter, und so konnte die Geburtstagsfeier auf der Terrasse stattfinden. Während sie fast die ganze Zeit im Wagen saß oder sich den Laufstuhl zu eigen machte, untersuchte Alexander im Garten jede Rose und jeden Grashalm. Er stolperte oft über seine eigenen Füße und hatte deswegen blutige Flecken auf seinen Knien, weinte aber sehr selten. Dorota war im vierten Monat schwanger.

Am Abend, als es ruhiger wurde und nur noch mein jüngerer Bruder Valentin geblieben war, brachte ich die Kinder ins Bett. Danach nahmen wir unsere Getränke und gingen ins Wohnzimmer. Auf der Grillplatte waren noch einige Fleischstücke übrig. Ich war im Begriff, mir noch etwas zu holen; dabei fragte ich, ob ich jemandem bei dieser Gelegenheit etwas mitbringen sollte.

Mein Bruder und Martin meinten, sie hätten genug gegessen. Nachdem ich meinen Teller gefüllt hatte, gesellte ich mich zu ihnen ins Wohnzimmer. Martin hatte einige Flaschen Bier getrunken, und man konnte sehen, dass er angetrunken war. An solchen Abenden war ich immer sehr nervös und hatte Angst vor ihm. Ich wusste, dass er meine Angst spürte und sich seine Aggressivität deswegen noch stärker gegen mich richtete. Es ärgerte mich, aber ich kam gegen meine Angst nicht an. Plötzlich fing er an, mich zu beschimpfen, dass ich eine Frau wäre, die nur an sich denken würde, dabei hätte er auch noch gern etwas gegessen. Valentin wurde zornig und verteidigte mich, indem er meinte, dass ich gefragt hätte, bevor ich hinausgegangen war, um mir etwas zu holen. Daraufhin meinte mein Mann, dass er nichts gehört habe. Bevor er noch etwas sagen konnte, stand mein Bruder auf, wünschte uns eine gute Nacht und verließ unsere Wohnung.

Sehr oft wünschte ich mir mehr Unterstützung seitens meiner Eltern und Geschwister. Auch heute noch glaube ich, es wäre besser gewesen, wenn sie mich vor Martin in Schutz genommen hätten. Während seiner Eskapaden ging ihm jeder aus dem Weg, sodass er genug Spielraum hatte, mich zu demütigen und mir weh zu tun. So auch an diesem Abend. Er wurde sehr laut, beschimpfte mich, ich sei zu nichts fähig, wäre gegen ihn und er würde meinetwegen in Deutschland keine Arbeitsstelle finden. Es waren alles haltlose Vorwürfe. Um das Ganze nicht eskalieren zu lassen, saß ich nur da und traute mich nicht, ins Bett zu gehen, weil ich befürchtete, er würde dann mit seinen Fäusten auf mich losgehen.

An diesem Abend fragte ich ihn, warum er sich so negativ verändert habe, und sagte, dass er am Anfang unserer Ehe anders gewesen sei. Als Antwort erhielt ich: »Ich bin ein guter

Schauspieler, du hast es nur nicht erkannt.« Mir wurde übel. Aber ich gab die Hoffnung nicht auf, dass sich alles zum Positiven wenden würde, wenn er eine feste Anstellung bekäme.

Damals wusste ich bereits, dass seine Schwester Dorota sehr viel Unruhe in unsere Ehe brachte. Beide trafen sich, so oft es ging. An solchen Tagen trank er zu viel Alkohol und war ungehalten. Jedes Mal fragte mich dann meine Mutter, was bei uns am Abend zuvor los gewesen sei. Ich antwortete, dass alles in Ordnung wäre. Die Monate vergingen, und Martin hatte immer noch keine feste Arbeitsstelle.

ZERSTÖRTER TAUFSEGEN

Im März 1986 brachte Dorota einen gesunden Sohn zur Welt. Er sollte Lorenz heißen. Ich sollte Taufpatin werden. Piotr, der jüngere Bruder meines Mannes, der Taufpate. Am Ostersonntag war es dann so weit, und wir fuhren in die Kirche. Stefan und Susanne waren auch dabei. Ich sah sie seit langer Zeit das erste Mal wieder und musste mir eingestehen, dass beide fast wie Fremde für mich geworden waren. Auf dem Weg in die Kirche hielt ich den kleinen Lorenz auf dem Arm, Dorota saß neben mir. Stefan und Susanne hatten sich bereit erklärt, uns zu fahren, weil sie ein größeres Familienauto hatten. Die anderen fuhren in ihren eigenen Autos. Bereits auf der Hinfahrt merkte ich, dass Dorota sehr nervös war. Die Taufe war sehr feierlich, die ganze Zeit über hatte Lorenz geschlafen. Danach fuhren alle zum Essen ins Haus von Patrick und Dorota. Auch auf dem Rückweg fuhren wir im Auto von Stefan und Susanne. Wir waren alle froh, dass es etwas windig war, der Tag sonnig.

Kurz nachdem wir eingestiegen waren, fing meine Schwägerin an, sich über den Priester und die Taufzeremonie negativ zu äußern. In kurzer Zeit steigerte sie sich so hinein, dass sie nicht nur über den Priester und den Gottesdienst lästerte, sondern auch über meinen Bruder Patrick. In ihren Augen hatte der Priester keine Ahnung, was er da tat, und mein Bruder wäre ein miserabler Ehemann und sie wüsste nicht, ob sie bei ihm bleiben würde. Es kam so plötzlich und heftig, dass keiner von uns Gelegenheit hatte, sich dazu zu äußern. Aus den Beschimpfungen wurden fast laute Schreie. Stefan ermahnte sie mehrmals zur Ruhe, aber sie wurde noch lauter. Daraufhin hielt er den Wagen an und sagte mit lauter und sehr energischer Stimme: »Entweder du hältst auf der Stelle den Mund, oder ich schmeiß dich aus dem Auto!« Sie wurde auf der Stelle ruhig und sagte kein Wort mehr. Eigentlich hatte ich vor, ihr in der Küche bei den Vorbereitungen zu helfen. Nach dieser Vorstellung jedoch wäre ich am liebsten wieder nach Hause gefahren, konnte es jedoch nicht tun, weil ich zum einen die Taufpatin war, und zum anderen war ihr Ehemann mein Bruder. So nahm ich mit meiner Familie an der hinteren Tischecke Platz und blieb dort bis zum Schluss sitzen. Keiner von uns äußerte sich zu dem Vorfall. Ich fühlte mich sehr unwohl. In meinen Augen war die Atmosphäre am Tisch kalt und reserviert. Ich war froh, als wir dieses Haus am Abend endlich verlassen konnten. Es mag sein, dass der Zwischenfall im Auto etwas mit meinen Gefühlen zu tun hatte, aber ich war nicht die Einzige, die diese Kälte spürte.

Später erzählte mir Johanna, dass das Benehmen meiner Schwägerin dazu geführt hätte, dass der kleine Lorenz den Segen der Taufe verlor. Es war seine eigene Mutter, die durch ihren Hass und ihre Wut den Segen der Taufe zerstörte. Was noch schlimmer war: Sie hatte es mit Absicht getan. Wäre es eine fremde Person gewesen, so hätte es nicht diese schlimme Auswirkung gehabt.

BEWERBUNGSSCHREIBEN

Einige Wochen vor dem Ende des Volontariats kam Martin mit der Neuigkeit, dass sein Oberarzt ein Verzeichnis aller Krankenhäuser in Deutschland habe und uns dieses zur Verfügung stellen würde. Zwei Tage später trafen wir uns mit ihm. Er war ein fast 50-jähriger, hochgewachsener, schwarzhaariger Mann mit Bart. Dem Äußeren nach zu urteilen war er ein eher gemütlicher Mensch, der gern feierte. Er war Oberfranke, der sich nach seiner Heimat sehnte. Es fiel mir auf, dass Martin sich während unserer Unterhaltung im Hintergrund hielt. Irgendwie hatte ich das Gefühl, dass es für seinen Oberarzt selbstverständlich war, dass ich für das Schreiben der Bewerbungen zuständig war. Aus dem Gespräch erfuhr ich, dass er einen Computer hatte, was in der damaligen Zeit nicht selbstverständlich war. Ich war erstaunt und freute mich über das Angebot, seinen Computer für die Bewerbungsschreiben nutzen zu dürfen. Die Bedingung war, dass ich nur nachts ab 22 Uhr seinen Dienstraum betreten durfte. Ich freute mich über sein Angebot, hatte aber keine Ahnung, wie man einen Computer bedient. Ich war jedoch sicher, es mit seiner Hilfe zu schaffen. Aus irgendeinem Grund setzte er sehr viel Vertrauen in mich, nicht jeder hätte sich sofort bereit erklärt, mir sowohl sein Dienstzimmer als auch den Computer zur Verfügung zu stellen. Weil ich sofort anfangen durfte, hatten wir uns für den nächsten Tag verabredet.

Bei der ganzen Sache quälte mich jedoch eine Frage: »Kann

Martin unsere Kinder während meiner Abwesenheit beaufsichtigen, ohne ihnen weh zu tun?«

Noch am selben Abend sprachen wir darüber. Er meinte, es täte ihm leid, in der Vergangenheit derart aggressiv gewesen zu sein. Ich solle mir keine Sorgen machen. Er versprach, keinen Alkohol mehr zu trinken, und meinte, wenn er endlich eine bezahlte Stelle hätte und uns ernähren könne, würde sich alles zum Positiven wenden. Trotz seiner Versprechungen bat ich meine Eltern darum, meinen Mann und unsere Kinder im Auge zu behalten.

Am nächsten Tag, abends, gegen 22 Uhr, fuhr ich, wie verabredet, ins Krankenhaus. Martins Oberarzt Dr. Warner erwartete mich bereits in seinem Dienstzimmer. Er erklärte mir die Handhabung des Computers und das Aufrufen einzelner Krankenhäuser in allen Bundesländern. Für mich war es sehr interessant, denn ich hatte bisher keine Möglichkeit gehabt, einen Computer zu bedienen. Es war eine breite Maschine mit einem sehr kleinen Bildschirm und gehörte zu den ersten seiner Art. Danach übergab er mir zusätzlich ein dickes Buch, in dem alle Krankenhäuser in Deutschland verzeichnet waren. Weil es dem Krankenhaus gehörte und nicht für den privaten Gebrauch gedacht war, bat er mich, diese Angelegenheit für mich zu behalten. Ich kam täglich um 22 Uhr in sein Dienstzimmer und schrieb die Bewerbungen an die größten Kliniken und Krankenhäuser in Deutschland. Oft kam ich erst gegen 3 Uhr morgens nach Hause.

Auf dem Tisch befand sich eine Kaffeemaschine, die immer bis zur Hälfte mit kaltem Kaffee gefüllt war. Er war abgestanden und hatte an der Oberfläche bereits einen silbernen Rand. Ich dachte mir nichts dabei und schüttete diesen täglich aus, um mir einen neuen zu machen. Danach säuberte ich die Kanne und stellte sie wieder auf ihren Platz zurück. Nach einigen Tagen klebte ein weißer Zettel auf der Kaffeemaschine, mit der Aufschrift:»Liebe

Putzfrauen, schütten Sie meinen Kaffee nicht aus, denn ich trinke ihn auch kalt sehr gern.« Ich konnte ein Lachen nicht unterdrücken. Nach diesem Vorfall brachte ich mir meinen eigenen Kaffee mit. Manchmal kam Dr. Warner, wenn er einen Notfall hatte, ins Krankenhaus.

Ich erfuhr von ihm, dass seine junge Freundin, ebenfalls Ärztin, ein Kind von ihm erwartete und dass beide vorhätten, nach Oberfranken umzuziehen, von wo er stammte. Als wir uns wiedertrafen, meinte er, möglicherweise würde mein Mann eine Assistenzarztstelle irgendwo in Bayern finden. Daraufhin antwortete ich: »Das halte ich für unwahrscheinlich.« In den nächsten drei Wochen schrieb ich insgesamt 325 Bewerbungen. Dr. Warner war sehr überrascht, dass ich in so kurzer Zeit so viel schaffen konnte. Er fragte mich, ob ich bereit wäre, mit ihm ein Bewerbungsinstitut zu gründen. Während er sich um die Kunden kümmern wollte, sollte ich für das Schreiben der Bewerbungen verantwortlich sein. Ich willigte sofort ein. Ich erzählte es meinem Mann, merkte jedoch, dass sich seine Begeisterung in Grenzen hielt. Nebenbei sagte er: »Schauen wir mal, wie sich alles entwickelt.« An diesem Wochenende, es war mittlerweile Juni geworden, druckte ich mit Dr. Warner alle Bewerbungsblätter aus. Auf dem Heimweg kaufte ich Briefumschläge und Briefmarken. Jeder Bewerbung fügte ich Martins Lebenslauf hinzu. So saß ich in der Küche und füllte die großen Briefumschläge. Ich bat Martin darum, die Briefmarken aufzukleben. Er schaute mich mit liebevollen Augen an und meinte, dass ich das schon allein schaffen würde.

Ich war sehr überrascht, dass er drei Wochen keinen Alkohol getrunken hatte und sich sehr liebevoll um unsere Kinder kümmerte. Es zeichnete sich damals ab, dass er zu allem bereit war, um an sein Ziel zu gelangen. Nachdem die Bewerbungen verschickt worden waren, waren wir sehr neugierig, ob wir wenigstens eine positive Antwort bekommen würden. Bis zum Ende seines Volontariats blieben meinem Mann noch fünf Wochen.

KAPITEL 4:
ABSCHIEDSFEIER

ENDE DES VOLONTARIATS

Einige Tage vor dem Ende seines Volontariats beschlossen wir, eine kleine Abschiedsfeier für die Station, auf der Martin tätig war, zu geben. Ursprünglich sollte die Feier bei uns auf der Terrasse stattfinden. Aber die Anzahl der Gäste war zu groß. Die zweite Möglichkeit war, die Feier im Garten des Krankenhauses stattfinden zu lassen. An einem Wochenende war es so weit. Während Martin die letzten Tage im Krankenhaus tätig war, organisierte ich alles. Es sollten 25 Personen kommen. Ich kaufte Grillfleisch, machte alle Salate und backte Kuchen. An einem Samstag brachten wir alles in den Garten, in dem die Feier stattfinden sollte. Es kamen sowohl sein Chef als auch der Oberarzt Dr. Warner, seine Kollegen und Krankenschwestern. Bei dieser Gelegenheit lernte ich alle kennen. Sie waren sehr nett, außer einem Kollegen, zu dem mein Mann den besten Kontakt hatte. Ich kannte ihn nicht, und so wunderte es mich, dass er es vermied, mit mir zu reden. Irgendwann zu später Stunde bekam ich doch noch die Gelegenheit, mich mit ihm zu unterhalten. Wir sprachen über seine Arbeit und mein Studium, das ich unterbrochen hatte. Er war sehr neugierig und wollte wissen, ob ich irgendwann vorhätte, es wieder aufzunehmen. Weil er bereits mehrere Jahre an diesem Krankenhaus als Assistenzarzt tätig war, war ihm die Aufgabe zugeteilt worden, sich um Martin während des Volontariats zu kümmern und ihm mit Rat und Tat zur Seite zu stehen. Deshalb war er auch dafür zuständig, meinem Mann das Schreiben der Arztbriefe beizubringen, die anschließend an den Hausarzt weitergeleitet wurden.

Während des Gesprächs wurde er zugänglicher und freundlicher. Über meinen Mann sagte er, er könne mit Menschen sehr gut umgehen und wäre ein freundlicher Kollege. Ich fragte ihn nach Martins Fähigkeiten und Kenntnissen als Arzt. Darauf antwortete er:»Martin wird es noch lernen.« Diese Antwort genügte mir, um zu erfahren, dass mein Mann zwar ein guter Mensch war, seine Kenntnisse als Arzt für dieses Krankenhaus jedoch nicht ausreichten. Auch von den anderen Mitarbeitern erfuhr ich, dass Martin stets höflich, zuvorkommend und immer sehr freundlich zu den Patienten war. Mit keinem Satz hörte ich jedoch, dass er ein guter Arzt sei und man sich aufgrund seiner Fähigkeiten auf ihn verlassen könne. Im Stillen hatte ich gehofft, dass er es an einem anderen Krankenhaus besser schaffen würde und mit der Zeit mehr Erfahrung und Kenntnisse sammeln könnte, um dadurch nicht nur ein netter Kollege, sondern auch ein erfahrener Arzt zu werden.

Heute weiß ich, dass er mich bereits damals in keinem guten Licht darstellte. Er sah es nicht gern, wenn ich mich mit Menschen unterhielt, mit denen er näher zu tun hatte.

Aufgrund der Gespräche stellte ich fest, dass man nach zwei Jahren seiner Tätigkeit mehr von ihm erwartet hatte, was seine Kenntnisse und Fähigkeiten betraf; deswegen wurde er nicht übernommen.

Es war eine sehr schöne Feier, bei der ihm sein Chef ein sehr gutes Zeugnis mit Weiterempfehlung ausstellte und eine Karte mit Glückwünschen für die Zukunft, unterschrieben von allen Mitarbeitern, überreichte.

STELLENANGEBOTE

Zwei Wochen darauf bekam Martin drei Stellenangebote. Eins davon war in Nordrhein-Westfalen in Düsseldorf. Es war ein großes Krankenhaus, das keiner Universität angehörte. Er rief sofort an und bekam einen Vorstellungstermin. Wir hofften, dass er dieses Mal mehr Glück haben würde.

Am selben Tag, es war ein Mittwoch, Anfang August, kam Patrick zu uns, mit der Neuigkeit, dass unsere gemeinsame Schwiegermutter die Absicht hatte, wieder nach Deutschland zu kommen, um hier zu arbeiten. Während dieser Zeit sollte sie bei ihm und Dorota wohnen. Jetzt stand Patrick vor demselben Problem wie ich damals, mit dem Unterschied, dass ich mich nicht mehr um sie kümmern musste. Weil sie beabsichtigte, wieder in derselben Fabrik zu arbeiten, fragte er mich nach deren Adresse. Es wunderte mich, dass er sich sofort bereit erklärt hatte, diese Frau für drei Monate bei sich aufzunehmen, obwohl ihm bekannt war, welchen Ärger sie in den Familien machte. Und so fragte ich ihn, ob er sich das Ganze gut überlegt hätte. Er antwortete: »Wenn sie Ärger macht, fährt sie nach Hause.« Mich überkam ein seltsames Gefühl. Ich kann es mir heute nicht erklären, aber es passte mir nicht, dass sie wieder bei der gleichen Stelle arbeiten sollte wie damals, als sie bei uns wohnte. Ich nahm mir vor, am nächsten Tag nach dem Frühstück der Fabrikbesitzerin einen Besuch abzustatten. Mein Mann sollte davon nichts erfahren.

DIE BOSHAFTEN LÜGEN MEINER SCHWIEGERMUTTER

Die Besitzerin des Unternehmens war sehr freundlich und bot mir sofort einen Kaffee an. Ich erzählte ihr, dass wir vorhätten, umzuziehen. Danach fragte sie, wie es meiner Schwiegermutter gehe und ob sie immer noch in Polen wohne. Ich erzählte ihr, wie schmutzig ich unsere Wohnung nach meinem Krankenhausaufenthalt vorgefunden hätte. Ich äußerte mich auch darüber, dass meine Schwiegermutter weder Butterbrote, Obst noch Getränke für ihre Arbeit vorbereitete, was mich damals sehr wunderte, weil sie in Vollzeit tätig war. Sie schaute mich sehr verwundert an und erzählte, dass Sabina sich vor ihr und den Arbeitskolleginnen sehr schlecht geäußert und mich als eine sehr böse und unfreundliche Schwiegertochter dargestellt hatte. Ich sollte ihr verboten haben, sich für die Arbeit etwas zu essen mitzunehmen. Deswegen weinte sie oft. Sie erweckte Mitleid bei ihren Arbeitskolleginnen, die ihr daraufhin täglich etwas zu essen mitbrachten. Obwohl ich so etwas befürchtet hatte, war ich doch sehr enttäuscht darüber, wie viele Lügen sie verbreitet hatte. Ich sagte der Fabrikbesitzerin die Wahrheit. Nach dem Treffen war ich verärgert, jedoch nicht überrascht. Ich war froh, diesen Sachverhalt richtiggestellt zu haben, und bat Frau Neumann, meine Schwiegermutter nicht wiedereinzustellen. Einige Tage später erzählte mir Patrick, er wäre in der Fabrik gewesen, wo man ihm jedoch mitgeteilt habe, dass Sabina aufgrund mangelnder Aufträge nicht angenommen werden könne. Im Gegensatz zu meinem Bruder war ich sehr froh darüber. Er stand jedoch vor dem Problem, ihr eine andere Arbeitsstelle suchen zu müssen.

VORSTELLUNGSGESPRÄCH IN DÜSSELDORF

Das Vorstellungsgespräch im Düsseldorfer Krankenhaus wurde für 11 Uhr angesetzt. Weil die Fahrzeit dorthin etwa vier Stunden betrug, fuhren wir gegen 5 Uhr morgens los. Unsere Kinder wurden während dieser Zeit von meinen Eltern betreut. Wir waren beide neugierig, wie das Gespräch verlaufen würde. Wir waren beide zuvor noch nie in Düsseldorf gewesen. Gegen 11 Uhr kamen wir an. Das Gebäude war zu unserer Überraschung größer als erwartet. Ich merkte, dass mein Mann sehr nervös war. Man ließ uns im Vorzimmer auf den Chefarzt Dr. Fährmann warten. Nach zwanzig Minuten betrat er das Vorzimmer und bat uns, ihm zu folgen. Er war ein älterer, bereits grauhaariger, sehr schlanker Mann. Er gehörte zu den Menschen, denen man mit Respekt begegnet. Martin wurde nach seinen Tätigkeiten während seiner Volontärzeit gefragt und ob wir bereit seien, nach Düsseldorf umzuziehen. Es war deutlich zu spüren, dass Dr. Fährmann die deutschen Sprachkenntnisse meines Mannes herausfinden wollte. Während des Gesprächs wurde Martin immer ruhiger. Es machte ihm kaum Mühe, über seine Volontärzeit und seine Tätigkeiten zu sprechen. Nach dreißig Minuten bedankte sich der Chefarzt für unser Kommen und versprach, uns eine baldige Antwort zu geben.

Aufgrund der vielen Bewerbungen, die auf seinem Schreibtisch lagen, machte ich mir wenig Hoffnung, dass man Martin nehmen würde. Auf der Rückfahrt hielten wir an einer Raststätte, um eine Kleinigkeit zu essen. Aufgrund unserer Unterhaltung über den Verlauf des Vorstellungsgesprächs gab Martin mir das Gefühl, aufgenommen zu werden.

An diesem Wochenende kam meine Schwiegermutter bei meinem Bruder und Dorota an. Wir fuhren mit unseren Kindern am Sonntagnachmittag zu ihnen. Ich kann nicht sagen, dass ich mich auf unser Wiedersehen freute, war jedoch sehr froh, dass sie jetzt bei ihrer Tochter wohnte. Dass sie ihrer eigenen Tochter nicht weh tun würde, war mir bewusst. Aber ich war mir nicht sicher, welchen Schaden mein Bruder durch das unverschämte Verhalten von Sabina davontragen würde. Auch dieses Mal brachte sie uns als Geschenk Gläser aus Bleikristall mit, die ich zu den anderen Gläsern stellte. Mein Bruder erzählte, dass er für sie eine Arbeitsstelle in einem Restaurant gefunden hätte. Sie war, wie damals bei uns, anfangs sehr freundlich und zeigte, wie sehr sie sich über eine neue Stelle freute. Auf dem Heimweg sagte ich zu Martin, dass es für mich unverständlich sei, weshalb seine Mutter noch in ihrem Alter und weil nur noch sein jüngerer Bruder studieren würde, in Deutschland arbeiten musste. Martin fuchtelte mit den Armen und sagte: »Es ist ihre Entscheidung, ich kann mich dazu nicht äußern!«

In den nächsten Tagen fuhr Martin sehr oft abends zu seiner Schwester. In den ersten Tagen war alles in Ordnung; danach schien er nervöser zu sein. Ab dem Zeitpunkt, als ich die Bewerbungsunterlagen für ihn geschrieben hatte, trank er keinen Alkohol mehr. Es hat mich sehr gefreut, denn er veränderte sich zum Positiven. Er war freundlicher zu uns, spielte oft mit den Kindern, und ich erkannte die Wesenszüge, die ich vor unserer Heirat in ihm gesehen hatte, wieder.

Nun fing er wieder an, zu trinken! Seine Nervosität führte ich darauf zurück, dass seine Schwester und seine Mutter ihn gegen mich aufhetzten. Besonders schlimm wurde es ab der zweiten Woche. Nachdem er wieder übermäßig Alkohol zu sich genommen hatte, wurde er aggressiver in seinen Äußerungen und beschimpfte mich. Trotz seines bedrohlichen Verhaltens erhob er die Hand nicht gegen mich. Die Nächte waren ganz besonders anstrengend, denn ich musste jedes Mal warten, bis er im Wohnzimmer betrunken einschlief, um ins Bett gehen zu können. Am nächsten Morgen war ich völlig erschöpft und machte ihm Vorwürfe wegen seiner Alkoholsucht und weil er sich von seiner Mutter und Dorota aufhetzen ließ. Er widersprach mir nicht, entschuldigte sich für sein Verhalten und versprach mir immer wieder, sich zu bessern und keinen Tropfen Alkohol mehr zu trinken. Natürlich nahm ich seine Worte nicht mehr ernst, sah aber momentan keinen Ausweg aus dieser Situation. Ich wollte nicht ständig mit ihm streiten.

DIE ASSISTENZARZTSTELLE

Drei Wochen nach dem Vorstellungsgespräch kam ein Schreiben vom Krankenhaus. Sehr aufgeregt, öffnete Martin den Briefumschlag. Für mich grenzte der Inhalt fast an ein Wunder. Martin sollte am 1. November seine Tätigkeit als Assistenzarzt aufnehmen. Damals dachte ich an sein Glück und an eine bessere Zukunft für uns.

Am selben Abend fuhren wir zu meiner Schwiegermutter, um ihr diese Neuigkeit zu erzählen. Mein Bruder und Dorota waren zu Hause. Nachdem Martin ihnen eröffnet hatte, dass er ab dem 1. November eine Stelle hätte, schauten sich Dorota und meine Schwiegermutter erstaunt an. Danach wanderten ihre Blicke zu Martin. Seine Mutter sah ihn lächelnd an. Es war eine eigenartige Situation. Man konnte spüren, dass alle drei sicher gewesen waren, dass Martin die Assistenzarztstelle bekommen würde, vor allem seine Mutter. Sie war froh und glücklich, wie ich sie selten erlebt habe. Ich glaube, dass sich die meisten Mütter sehr darüber gefreut hätten.

Auch meine Eltern waren sehr glücklich über diese Wendung. Die Neuigkeit feierten wir bei einem Glas Sekt.

WEGEN ALKOHOL VERSPRECHEN NICHT EINGELÖST

An einem Samstag, Ende August, einem sehr warmen Tag, gingen meine Mutter und ich mit beiden Kindern zum Einkaufen. Jede von uns schob einen Kinderwagen. Im Gegensatz zu Alexander war Andrea ein sehr ruhiges Kind. Nachdem wir alles erledigt hatten und mit Einkaufstaschen voll beladen waren, sollte uns Martin mit seinem Auto abholen. Ab 12 Uhr warteten wir auf ihn, wie verabredet, vor einem Geschäft auf einer Sitzbank. Es wurde 14 Uhr. Beide Kinder weinten. Vollgepackt, machten wir uns auf den Weg nach Hause. Ich ärgerte mich über Martins Unzuverlässigkeit. Völlig erschöpft, kamen wir endlich an.

Martin kam erst gegen 21 Uhr nach Hause. Er war stark alkoholisiert. In diesem Zustand war er auch Auto gefahren! Er beschimpfte mich und meinte, dass er sich in Zukunft für nichts mehr bei mir entschuldigen werde und er derjenige sei, auf den ich angewiesen wäre, und nicht umgekehrt. Mir war klar, dass hinter all den Vorwürfen und Beschimpfungen meine Schwiegermutter und Dorota steckten. Neben all den Widerwärtigkeiten verstehe ich bis heute nicht, wie Mutter und Tochter es zulassen konnten, ihn derart betrunken mit seinem Auto fahren zu lassen!

DER ABSCHIED

Im September, am Geburtstag meines Vaters, sollte beides gefeiert werden: sein Geburtstag und unser Abschied. Es kamen sehr viele Gäste, unter anderem Tante Irmgard und deren Freundin Johanna. Ich freute mich sehr darüber und setzte mich zu ihnen. Johanna fragte mich, wie es mir gehen würde und wie Martin als Mensch sei. Sie schmunzelte bei ihrer Frage nach Andrea und Alexander. Ich konnte mich erinnern, dass sie mich vor der Hochzeit nicht nur vor Martin gewarnt, sondern auch gesagt hatte, dass wir zwei Kinder haben würden, deren Haarfarbe meiner ähneln würde, was auch zutraf. Beide hatten blaue Augen und dunkelblondes Haar.

Zu dieser Feier kamen Patrick mit seiner Familie und meine Schwiegermutter. Mir fiel sofort auf, dass ihre Nase rot und ihr Gesicht sehr blass war, auch meine Schwägerin sah sehr verärgert aus. Ich hatte nicht vor, mich mit ihnen zu unterhalten. Irgendwann stand ich auf, um meiner Mutter in der Küche zu helfen. Es dauerte nicht lange, und Patrick gesellte sich zu mir. Ich fragte ihn, ob irgendetwas geschehen war, weil Dorota und ihre Mutter so zornig ausschauten. Daraufhin erzählte er, dass sein Alltag nur noch aus Ärger und Flüchen bestünde. Es so sah aus, dass sich seine Frau und ihre Mutter gegen meinen Bruder verschworen hatten. Bevor unsere Schwiegermutter gekommen war, kümmerte sich Dorota um den Haushalt, und wenn er abends von der Arbeit kam, gab es täglich ein frisches Essen. Auch um ihren kleinen Sohn kümmerte sie sich sehr liebevoll. Doch jetzt, während der Anwesenheit ihrer Mutter, gab es weder Essen noch wurde der Haushalt gemacht. Meistens verkrochen sich die beiden Frauen im Zimmer der Mutter und kamen erst spätabends wieder heraus. Auch dann sprachen beide mit ihm kaum ein Wort. Der Zustand dauerte bereits seit einigen Wochen an.

Einmal war Sabina derart böse und aggressiv, dass sie vor lauter Wut die Türscheibe zur Küche zerschlug. Jedes Mal, wenn sie sich dann austobte und mein Bruder mit ihr einen Streit anfing, wurde sie ruhiger und lief auf ihr Zimmer, wo sie den ganzen Abend über blieb. Danach war sie zwei bis drei Tage freundlicher, bis es den nächsten Zwischenfall gab. Ich sah, dass er genauso wenig gegen unsere Schwiegermutter ausrichten konnte wie ich damals. Nachdem ich mir alles angehört hatte, sagte ich ihm, er solle sich zur Wehr setzen. Bevor ich noch etwas sagen konnte, drehte sich unsere Mutter um und sagte: »Sie ist deine Schwiegermutter, du darfst ihr nicht weh tun, und es wird sich mit Sicherheit alles beruhigen, wenn sie wieder nach Hause fährt.«

Jedes Mal stellte sich unsere Mutter auf die Seite der Schwiegermutter.

Ich war gerade im Begriff, zu gehen, als Johanna die Küche betrat. Aus Höflichkeit fragte sie meinen Bruder nach seinem Befinden. Er erzählte ihr einiges über Dorotas Mutter und über Dorota selbst, vor allem, wie sie sich während der Anwesenheit ihrer Mutter verändert hatte. Wenn sie etwas nicht bekam, stampfte sie mit den Füßen auf wie ein kleines trotziges Kind und schrie ihn an. In der letzten Zeit hatte sie versucht, mit Fäusten gegen ihn vorzugehen. Weil er jedoch stärker war, konnte er sich gut zur Wehr setzen. Johanna hörte sich in aller Ruhe an, was er zu sagen hatte. Danach sagte sie, dass er die Launen beider Frauen keineswegs akzeptieren und sich zur Wehr setzen sollte. Denn wenn sie jetzt damit durchkämen, könnte sich die Situation verschlimmern. Dann sagte sie: »Und wenn sie noch einmal mit Fäusten auf dich losgehen und dich schlagen sollte, dann sei ein Mann, und lass sie deinen Ärger spüren!« Unsere Mutter wurde blass. Sie sagte mit aufgeregter Stimme: »Du darfst deine Frau niemals schlagen, egal, was passiert!« Johanna lächelte und ging hinaus.

Ich folgte ihr und fragte, ob meine Schwägerin es wieder versuchen würde. Daraufhin sagte sie, dass ich es bald erfahren würde. Nachdem ihre Prophezeiung in Hinblick auf meine Person vor meiner Hochzeit mit Martin sich immer mehr bewahrheitete, glaubte ich ihr. Bei dieser Gelegenheit fragte ich neugierig, worüber sie und Tante Irmgard damals mit meinem Schwiegervater auf der Terrasse geredet hätten. Sie sagte, dass es nicht der richtige Zeitpunkt wäre, um darüber zu reden. Aber irgendwann würde sie mir alles erzählen.

Am Abend verabschiedeten sich meine Tante und ihre Freundin von uns. Bevor beide ins Auto eingestiegen waren, drehte sich Johanna zu mir um und sagte: »Wenn du mal Hilfe brauchst, dann ruf mich an. Ich bin die Einzige, die dir helfen kann.«

MARTINS JUGENDLIEBE

Die Vorbereitungen für unseren Umzug liefen auf Hochtouren. Mein älterer Bruder Jörg sollte uns dabei helfen. Anfang Oktober hatten wir mehrere Besichtigungstermine für eine Wohnung. Eine davon gefiel mir ganz besonders. Es war eine Wohnung, die, auf zwei Etagen verteilt, sehr geräumig war und einen großen Balkon hatte. Der Nachteil war, dass sie außerhalb der Stadt lag. Die Busverbindung zur Stadtmitte war jedoch sehr gut, und in der Nähe gab es mehrere Einkaufsmöglichkeiten. Die untere Etage bestand aus Wohnraum, Küche und Gästetoilette, oben gab es Schlafräume und ein großes Badezimmer. Der Umzug war auf Ende Oktober festgelegt worden. Wir hatten vieles zu erledigen.

Die Sache mit dem Sozialamt musste geregelt werden. Uns wurden fünf Jahre gewährt, um den gesamten Betrag, den wir monatlich als finanzielle Unterstützung erhalten hatten, zurückzuzahlen.

Am 26. Oktober fuhren wir gemeinsam zur Familie meines Bruders. Dorota und ihre Mutter waren sehr freundlich. Sabina erzählte über eine Familie aus ihrer Ortschaft, die mir unbekannt war. Es handelte sich um eine junge Frau in Martins Alter, mit drei Kindern und einem Ehemann, der die Familie verlassen wollte. Aus Verzweiflung hatte sie einen Herzinfarkt vorgetäuscht. Daraufhin wurde sie ins Krankenhaus gebracht. Nachdem sich der Infarkt nicht bestätigt hatte, hatte man sie wieder entlassen. Ich hörte gelangweilt zu. Erst als sie von einer Salzlampe sprach, wurde ich neugierig. Ich erinnerte mich, dass uns dieses Geschenk an unserem Hochzeitstag von einer jungen Frau überreicht worden war. Hinterher erfuhr ich, dass sie die jüngere Schwester von Martins Jugendliebe war, nämlich von der Frau, die den Herzinfarkt vorgetäuscht hatte. Weil ich aber weder seine Jugendliebe noch ihre Familie kannte, interessierte mich diese Geschichte nicht. Was es mit dieser Geschichte auf sich hatte, erfuhr ich erst viele Jahre später.

Am 28. Oktober 1986 war es dann so weit. Martin holte am frühen Morgen ein gemietetes Umzugsauto. Danach luden er und Jörg alle Umzugskartons ein. Wir hatten nicht viel, und so wurde alles innerhalb von zwei Stunden aufgeladen. Ich hatte ein komisches Gefühl, meine alte Umgebung verlassen zu müssen, war jedoch voller Zuversicht, dass sich für uns alles zum Guten wenden würde. Bevor die Fahrt losging, bereitete meine Mutter das Frühstück vor. Danach gaben meine Eltern uns 30.000 Mark für die Einrichtung unserer neuen Wohnung. Wir waren sehr glücklich darüber. Der Abschied fiel uns allen schwer, vor allem meinen Eltern und unseren Kindern. Auch sie spürten, dass es eine Veränderung geben würde. Beide weinten und streckten ihre Hände nach meinen Eltern aus.

ALEXANDERS GEFÄHRLICHE AKTION IN DER NEUEN STADT

Alexander wurde sofort in den Kindergarten des Krankenhauses aufgenommen. Martin nahm ihn täglich mit, und gegen 12 Uhr holte ich ihn wieder ab. Mit der Zeit richteten wir unsere Wohnung ein. Es wurde kälter und ungemütlicher. Anfang Dezember holten Andrea und ich wie immer Alexander mit dem Bus ab. Es war ein kalter, regnerischer Tag. Während wir alle drei zur Busstation gingen, hielt ich beide Kinder an der Hand. Plötzlich riss sich Alexander los und lief mitten auf die Hauptstraße. Ich schrie nach ihm, jedoch ohne Erfolg. In dem Moment wusste ich nicht, was ich tun sollte, denn ich hielt noch Andrea an der Hand. Die Verzweiflung, die mich damals überkam, habe ich später nie wieder erlebt. Es ging um das Leben meines Kindes. Plötzlich hielt ein Bus an, und ein Busfahrer lief direkt auf die Straße zu. Er hielt den gesamten Verkehr auf und folgte unserem Sohn. Dann nahm er ihn auf den Arm und brachte ihn zu mir. Dieses Erlebnis verfolgt mich bis zum heutigen Tag. Ich erzählte meinem Mann nichts davon.

Am Abend bekam unser Sohn Fieber. Er klagte über Bauchschmerzen und Übelkeit. Danach musste er sich übergeben. Ich versuchte, Martin im Krankenhaus zu erreichen, jedoch erfolglos. Es dauerte nicht lange, und Andrea klagte über die gleichen Symptome. Beide hatten Magen-Darm-Grippe.

Gegen 23 Uhr kam Martin endlich nach Hause. Ich erzählte

ihm, dass beide Kinder krank seien und ich ihn nicht hatte erreichen können. Er antwortete, dass mehrere Kinder im Kindergarten krank seien und er uns erst am nächsten Tag mit Medizin versorgen könne. Weil ich die ganze Nacht unsere Kinder versorgen musste, machte ich kein Auge zu. Irgendwann wurde auch mir übel, sodass wir uns alle drei immer wieder übergeben mussten. Plötzlich stand mein Mann vor uns, sehr verärgert, und fragte, ob wir uns nicht ruhiger verhalten könnten, weil er am nächsten Tag arbeiten müsse. Mit keinem Wort fragte er nach unserem Befinden, geschweige denn, ob er uns in irgendeiner Weise hätte behilflich sein können.

Ein guter Vater, Ehemann und dazu Arzt hätte uns sicherlich Medikamente beschaffen können. Am darauffolgenden Morgen bereitete ich kein Frühstück für Martin vor, sondern kümmerte mich nur um die Kinder. Nachdem ich beide beruhigt hatte, ging ich in eine nahe gelegene Apotheke und holte die notwendige Medizin. Im Laufe des Tages besserte sich die Situation.

DR. WARNER UND MARTINS HINTERLIST

Am 10. Dezember rief Dr. Warner an und meinte, weil er in der Nähe sei, würde er uns gern einen Besuch abstatten und bei dieser Gelegenheit auch den Computer für unser Geschäftsvorhaben vorbeibringen. Ich freute mich, ihn wiederzusehen. Er hatte mittlerweile eine kleine Tochter und war mit seiner jungen Familie nach Oberfranken gezogen.

Martin kam etwas früher von der Arbeit. Während wir über die Gründung unseres Bewerbungsinstituts sprachen, äußerte sich mein Mann mit keinem Wort. Er saß ganz still da. Ich war sehr vertieft in unser Gespräch, sodass mir das ruhige Verhalten meines Mannes nicht auffiel. Nachdem Dr. Warner sich verabschiedet und ich den Computer, den er mitgebracht hatte, sicher in einem Raum deponiert hatte, setzten wir uns noch eine Weile zusammen. Ich fragte ihn nach seiner Meinung bezüglich des Geschäftsvorhabens, merkte jedoch sehr schnell, dass er darüber nicht sprechen wollte. Achselzuckend meinte er: »Mal schauen, was daraus werden wird.« Seit diesem Tag hat sich Dr. Warner weder telefonisch noch schriftlich je wieder bei mir gemeldet. Ich dachte mir nichts dabei und war der Meinung, dass er sich das Ganze anders überlegt hätte und den Entschluss gefasst hatte, doch kein Bewerbungsinstitut zu gründen. Einige Jahre später erfuhr ich von Martin während eines Streits, dass er Dr. Warner verboten hatte, jemals wieder bei uns zu erscheinen. Um das Ganze schnell zu beenden, hatte er, ohne mein Wissen, den Computer samt Zubehör bezahlt.

Eines Nachts kam er sehr spät nach Hause. Weil unsere Tochter aufgewacht war und Durst hatte, hielt ich sie im Arm, während ich ihr etwas zu trinken gab. Plötzlich kam Martin herein, schaute uns überrascht an und fragte, was wir denn um 0:30 Uhr nachts noch in der Küche täten. Danach ging er auf Andrea zu und nahm sie auf den Arm.

In der letzten Zeit hatte sie ihn nur sehr selten gesehen. Morgens war er immer schon mit Alexander fort. Bei seiner Rückkehr von der Arbeit schlief sie bereits. Es wunderte mich nicht, dass sie wieder zu mir wollte. Als sie zu weinen anfing, sagte er mit zorniger Stimme: »Hier hast du deine Tochter!« Und warf sie mir aus fast einem Meter Entfernung zu. Sie erschrak und weinte noch lauter. Bevor ich noch etwas sagen konnte, verließ er den Raum. Enttäuscht und wütend zugleich, versuchte ich, sie zu beruhigen.

Eines Tages rief Sabina bei uns an und meinte, dass sie mit Martins jüngerem Bruder und meiner Schwägerin Dorota uns noch vor Weihnachten besuchen wolle. Schließlich kamen Sabina, Martins jüngerer Bruder Piotr und mein Bruder Patrick samt seiner Familie am 20. Dezember bei uns an. Die ganze Situation ärgerte mich, denn ich war auf die Ankunft von drei Personen vorbereitet. Vor allem aber ärgerte ich mich, weil Martin es gewusst hatte, mich aber davon nicht in Kenntnis setzte. Sie blieben zwei Tage. Ich war froh, dass unsere Wohnung fertig eingerichtet war. Weil unser Wohnzimmer sehr groß war, sahen unsere neuen, weißen Möbel sehr gut aus.

Irgendwann während des Gesprächs sagte Dorota zu meinem Bruder: »Sie können sich solche Möbel leisten, wir aber nicht.« Meinem Bruder war diese Situation sehr unangenehm. Unsere Kinder freuten sich darüber, ihren Cousin zu sehen. Martins jüngerer Bruder teilte uns bei dieser Gelegenheit mit, dass er und Kamila im April 1987 heiraten wollten. Wir freuten uns für ihn. Am zweiten Tag bemerkte ich bei meiner Schwiegermutter wieder diesen komischen, mir bereits bekannten zornigen Blick und die rote Nase. Ich weiß nicht, was passiert war, aber mein Mann hatte sich mit ihr längere Zeit allein unterhalten. Am Nachmittag verabschiedeten sie sich von uns. Beim Hinausgehen flüsterte sie Martin ins Ohr: »Mach dir keine Sorgen, alles wird gut.«

MARTIN SCHAFFT SEINE PROBEZEIT NICHT

Es dauerte nicht lange, und ich erfuhr den Sinn dieses Satzes. Am nächsten Tag rief mich meine Mutter an und erzählte mir, was auf der Rückfahrt meines Bruders und seiner Familie passiert war. Sie sagte, dass es der reinste Horror gewesen sei. Sabina hatte ihn ständig angegriffen. Sie machte ihm Vorwürfe, wie schlecht es ihrer Tochter Dorota bei ihm ginge. Es kamen noch weitere haltlose Behauptungen dazu. Sie hatte nur ihn angegriffen. Ihre eigenen Kinder ließ sie in Ruhe.

Dann meinte er, der Blödsinn ging eine Zeitlang weiter, bis sie einen Satz brachte, der die ganze Situation erklärte. Sie sagte: »Was wird Martin denn bloß machen, wenn er nicht einmal seine Probezeit bestanden hat?« Dann meinte sie, dass er sich nach einer neuen Arbeitsstelle umschauen und unter Umständen wieder umziehen müsse. Unsere Kinder und mich erwähnte sie mit keinem Wort. Ich war schockiert, als meine Mutter es mir erzählte.

Im ersten Moment dachte ich an einen an den Haaren herbeigezogenen Scherz. Schnell aber wurde mir klar, dass wir vor einem Problem standen, nämlich einem erneuten Umzug, und vor allem, ob und wo er wieder eine Stelle bekommen würde. Am meisten jedoch ärgerte mich, dass ich als seine Ehefrau eine dermaßen wichtige Angelegenheit zuletzt erfuhr und Martin nicht den Mut aufbrachte, es mir zu sagen. Als er am Abend nach Hause kam, stellte ich ihn zur Rede. Die Worte meiner Schwiegermutter bestätigten sich.

Seine Probezeit war vertraglich auf sechs Monate festgelegt, er sollte jedoch nur noch bis Ende Januar 1987 arbeiten. Mein Mann war sehr niedergeschlagen und besorgt. Ich machte keinen Versuch, ihn über die Vorkommnisse und über den Grund seiner vorzeitigen Entlassung auszufragen, denn ich glaubte, dass dieses Gespräch in einem Streit geendet hätte. Meine Enttäuschung, in welcher Art und Weise ich über diese Angelegenheit informiert worden war, saß sehr tief. Bis heute weiß ich nicht, warum er nicht einmal die Probezeit bestanden hat; möglicherweise waren es mangelhafte Kenntnisse, oder es steckte noch etwas anderes dahinter.

FAMILIENGEHEIMNISSE

In den nächsten zwei Wochen erkundigten wir uns nach einer Assistenzarztstelle an anderen Krankenhäusern, jedoch ohne Erfolg. Ein erneuter Umzug und eine neue Situation rückten immer näher. Die Weihnachtsfeiertage verbrachten wir bei meinen Eltern. Ich war froh darüber, denn so kamen wir auf andere Gedanken. Meine Brüder waren auch da. Am zweiten Weihnachtsfeiertag kamen Patrick und seine Familie. Ich unterhielt mich mit ihm über unsere Lage, und er sagte, dass unsere Schwiegermutter und Martin täglich miteinander telefonierten und dass er sie über alle Vorkommnisse in der Klinik informiere. Sehr oft nahm sie das Telefon mit auf ihr Zimmer, um mit Martin allein zu reden. Mein Bruder hatte oft das Gefühl, dass sowohl Dorota als auch ihre Mutter vor ihm etwas zu verbergen hatten.

Einmal hatte er seine Frau nach dem Grund des geheimnisvollen Verhaltens gefragt, worauf sie als Antwort gab: »Das sind Familiengeheimnisse.« Ich war sehr erstaunt darüber. Jeden Abend schlossen sich Dorota und unsere Schwiegermutter für mindestens zwei Stunden in ihrem Zimmer ein. Wenn er an die Tür klopfte, erhielt er keine Antwort. Wenn Dorota dann endlich den Raum verließ, war sie sehr verändert. Ihr Gesicht war blass, um die Augen herum hatte sie dunkle Ringe. Sie sah sehr erschöpft aus und sprach kein Wort mit ihm. Einmal hatte er sie gefragt, was das Ganze zu bedeuten hätte und warum sich beide im Zimmer einsperrten. Sie lachte, so, als ob sie die ganze Situation herunterspielen wollte, und sagte: »Was soll das? Ich kann doch wohl mit meiner Mutter in aller Ruhe reden dürfen!« Mein Bruder kam gegen die beiden Frauen nicht an. Er unternahm nichts, denn damit wäre es mit der häuslichen Ruhe vorbei gewesen. Diese Anrufe hielt Martin vor mir geheim, und auch wenn ich ihn darauf angesprochen hätte, hätte er es nicht zugegeben. So behielt ich mein Wissen für mich.

Das Wort »Familiengeheimnisse« hatte ich bereits einige Jahre zuvor in Verbindung mit meiner Cousine Susanne und ihrem Ehemann gehört. Dorota war damals sehr aufgeregt, dass ihr Bruder Stefan deren »Familiengeheimnisse« seiner Frau Susanne verraten hatte. Damals schien mir das Ganze übertrieben, und ich schob es als Wichtigtuerei beiseite.

Mittlerweile hatte die Bedeutung des Wortes »Familiengeheimnisse« etwas Geheimnisvolles für mich.

In der nächsten Zeit blätterte Martin sämtliche Arztzeitungen in der Klinik durch. Sie enthielten oft Stellenangebote, und wir hofften, auf diesem Weg eine Stelle für Martin zu finden.

Eines Abends, es war am 15. Januar 1987, brachte er die Zeitschrift »Ärzteblatt« mit nach Hause. Sie enthielt sehr viele Stellenangebote, unter anderem in Privatkliniken und Arztpraxen, die eine Weiterbildung ermöglichten. Es gab drei mögliche Stellen zur Auswahl, zwei große Arztpraxen und eine Privatklinik. Die Vorstellungstermine sollten noch im Januar stattfinden.

Am Wochenende gab es eine Feier im Krankenhaus, zu der alle Kollegen und deren Angehörige eingeladen waren. Weil Martin jedoch seine Arbeitsstelle bald verlassen musste, hatte ich nicht vor, hinzugehen. Er bat mich jedoch, ihn zu begleiten. Die Feier war unter diesen Gegebenheiten sehr anstrengend. Mir war keiner von seinen Kollegen bekannt. Ich musste die ganze Zeit über gute Miene zum bösen Spiel machen. Mir fiel auf, dass Martins Kollegen an seiner Gesellschaft nicht interessiert waren und uns mieden. Die ganze Gesellschaft kam mir arrogant vor, und ich fühlte mich sehr unwohl. Nach drei Stunden bat ich Martin, mich nach Hause zu fahren. Auch er war froh, diesen Ort zu verlassen. Kommendes Wochenende war es so weit und mein Mann hatte in Baden-Württemberg sein erstes Vorstellungsgespräch.

VORSTELLUNGSGESPRÄCH MIT KLEINEN FOLGEN

Der Januar war sehr kalt. Die Fahrt war anstrengend, weil an manchen Stellen viel Schnee lag und wir nur langsam vorankamen. Gegen 19 Uhr erreichten wir die Praxis. Die Arztpraxis befand sich in einem kleinen Dorf und wie wir später erfuhren, hatte sie ein sehr großes Einzugsgebiet. Alle Patienten der umliegenden Dörfer wurden dort behandelt. Die Praxis befand sich im Erdgeschoss. Für eine Landarztpraxis war sie sehr groß, hatte viele Behandlungsmöglichkeiten. Die nächste Klinik war etwa 30 Kilometer entfernt. Der Arzt beschäftigte bereits seit mehreren Jahren Assistenzärzte, weil er sonst weder Urlaub noch freie Zeit für sich und seine Familie gehabt hätte. Nach der Führung durch die Praxis wurden wir zu ihm nach Hause eingeladen. Er bestand darauf, dass wir bei ihm und seiner Familie übernachteten. Weil wir vorher bereits ein Hotelzimmer in der Nähe des Ortes gebucht hatten, nahmen wir seine Einladung nicht an. Beim Abendessen erzählte er von seiner Tätigkeit und wie angenehm es wäre, in diesem Ort zu arbeiten. Die Patientengeschenke bestanden aus Eiern, Fleisch, Gemüse und vielem mehr. Mir fiel auf, dass er übermäßig viel Wein getrunken hatte. Martin war klug genug, dem Alkohol zu widerstehen. Nach drei Stunden war sein Kollege so betrunken, dass er es nicht fertigbrachte, uns hinauszubegleiten. Seine Frau entschuldigte sich für sein Verhalten und meinte, er hätte so wenig Zeit für sich, dass er schon mal über die Stränge schlüge.

Mir kam es eher so vor, als ob dieser Arzt dasselbe Problem mit Alkohol hatte wie Martin. Meine Entscheidung stand fest, dass diese Praxis nichts für meinen Mann war. Am Ende wäre aus dieser Praxis eine Entzugsklinik geworden. Am folgenden Tag rief Martin seinen Kollegen an und teilte ihm mit, dass er diese Arbeitsstelle nicht antreten werde. Sein Kollege war sehr enttäuscht.

KAPITEL 5:
BAD ABBACH

Eine Woche darauf fand das nächste Vorstellungsgespräch statt. Auch dieses Mal war es eine große Praxis, diesmal in Bad Abbach in Bayern. Ich war vorher noch nie in Bayern gewesen und war überrascht, wie schön dieses Bundesland war. Nach mehreren Stunden Autobahnfahrt erreichten wir endlich den Ort. An den Straßenrändern lag wenig Schnee, doch es war sehr kalt und frostig. Die Einfahrt zum Ort bestand aus einer Allee, die von Reif bedeckt war. Es sah wie im Märchen aus. Der Anblick verschlug uns beiden die Sprache. Mein erster Satz war: »Hier könnten wir leben.« Es war ein sehr schöner und gepflegter Kurort. Man merkte sofort, dass um diese Jahreszeit nicht viele Kurgäste anwesend waren. Es gab sehr viele Hotels und Gästehäuser. Die Ortsmitte bestand aus einem Einkaufszentrum mit vielen Einkaufsmöglichkeiten, Cafés, einer Sparkasse und einer Kirche. Nebenher packte uns die Neugier, und wir machten uns auf die Suche nach der Arztpraxis, in der Martin am nächsten Tag vorstellig werden sollte. Es war die einzige Arztpraxis, die im Zentrum lag. Sie erstreckte sich über zwei Etagen. Das Gebäude hatte viele große Fenster. Auch Martin war sehr angenehm überrascht. Wir waren neugierig auf den nächsten Tag und auf seinen Kollegen, Dr. Birnbaum.

Das Haus von Dr. Birnbaum lag etwa einen Kilometer außerhalb von Bad Abbach in einem Vorort, in dem viele Geschäftsleute und Angestellte lebten. Sein Haus befand sich in einer Seitenstraße, war sehr groß und im bayerischen Stil gebaut. Es war eine sehr gepflegte Gegend mit vielen schönen Häusern, die von Bäumen und Gärten umgeben waren. Ich stellte mir vor, wie es hier wohl im Sommer aussehen würde. Es war eine der Gegenden, in denen man sich vorstellen könnte, seine Kinder großzuziehen.

Die Tür wurde von einer schlanken 50-jährigen Frau geöffnet, die sich als Frau Birnbaum vorstellte. Sie gehörte zu den Frauen, die sich sehr bemühten, jung auszusehen. Ihre rötlichen Haare waren kurz geschnitten, und ihre Kleidung war sehr sportlich. Sie war sehr freundlich und ließ uns eintreten. Wir nahmen im Wohnzimmer Platz. Es bestand lediglich aus einem Fernseher, einer Sitzgelegenheit und sehr vielen großen Palmen. Kurze Zeit darauf kam Dr. Birnbaum herein. Er war gut gebaut, seine Haare dunkel, und er trug einen Schnurrbart. Auch er begrüßte uns sehr freundlich. Zuerst erkundigte er sich nach Martins letzter Arbeitsstelle. Mein Mann sagte, dass Düsseldorf für ihn und unsere Kinder kein geeigneter Ort gewesen sei und wir es vorzögen, uns nach einer ruhigeren Gegend umzuschauen. Ob sich Dr. Birnbaum bei Martins vorheriger Arbeitsstelle erkundigt hatte, war uns nicht bekannt. Die beiden Männer verstanden sich auf Anhieb. Die Tätigkeit bestand hauptsächlich aus der Behandlung von Kurgästen und einem kleinen Anteil von einheimischen Patienten. Nach der Untersuchung sollte für die Kurgäste ein Therapieplan, hauptsächlich für Massagen und die Nutzung der Therme, erstellt werden.

Danach besichtigten wir gemeinsam die Arztpraxis. Das Erdgeschoss bestand aus der Rezeption, in der die Patienten aufgenommen wurden, und dem Wartebereich. Die verschiedenen Behandlungen wurden in der ersten und zweiten Etage durchgeführt. Dr. Birnbaum hatte neun Mitarbeiter, auch seine Ehefrau war halbtags in der Praxis beschäftigt. Nachdem er uns alles gezeigt und erklärt hatte, sollten wir in den nächsten zwei Wochen eine Entscheidung treffen. Ich war sehr begeistert von dem Ort und mir sicher, dass mein Mann mehr Chancen in einer privaten Arztpraxis als in einer großen Klinik haben würde. Danach verabschiedeten wir uns.

Wir blieben noch einen Tag. So hatten wir genug Zeit, uns den Ort genauer anzuschauen. Für mich stand fest, dass es das Richtige für Martin war, die Assistenzarztstelle anzunehmen. Auf dem Heimweg bat ich Martin, sich die ganze Sache zu überlegen. Er meinte, dass sein Entschluss feststünde und er in Dr. Birnbaums Praxis arbeiten wolle. Ich war über seine Entscheidung sehr erleichtert. Zu Hause erklärten wir unseren Kindern, dass wir bald wieder woanders wohnen würden und Alexander in einen anderen Kindergarten gehen würde. Er war sehr traurig, denn mittlerweile hatte er Freunde gefunden.

Zwei Tage darauf rief Martin Dr. Birnbaum an und teilte ihm mit, dass er die Arbeitsstelle annehmen würde. Sein Kollege schien sehr erfreut zu sein und meinte, dass er am 1. Februar seine Tätigkeit aufnehmen könnte. Meine Mutter, die in dieser Zeit bei uns war, fuhr nach einigen Tagen wieder nach Hause. Sie war mir für unsere Kinder eine sehr große Hilfe. Beim Abschied weinten Andrea und Alexander bitterlich. Unsere Tochter rief die ganze Zeit, dass die Oma nicht wegfahren dürfe und bei ihnen bleiben müsse. Mir schossen die Tränen in die Augen.

Martin beruhigte sich allmählich, und ich schöpfte wieder Hoffnung, dass sich unsere Situation bessern würde, vor allem in Hinblick auf seinen Alkoholkonsum.

Ich fing mit den Umzugsvorbereitungen an. Zuerst musste die Wohnung gekündigt und eine neue gesucht werden. Frau Birnbaum versprach uns, dabei behilflich zu sein. Irgendwie tat es mir auch leid, diese Wohnung aufgeben zu müssen, weil ich mich hier sehr wohlgefühlt hatte. Manchmal hatte ich mit dem Gedanken gespielt, sie zu kaufen.

NEUE ASSISTENZARZTSTELLE FÜR MARTIN

Ende Dezember bekam Martin sein Arbeitszeugnis. Anfang Januar fuhr er nach Bad Abbach, um seine neue Stelle anzutreten. In der Zwischenzeit hatte ich mit unseren Kindern angefangen, für den Umzug alles vorzubereiten. Die Wohnung sollte bis Ende Januar geräumt werden, weil der Makler sehr schnell einen Nachfolger gefunden hatte. Wir waren sehr froh darüber, denn schlimmstenfalls hätten wir noch weitere drei Monate, wie vertraglich festgelegt, zahlen müssen. Martin wohnte vorübergehend in einem der Appartements, die seinem neuen Chef gehörten.

Mitte Januar fuhr ich noch einmal in den Kurort, um mir das Haus anzuschauen, in dem wir alle vorerst wohnen sollten, bis wir eine neue Wohnung gefunden hatten. Dieses lag außerhalb von Bad Abbach; es war ein größeres Anwesen an einem Bach und hatte einen großen Garten. Das Haus war groß und komplett eingerichtet. Im Schlafzimmerschrank fand ich Frauenkleidung und im Bad Kosmetikartikel. Frau Birnbaum erklärte mir, dass sie der Hausbesitzerin gehörten, aber in den nächsten Tagen weggeräumt sein würden. Im Nachhinein stellte sich heraus, dass es ein Ferienhaus der Familie des Bruders von Dr. Birnbaum war.

An diesem Abend reservierte Martin für uns beide einen Tisch in einem Restaurant. Es war das erste Mal seit langer Zeit, dass wir entspannt einer positiven Zukunft entgegenblicken konnten. In letzter Zeit hatte Martin sogar den Alkohol vergessen.

Ende Januar kam die Umzugsfirma und räumte unsere Wohnung leer. Martin holte uns mit dem Auto ab. Als ich die Wohnungstür hinter mir schloss, hatte ich das Gefühl, dass für uns alle nun ein neuer Lebensabschnitt beginnen würde.

GEFÄHRLICHE NACHT IM NEUEN HAUS

Am Abend kamen wir in unserem neuen Haus an. Es war sehr kalt, und ich freute mich auf ein warmes Bad. Frau Birnbaum hatte mir einige Tage zuvor versprochen, sie würde sich um alles Notwendige kümmern, also auch um die Beheizung. Als wir das Haus betraten, war es jedoch sehr ausgekühlt. Während die Kinder im Haus umherliefen, gingen mein Mann und ich in den Keller, um die Zentralheizung einzuschalten. Was ich da sah, machte mich mutlos und zornig. Der Keller war mit Wasser überschwemmt, das bis zu den Knöcheln reichte, und im Heizofen gab es kein Öl. Es war Samstagabend, und die Möglichkeit, das Haus noch in dieser Nacht zu erwärmen, wurde nach mehreren erfolglosen Telefonaten zunichtegemacht. Nachdem wir etwas Warmes getrunken hatten, legten wir beide Kinder ins Bett.

Mein Mann machte Feuer im Kamin. Zum Glück gab es genug Brennholz, und wir hofften, uns auf diese Weise warm zu halten. Während wir uns im Fernsehen eine Reportage anschauten, packte mich plötzlich eine unglaubliche Müdigkeit. Nachdem Martin zwei Flaschen Bier getrunken hatte, schlief er ein. Ich spürte ein starkes Brennen in meinen Augen, stand auf und wollte ins Bad. Ich öffnete die Tür und sah eine riesige Rauchwolke, die sich in den Flur drängte. Erst jetzt bemerkte ich, dass das gesamte Haus mit Rauch gefüllt war. Martin hatte beim Anzünden des Kachelofens den Rauchabzug nicht aufgemacht, und so konnte das Kohlenmonoxid nicht nach draußen entweichen.

Sofort öffnete ich alle Fenster und die Terrassentür. Halb benommen und dem Ersticken nahe, versuchte ich, ihn zu wecken. Weil er sich nicht bewegte, rief ich laut seinen Namen und rüttelte an ihm. Ich geriet in Panik. Plötzlich machte er die Augen auf und fragte, was los sei. Er merkte jedoch sofort, was passiert war, sprang auf, packte mich am Arm und zog uns beide zur Tür hinaus. Es dauerte noch eine halbe Stunde, bis der Raum frei vom Rauch war. Der Geruch hing jedoch noch tagelang in der Luft.

Es war sehr spät geworden, und wir gingen zu Bett. Als ich aus dem Bad zurückkam, lag mein Mann bereits im Bett und rauchte eine Zigarette. Ich sagte, er solle damit aufhören, denn ich sei zu müde, um diesen Rauch auszuhalten. Daraufhin meinte er, der Geruch würde bald vergehen, und ich solle mir keine Sorgen machen.

Irgendwann in der Nacht hörte ich Alexander weinen. Ich lief ins Kinderzimmer, er stand im Bett, wimmerte und zitterte vor Kälte. Ich lief in Andreas Zimmer. Sie schlief, war aber ebenfalls unterkühlt. Die kleinen elektrischen Heizöfen, die wir vor dem Zubettgehen eingeschaltet hatten, reichten bei Weitem nicht aus, um den Raum zu erwärmen. Zuerst zog ich Andreas Bett in Alexanders Zimmer und holte ihren kleinen Ofen. Ich hoffte, dass zwei Öfen eine größere Wärme erzeugen würden. Danach zog ich beide Kinder warm an. Sie bekamen Winterjacke, Hose, Handschuhe und Mützen. Nach einiger Zeit wurde es tatsächlich wärmer im Raum, und ich konnte mich wieder zu Bett legen.

Frühmorgens sprang mein Mann plötzlich aus dem Bett auf, durchwühlte seine Bettdecke und rief dabei ständig: »Wo ist denn meine Zigarette?« Durch sein Herumstöbern hatte er mich geweckt. Ich schaute auf die Uhr. Es war 6 Uhr. Verärgert fragte ich ihn, was los sei und ob er nichts anderes zu tun hätte. Aufgeregt sagte er, er habe seine Zigarette nicht zu Ende geraucht, weil er vorher eingeschlafen war. Jetzt erst verstand ich das Problem. Wie es sich herausstellte, hatte er die brennende Zigarette fallen lassen, die sich dann durch die gesamte Bettdecke gebrannt und einen

Teil der Matratze in Mitleidenschaft gezogen hatte. Es war wie ein Wunder, denn die Bettdecke war mit Federn gefüllt. Aus dem Kinderzimmer hörten wir ein Lachen und Singen. Ich schaute nach und stellte zu meiner Erleichterung fest, dass beide wohlauf waren und der Raum angenehm erwärmt war. Beide standen in ihren Betten. Es sah sehr lustig aus, wie sie mit Winterkleidung im Bett standen. Ich konnte ein Lachen nicht unterdrücken. Als Martin das Zimmer betrat, lachten wir beide. Das war ein sehr schöner Augenblick, an den ich mich gern erinnere. Es war Unbeschwertheit.

Nach dem Frühstück kam der Hausbesitzer, um sich nach unserem Kälteproblem zu erkundigen. Er war etwas kleiner und schlanker als sein Bruder Dr. Birnbaum. Die Situation tat ihm sichtlich leid, und er bestellte sofort Heizöl, das nach einer Stunde geliefert wurde. Der Wasserschaden im Keller sollte in der nächsten Woche behoben werden. Als es etwas wärmer im Haus wurde, trugen mein Mann und ich mühsam das Wasser aus dem Keller. Es dauerte einige Stunden, bis alles entfernt war. Wir waren sehr erschöpft, und nur langsam kamen wir zur Ruhe. Spät am Nachmittag rief Frau Birnbaum bei uns an und lud uns zum Abendessen ein. Es war rührend, wie sich alle um uns kümmerten. Während des Essens erzählte sie, dass Alexander ab sofort den Kindergarten besuchen könne. Sie bot mir ihre Hilfe an, und ich dürfte sie jederzeit anrufen. Bei dieser Gelegenheit lernten wir auch ihre Tochter und ihre beiden Söhne kennen. Ich hatte mich selten in einer Gesellschaft so wohlgefühlt. Die gesamte Familie gab uns das Gefühl, willkommen zu sein.

Beim Abschied zeigte sie auf ein gegenüberliegendes Haus mit einem Garten und meinte, dass es zwei Doppelhaushälften seien und es genau das Richtige für uns wäre. Sie bemerkte meine Begeisterung, meinte aber sofort, dass es an ein älteres

Ehepaar vermietet sei. Nun dachte ich, es wäre zu schön, um wahr zu sein. Aber wir würden mit Sicherheit eine geeignete Wohnung für uns finden. Martin äußerte sich nicht, man sah aber, dass auch er von der Idee, das Haus zu bewohnen, sehr angetan war.

NEUER KINDERGARTEN

Die Anmeldung im Kindergarten war sehr einfach. Mein Mann brachte Alexander am Montag hin und meldete ihn an. Wie es sich herausstellte, war es ein sehr schönes, helles Gebäude mit einem großen Spielgarten, einem Swimmingpool und sehr vielen Spielsachen. Das meiste wurde von den Hotelbesitzern gesponsert. Unser Sohn war begeistert und ging sehr gern hin. Auf dem Weg zur Arbeit brachte ihn Martin hin. In seiner Mittagspause holte er ihn vom Kindergarten ab.

HOCHZEIT VON KAMILA UND PIOTR UND AUSEINANDERSETZUNG

Am 11. April fuhren wir gemeinsam nach Polen. Einen Tag darauf sollte die Hochzeit von Kamila und Piotr gefeiert werden. Es war der erste Besuch in Polen bei meinen Schwiegereltern seit Martins Übersiedlung nach Deutschland. Bei dem Gedanken, in diesem Haus schlafen zu müssen, hatte ich ein ungutes Gefühl. Ich versuchte, positiv zu denken, was mir teilweise gelang. Auch mein Bruder Patrick und seine Familie sollten in diesem Haus übernachten. Ich erfuhr, dass meine Cousine Susanne mit ihrer Familie ebenfalls an den Feierlichkeiten teilnehmen würde. Wir wurden sehr herzlich empfangen. Vor allem mein Schwiegervater war voller Freude, seinen Lieblingssohn Martin wiederzusehen. Nachdem wir uns frisch gemacht hatten, gab es ein Abendessen, an dem auch das Brautpaar und Kamilas Eltern teilnahmen. Danach steckte Piotr seiner zukünftigen Ehefrau einen Verlobungsring an den Finger. Er war, im Gegensatz zu meinem, mit viel Gold gestaltet worden und hatte einen großen Rubin in der Mitte. Es tat weh, sehen zu müssen, wie unterschiedlich die Schwiegertöchter behandelt wurden.

Am Hochzeitstag überkam mich morgens plötzlich eine tiefe Traurigkeit, die ich mir nicht erklären konnte. Während der Hochzeitszeremonie in der Kirche weinte ich unaufhörlich. Ich musste andauernd daran denken, wie schlecht und eiskalt ich von Martins Familie an unserem Hochzeitstag behandelt worden war. Martin sah mich einige Male an und meinte, ich solle keinen Zirkus veranstalten und mich beruhigen. Er fragte nicht nach dem Grund, aber ich war sicher, dass er ihn kannte.

Während der Hochzeitsfeier setzten wir uns in die hintere Ecke. Ich war froh, als der Tag zu Ende ging. Meine Cousine Susanne und ihren Ehemann Stefan hatten wir nur kurz begrüßt. Meine Schwiegermutter saß mit ihrem blassen Gesicht und ihrer roten Nase besonders ruhig auf ihrem Platz, was auf eine baldige Explosion hindeutete. Später erfuhr ich, dass man ihr am frühen Morgen eine Beruhigungsspritze verabreicht hatte.

Am nächsten Tag wurde ich von lauten Stimmen geweckt. Nach näherem Hinhören erkannte ich die Stimmen meiner Schwiegereltern; beide stritten miteinander. Es war nur undeutlich zu hören, aber es ging anscheinend um Wodkaflaschen und die Hochzeitsfeier. Nach einigen Minuten wurde es ruhiger, und ich schlief wieder ein. Irgendwann gegen Mittag hörte ich unsere Kinder herumtoben. Daraufhin weckte ich Martin, und wir gingen ins Bad. Im Vorbeigehen sah ich einen Teil der geschenkten Blumen, die Kamila in Blumenvasen gesteckt und auf den Tischen verteilt hatte. Im Gegensatz zu den Blumen bei unserer Hochzeit wurden diese nicht im Putzeimer verstaut. Der Tag verging sehr schnell.

Kamila und ich halfen unserer Schwiegermutter in der Küche. Sie sprach sehr wenig mit uns, und wir trauten uns nicht, irgendetwas zu sagen, weil ihr Gesichtsausdruck nichts Gutes erahnen ließ. Am Tisch saß Martins Großmutter. Sie sprach nur sehr wenig und klagte über Herzbeschwerden. Irgendwann am Abend hörten wir einen lauten Streit, diesmal zwischen meinem Schwiegervater und Piotr. Es ging mal wieder um Alkoholflaschen, die am Hochzeitstag verschwunden waren. Sein Vater beschuldigte ihn, diese unter seinen Kollegen verteilt zu haben. Bevor Piotr reagieren konnte, schlug ihm sein Vater ins Gesicht. Meine Schwiegermutter drängte sich zwischen die beiden, um den Streit zu schlichten. Daraufhin verließ Piotr den Raum. Es war eine Situation wie im Kino.

In Anwesenheit mehrerer Gäste schlug der Vater seinen erwachsenen Sohn wegen verschwundener Wodkaflaschen. In meinen Augen herrschten in dieser Familie Überheblichkeit und Stolz sowie ein asoziales Verhalten.

Zwei Tage später verabschiedeten wir uns. Die Situation zwischen Vater und Sohn schien sich wieder beruhigt zu haben. Beim Abschied sah ich Martins Großmutter mit einem sehr traurigen Gesichtsausdruck und verweinten Augen. Am Ende kam sie zu mir und flüsterte mir zu: »Ich hätte dir noch so vieles zu sagen.« Daraufhin erwiderte ich, dass wir es das nächste Mal nachholen würden. Sie schaute mir in die Augen und lächelte.

Es vergingen drei Monate, bis mein Mann mit einer Neuigkeit nach Hause kam. Es war mittlerweile Juni geworden. Von Frau

Birnbaum hatte er erfahren, dass das Haus gegenüber zur Vermietung freistünde. Erstaunt fragte ich nach der plötzlichen Wendung. Er meinte, dass der Ehemann plötzlich an Herzversagen gestorben sei und seine Ehefrau ausziehen wolle. Es war kaum zu glauben, aber es war genau dieses Haus, das uns so gefiel. Kurze Zeit darauf durften wir es besichtigen. Nach zwei Tagen wurde der Mietvertrag unterschrieben. Es war eine Doppelhaushälfte, die sich über zwei Etagen erstreckte, mit einer Terrasse und einem kleinen Garten dahinter. Es sah alles sehr idyllisch aus, und unsere Kinder hatten genügend Freiraum zum Spielen. Anfang Juli zogen wir ein.

Martin ging täglich seiner Arbeit nach und brachte unseren Sohn weiterhin in den Kindergarten. Ich holte ihn um 14 Uhr zusammen mit Andrea ab. Weil ich vorerst kein eigenes Auto hatte, musste ich ihn mit dem Fahrrad abholen. Unser Leben hatte sich allmählich stabilisiert, und die Existenzangst der ersten Jahre bestand nur noch in unserer Erinnerung.

Es dauerte nicht lange, und Martin fing wieder an, Alkohol zu trinken. Es waren täglich mindestens drei Flaschen Bier. Wenn er noch mehr getrunken hatte, wurde er ausfallend und beschimpfte mich, ich sei eine blöde Kuh, die nichts auf die Beine bringen würde, und ohne ihn wären wir sowieso alle verloren. Seine anfänglichen Wutausbrüche hielten sich in Grenzen, später wurde er aber aggressiver und sein Wortschatz noch beleidigender. Manchmal kam es vor, dass er einige Stunden später von der Arbeit kam, dann war er meistens angetrunken und meinte, er wäre von Bekannten aufgehalten worden. Es kam auch des Öfteren vor, dass er unseren Sohn schlug; es waren nie Schläge ins Gesicht, sondern immer auf den Hinterkopf. Alexander weinte dann in einer Ecke oder kam zu mir und beschwerte sich, dass Papa ihn wieder geschlagen hätte. Das war einer der häufigsten

Gründe für unsere Streitereien. Diese Schläge fanden meistens statt, wenn ich nicht in der Nähe war. So kam es immer häufiger vor, dass beide Kinder sich meistens bei mir aufhielten, wenn er von der Arbeit kam, oder sie spielten miteinander im Kinderzimmer.

MARTINS RAUE ERZIEHUNGSMETHODEN

Bereits damals wusste Martin, wie er unseren Sohn einschüchtern konnte. Bei Schlägen auf den Kopf gab es keine blutigen Stellen. Von Anfang an machte er Unterschiede in der Erziehung unserer Kinder. Während er Alexander sehr oft ohne Grund beschimpfte und schlug, zeigte er gegenüber Andrea mehr Einsicht und nahm sie viel öfter auf den Arm. Oft lobte er sie, was für ein nettes und liebes Mädchen sie doch sei. Es tat mir sehr weh, mit ansehen zu müssen, wie unterschiedlich sie von ihrem Vater behandelt wurden. Es wurde zur Gewohnheit, dass er bei gemeinsamen Ausflügen Andrea an die Hand nahm, während ich für Alexander verantwortlich war.

An einem Samstag saßen wir am Frühstückstisch. Alexander war sehr zappelig, und so geschah es, dass er mit dem Ellenbogen ein Glas berührte. Es fiel auf den Boden und zerschellte. Martin war so aufgebracht über diese Ungeschicklichkeit, dass er ihn als dummen Jungen beschimpfte und meinte, er könne sich in seinem Alter nicht einmal am Frühstückstisch benehmen. Martins Gesicht wurde dunkelrot vor Zorn. Er war sehr aufgebracht. Mich überkam eine Angst, die ich in letzter Zeit, wenn er wieder ausfallend wurde, immer öfter verspürte. Alexander schaute seinen Vater ängstlich an, in dem Moment schlug Martin ihn mit der offenen Hand auf den Hinterkopf. Andrea fing an, zu weinen, und war im Begriff, ihren Bruder zu beschützen. In diesem Moment, es war wahrscheinlich das erste Mal in unserer Ehe, packte mich eine derartige Wut, dass ich in Anwesenheit unserer Kinder meinen Mann anschrie. Ich warf ihm vor, ein miserabler Vater zu sein und dass er es nicht verdient hätte, solche Kinder zu haben. Ich wurde immer lauter und er immer leiser. Dann meinte er sarkastisch, dass er das Fenster aufmachen möchte, damit alle unseren Streit hören können.

In Anbetracht der Ungerechtigkeit von Martin war es mir egal, was die Nachbarn dachten. Der Grund dafür lag wahrscheinlich darin, dass alles rausmusste, was sich in der letzten Zeit aufgestaut hatte. Mein letzter Satz war: »Wenn du ihn noch einmal schlägst, werden wir uns trennen!« Danach nahm ich beide Kinder an die Hand und fuhr mit ihnen einkaufen. Als wir zurückkamen, war die Küche aufgeräumt, und Martin schlief auf der Terrasse.

Es kam oft vor, dass Martin, wenn er Ärger oder Streit provoziert hatte, sich hinterher etwas »Nettes« einfallen ließ, um die Situation zu entspannen. Am Nachmittag zeigte er seine Reue und spielte mit unseren Kindern im Garten. Man konnte sehen, wie viel Spaß sie miteinander hatten. Es sind gerade diese Augenblicke, die einem in Erinnerung bleiben. Seine Stimmungsschwankungen verstand ich damals noch nicht.

MARTIN UND SEIN VATER AUF EINER WELLENLÄNGE

Mitte August stattete uns Martins Vater einen zweiwöchigen Besuch ab. Die ersten zehn Tage verliefen ohne Zwischenfälle. Mein Mann bemühte sich sehr darum, Ruhe zu bewahren, kam täglich pünktlich von der Arbeit und trank ab und zu ein Glas

Bier mit seinem Vater. Zu meinem Erstaunen war Helmut ein herzlicher und zuvorkommender Mensch. Nur manchmal merkte ich bei ihm eine innere Anspannung und Nervosität, die ich mir nicht erklären konnte.

Während Alexander im Kindergarten war, ging er täglich mit Andrea im Kinderwagen spazieren. Beide Kinder liebten ihren Opa, was auf Gegenseitigkeit beruhte. Am elften Tag kam mein Mann eine Stunde später von der Arbeit als erwartet. Ich merkte sofort, dass er angetrunken war. Während ich Essen für ihn vorbereitete, unterhielten sich beide Männer im Wohnzimmer. Nachdem ich fertig war, rief ich Martin zu Tisch. Obwohl er mich hörte, erhielt ich keine Antwort. So ging ich hin und sah eine halbleere Wodkaflasche auf dem Tisch, dazu drei Flaschen Bier. Mein Mann schaute mich mit seinem angetrunkenen, roten Gesicht an und sagte verächtlich: »Was willst du hier, hau ab, ich kann mich nicht einmal mit meinem eigenen Vater unterhalten!« Die Art, wie er es sagte, deutete darauf hin, dass er das Sagen im Haus hatte. Sein Vater sagte darauf: »Komm, beruhige dich, es ist doch nichts passiert.«

Zu meiner Enttäuschung jedoch sah ich im Gesicht meines Schwiegervaters Zustimmung und Freude, so, als ob er sagen wollte: »Das hast du gut gemacht, mein Sohn.« Wortlos ging ich in die Küche und räumte alles ab. Nach diesem Vorfall wurde mir bewusst, dass ich unbedingt mein Studium, das ich wegen meiner ersten Schwangerschaft unterbrochen hatte, wieder aufnehmen und beenden musste. Mein Verstand sagte mir, dass ich mit meinem Vorhaben nicht länger warten sollte.

Andrea war vor Kurzem drei Jahre alt geworden, und ich hatte sie bereits für den nächsten Monat im Kindergarten angemeldet. Für mich stellte sich die Frage, wer sich unserer Kinder am Nachmittag annehmen sollte, während ich in der Universität war. Die einzige Möglichkeit war, einen Babysitter zu engagieren. Der nächste Schritt war es, in Erfahrung zu bringen, wo es eine Möglichkeit gab, mein Musikstudium zu beenden.

Der Abend war noch nicht vorbei. Irgendwann ging ich wieder zu den beiden, in der Hoffnung, dass mein Mann betrunken auf der Couch eingeschlafen war. Bevor sein Vater zu uns gekommen war, kam es oft vor, dass er irgendwann auf dem Sofa einschlief und erst am frühen Morgen ins Bett kam. Als ich das Wohnzimmer betrat, war es vorbei mit der Hoffnung. Martin saß völlig betrunken da. Helmut saß leicht angetrunken daneben. Ich bat Martin, ins Bett zu gehen, weil er am nächsten Tag arbeiten müsse. Er schaute mich eigenartig von der Seite an, dann sprang er auf und wollte mich mit der Faust ins Gesicht schlagen. Ich wich zurück, er kam nach und drückte mich an die Wand. Danach holte er wieder aus und wollte es noch einmal versuchen. In diesem Moment sagte sein Vater mit ruhiger, aber energischer Stimme: »Hör auf, lass sie in Ruhe und setz dich wieder hin!« Die Angst vor Martin, die er in meinem Gesicht sah, freute ihn. Ich merkte, wie sehr er diese Situation genoss. Mit einer Handbewegung gab er mir zu verstehen, dass ich den Raum verlassen sollte.

Am nächsten Tag ging mein Mann zur Arbeit, ohne sich von mir zu verabschieden; auch Alexander nahm er nicht zum Kindergarten mit. Mir war es recht, denn er war bestimmt noch am Morgen alkoholisiert. Später brachte ich Alexander in den Kindergarten.

Bis zu seiner Abholung verbrachte ich diesen Tag mit Andrea im Ortszentrum. Als wir nach Hause kamen, saß Martin zusammen mit seinem Vater auf der Terrasse. Es wunderte mich, dass er schon da war. Auf meine Frage, warum er so früh da sei, antwortete er, dass Dr. Birnbaum ihm einen freien Tag gegeben hätte. Später erfuhr ich von Dr. Birnbaum, dass Martin mit einer Alkoholfahne seine Tätigkeit aufnehmen wollte. Sein Chef wies ihn mit den Worten zurecht, wenn er noch einmal in diesem Zustand die Praxis betreten sollte, würde er ihn auf der Stelle entlassen. Danach befahl er ihm, die Praxis zu verlassen.

Noch am selben Tag machten Helmut und Martin mich für seine Alkoholsucht verantwortlich. Ich ärgerte mich darüber, aber letzten Endes braucht jeder schwache Charakter ein dafür verantwortliches Schaf. Das Ganze war mir zu dumm, und ich hatte keine Lust auf einen erneuten Streit oder gar Handgreiflichkeiten. Martin befahl mir, das Essen vorzubereiten. Ohne darauf einzugehen, verließ ich den Raum.

Den ganzen Nachmittag spielte ich mit unseren Kindern. Immer wieder beschäftigte mich der Gedanke, wie es möglich war, dass ein Mensch sich von einem Moment auf den anderen so verändern konnte. Aus diesem freundlichen und gemütlichen Mann, damit meine ich meinen Schwiegervater, wurde plötzlich ein ungehaltener und hinterlistiger Kerl.

WIEDERAUFNAHME MEINES STUDIUMS

In der darauffolgenden Woche erkundigte ich mich nach einer Möglichkeit, um mein begonnenes Musikstudium zu beenden. Ich hatte Glück, denn in Regensburg wurde seit Kurzem ein Studiengang mit den Fächern Musik, klassischer Gesang und Psychologie angeboten. Noch in derselben Woche fuhr ich hin. Nachdem man meine Zeugnisse und den vorherigen Studiengang anerkannt hatte, wurde ich aufgenommen. Jetzt fehlte nur noch jemand, der sich während meiner Abwesenheit um unsere Kinder kümmern sollte. Es dauerte nicht lange, und ich fand in der Zeitung ein Inserat. Eine junge Frau suchte eine Stelle als Babysitterin.

Von alldem durften weder Martin noch sein Vater etwas erfahren. In den nächsten drei Wochen gab es keine besonderen Vorkommnisse. Nachdem Martin von seinem Chef wegen Alkohol am Arbeitsplatz schriftlich abgemahnt worden war, mäßigte er seinen Alkoholkonsum. In dieser Zeit schlossen mich Martin und sein Vater von ihren Gesprächen immer wieder aus.

Sie unterhielten sich oft sehr angeregt, wenn ich aber den Raum betrat, verstummten beide. Einmal sagte ich, dass sie sich, um sich ungestört unterhalten zu können, entweder einsperren oder an die frische Luft gehen sollten. Drei Wochen später fuhr mein Schwiegervater zurück nach Polen.

Ende Oktober ergriff ich die Gelegenheit und erzählte Martin von meinem Vorhaben, mein Studium wieder aufzunehmen. Während ich es ihm erzählte, verfinsterte sich sein Gesicht und nahm die Farbe eines Pavianhinterteils an. Als ich fertig war, widersprach er sofort und sagte: »Was werden die Nachbarn denken, wenn du studieren wirst, was glaubst du, was sie über dich als Mutter denken werden?« Daraufhin erzählte ich ihm von der jungen Frau, die sich unserer Kinder annehmen würde. Mein Vorhaben passte ihm nicht, gleichzeitig wusste er aber, dass ich mein Studium irgendwann wieder aufnehmen wollte. Für mich war es der beste Zeitpunkt, weil beide Kinder noch im Kindergarten waren.

KAPITEL 6:
WIEDERAUFNAHME DES
STUDIUMS

Mitte November nahm ich mein Musikstudium auf. Kurz davor hatten wir für mich einen kleinen Fiat gekauft, mit dem ich zu den Vorlesungen fahren konnte. Die Fahrt mit den öffentlichen Verkehrsmitteln wäre zu anstrengend gewesen und hätte zu lange gedauert. Die Vorlesungen legte ich auf den Vormittag. Für diese Zeit stellte ich eine junge Frau ein. Sie hieß Maria, war eine 20-jährige hübsche Person, sehr redegewandt und kinderlieb, die unsere Kinder sofort ins Herz geschlossen hatten. Ich wusste, dass beide bei ihr gut aufgehoben waren. Ich spielte wieder öfter Klavier. Nachmittags fand ich genügend Zeit, um mich auf die Vorlesungen vorzubereiten. Abends, wenn Martin nach Hause kam, war ich wieder ganz Ehefrau und Mutter. Wenn er mich manchmal fragte, ob ich überhaupt noch studieren würde, antwortete ich ihm, dass ich oft nicht dazu kommen könne, nach Regensburg zu fahren. Er schien mit dieser Antwort sehr zufrieden zu sein, und ich hatte meine Ruhe, um mich für die bevorstehenden Prüfungen vorzubereiten.

Maria entpuppte sich als eine der besten Babysitterinnen, die wir für unsere Kinder hatten. Sie holte sie täglich vom Kindergarten ab und kümmerte sich liebevoll um sie. Beide schlossen sie sehr in ihre Herzen. Mit der Zeit brachte ich ihr das Kochen bei, und so war sie auch noch für den Haushalt zuständig. Die Wochen vergingen, und ich schloss mein erstes Semester erfolgreich ab.

Mitte Februar, kurz vor den Semesterferien, kam eine

Benachrichtigung vom Finanzamt, dass wir 10.000 Mark Steuern nachzuzahlen hatten. Es wunderte mich, denn meinem Mann als angestelltem Assistenzarzt wurden die Beiträge automatisch vom Lohn abgezogen. Wir hatten jedoch übersehen, dass er, laut Arbeitsvertrag, sämtliche Steuern selbst aufbringen musste. Mir war bewusst, dass dieser Geldbetrag gezahlt werden musste und Martin es mit seinem Lohn nicht schaffen würde. So musste ich eine Zeitlang mitverdienen. Die ersten drei Monate war ich ganztags in einer Arztpraxis beschäftigt. Danach einigten wir uns auf eine Arbeitszeit von drei Tagen in der Woche, sodass ich an zwei Tagen nach den Ferien wieder die Vorlesungen besuchen konnte. Von diesen Tagen erzählte ich Martin nichts. Er war der Meinung, dass ich die ganze Woche durchgehend arbeiten würde. Mir fiel auf, dass er mit meiner Situation sehr zufrieden war. Er bat mich, sogar freundlich, mein Studium abzubrechen. Er war der Meinung, dass es uns finanziell besser gehen würde, wenn ich auch Geld verdienen würde.

Kurz vor Ostern kündigte er mir an, dass uns seine Eltern an den Feiertagen gern besuchen würden. Ich war alles andere als glücklich. Ich versuchte, den Besuch seiner Eltern auf einen späteren Zeitpunkt zu verschieben, Martin ließ sich darauf jedoch nicht ein.

DIE LAUNEN MEINER SCHWIEGERMUTTER AN DEN OSTERFEIERTAGEN

Wie angekündigt, kamen die Schwiegereltern kurz vor Ostern für drei Wochen zu Besuch. Wie bereits in der Vergangenheit brachte sie auch dieses Mal Kristallgläser als Geschenk mit. In der Zeit ihrer Anwesenheit bat ich Maria, nicht zu kommen.

Ich gab vor, täglich zur Arbeit zu gehen, obwohl ich weiterhin zwei Tage in der Woche zur Universität fuhr. In den ersten Tagen gab es keine Zwischenfälle, und beide Schwiegereltern verhielten sich ruhig. Ich musste täglich abends irgendetwas für den nächsten Tag zum Mittagessen vorbereiten, weil Martins Mutter mir sehr deutlich mitteilte, dass sie keineswegs vorhätte, uns zu bedienen. Sie gehörte nicht zu den Fleißigen; auch von ihrer eigenen Familie ließ sie sich gern bedienen.

Es war am Karfreitag. Am Nachmittag gingen wir in die Kirche. Bis dahin schien alles in Ordnung zu sein. Erst nach dem Kirchenbesuch bemerkte ich ihre rote Nase und das blasse Gesicht. Ich spürte, dass dieser Tag noch einiges zu bieten haben würde. Gegen Abend eskalierte die Situation. Wir saßen alle am Tisch und unterhielten uns. Währenddessen schossen Sabina plötzlich Tränen in die Augen. Daraufhin fragte ich sie, was sie hätte. Martin, der neben mir saß, murmelte leise vor sich hin: »Fängst du schon wieder an!« Sie ging auf seinen Vorwurf nicht ein. Es dauerte nicht lange, und sie fing an, mich zu beleidigen. In ihren Augen war ich eine schlechte Schwiegertochter, außerdem hätte sie bei mir keine Rechte, weder in der Küche noch sonst irgendwo in diesem Haus. Sie verdrehte die Tatsachen, und obwohl jeder am Tisch wusste, dass ihre Anschuldigungen mir gegenüber haltlos waren, nahm mich keiner der beiden Männer in Schutz. So versuchte ich es auf meine Weise, und bevor ich etwas zu meiner Verteidigung sagen konnte, stieß mich Martin von der Seite an, mit den Worten, ich solle mich zu dem Ganzen nicht äußern. Es dauerte eine Weile, bis mein Schwiegervater kleinlaut das Wort ergriff, indem er sagte: »Ich denke, es wird Zeit, zu Bett zu gehen.« So standen beide auf und verließen wortlos den Raum.

Daraufhin fragte ich Martin, warum ich mich zu den

Anschuldigungen seiner Mutter nicht äußern dürfe und warum sein Vater unfähig war, diese Situation zu beenden. Er antwortete, dass seine Mutter sehr nervös sei und manchmal die Menschen ohne triftigen Grund beleidigen würde. Ich spürte, dass er mir nicht die Wahrheit sagte und etwas zu verbergen hatte. Meine Fragen wurden erst später von Johanna beantwortet.

Die nächsten zwei Tage bis zum Auferstehungsgottesdienst am Sonntag gab es in unserem Haus nur noch Ärger und Streit. Unsere Kinder verhielten sich den Umständen nach sehr ruhig. Sie verbrachten oft ganze Stunden in ihren Kinderzimmern. Es gab einen Moment, da kam Alexander zu mir und sagte, dass Oma eine böse Frau sei und er sie nicht mögen würde. In seinen Augen sah ich eine Angst, die ich bereits von mir kannte.

Martin verbrachte mehr Zeit mit seinem Vater. Sabina war sehr häufig allein im Gästezimmer. Jedes Mal, wenn sie zu uns kam, gab es Ärger. Ich bemerkte wieder diese schwarzen Augen. Ihr Blick bereitete mir Angst, und ich betete, dass wir diese Zeit ohne ernsthafte Probleme überstehen würden. Damals habe ich mich sehr gewundert, dass Martin ihre Bösartigkeiten und Beschuldigungen wortlos hinnahm. Andererseits schien es so, als ob sie nur mich beleidigen wollte. Erst am Sonntag nach der Auferstehungsmesse hatte sich die Situation wieder entspannt, und sie redete mit uns, als ob nichts geschehen wäre.

Zu meinem Erstaunen waren auch unsere Kinder ruhiger. Man konnte förmlich sehen, wie wieder Leben in unser Haus einkehrte. Sabina war wieder öfter mit uns zusammen. Ihre Augen und ihr Gesicht nahmen ihre gewöhnliche Gestalt an. Unsere Kinder mieden ihre Oma bis zum Ende ihres Besuches. Manchmal versuchte sie, eine nette Oma zu sein, doch beide Kinder gingen nicht darauf ein. Man sagt, dass Kinder ein feines Gespür für bestimmte Situationen hätten. Das hat sich bei unseren Kindern bestätigt.

In den nächsten zwei Wochen gab es zwar immer wieder Ärger mit ihr, es war jedoch bei Weitem nicht so schlimm wie an den Osterfeiertagen. Solange es um mich ging, versuchte ich, die Ruhe zu bewahren. Aber nach zwei Wochen griff sie Alexander an. Sie meinte, er wäre falsch erzogen und kein gutes Kind. Jetzt ging es um meinen Sohn, den ich schützen musste, weil sein Vater dazu nicht fähig war. Ich sagte ihr, dass sie genug Ärger in diesem Haus gemacht hätte und sich von unseren Kindern fernhalten solle. Noch bevor Martin mich zurechtweisen konnte, wandte ich mich an ihn und sagte, dass ich diese Rolle für ihn übernehmen müsse, weil er nicht fähig wäre, seine eigenen Kinder vor dieser Frau in Schutz zu nehmen. Mit diesen Worten hatte keiner gerechnet, am wenigsten ich selbst. Alle schauten mich an, als ob sie einen Geist gesehen hätten. Bevor jedoch meine Schwiegermutter noch etwas sagen konnte, forderte ich unsere Kinder auf, in ihre Kinderzimmer zu gehen. Ich hielt das Gespräch für beendet. Wortlos stand sie auf und verließ wutentbrannt den Raum. Keiner der Männer traute sich, irgendetwas zu sagen. Nun, jetzt ging es um meinen Sohn und nicht mehr um mich. Sie war zu weit gegangen. Es war eine der wenigen Situationen, in denen ich ihr meine Stirn geboten hatte.

Zwei Tage vor ihrer Rückreise nach Polen waren wir alle bei unseren Nachbarn eingeladen. Karl-Heinz war ein sehr angenehmer und ruhiger Mensch, seine Frau Regina war genau das Gegenteil, immer bedacht auf ihr Äußeres und eine wohlüberlegte Aussprache. Überdies beklagte sie sich sehr oft, genau wie meine Schwiegermutter, über sämtliche Krankheiten, die sie plagten. Einmal waren es Kopfschmerzen, ein anderes Mal der Rücken. Sie hatten keine Kinder, weil es für beide bereits die zweite Ehe war, die in späteren Jahren geschlossen worden war.

Es war nicht unser erster Besuch bei unseren Nachbarn. Wir verbrachten den Abend bei kleinen Häppchen und Rotwein. Regina beteuerte immer wieder, was für ein toller Mensch Martin sei und wie gut wir uns alle miteinander verstehen würden. Man merkte, dass sich Martins Eltern nicht besonders wohl bei unseren Nachbarn fühlten, vor allem aber seine Mutter, die ausnahmsweise zuhören musste, ohne jemanden zu beleidigen. Ich war froh, als sie endlich nach Hause fuhren.

Mittlerweile konnten wir unsere Schulden begleichen und ich konnte wieder fast täglich die Vorlesungen besuchen. Alexander und Andrea freuten sich, dass Maria wieder für sie da war.

In den nächsten Wochen spürte ich eine seltsame Veränderung in unserem Haus. Ich konnte es mir nicht erklären, aber irgendetwas war anders.

Der Winter war vorbei, und der Frühling zeigte sich von seiner besten Seite. An den Wochenenden machten wir oft Ausflüge mit den Kindern, manchmal in die Berge nach Garmisch-Partenkirchen oder an einen See, wo wir alle ungestört picknicken und spazieren gehen konnten. Es wäre alles sehr schön gewesen, hätte es nicht die andere Seite meines Mannes gegeben. Damit meine ich seine Alkoholsucht, der er immer öfter verfiel. Manchmal schien es mir, dass er absichtlich trank, um mir anschließend weh zu tun. Wie recht ich damit hatte, merkte ich erst später. Nach einiger Zeit konnte ich ihn nicht mehr dazu bewegen, mit uns etwas zu unternehmen. Er war jedes Wochenende betrunken, dann fing er wegen einer Kleinigkeit einen Streit an, nicht nur um mich zu beleidigen, sondern auch um mich zu schlagen.

So kam es, dass ich mich einige Wochen, nachdem meine Schwiegereltern wieder zurück nach Polen gefahren waren, nicht mehr wie früher beim Lernen auf meine Prüfungen konzentrieren konnte. Meine schnelle Auffassungsgabe ließ nach. Ich musste immer mehr Zeit aufbringen, um etwas zu lernen. Dieser Umstand wurde vor allem vor den Prüfungen problematisch. So beschloss ich, nicht nur am Tag, sondern auch nachts zu lernen. Ich stand mehrmals in der Woche gegen 2 Uhr auf und lernte dann mindestens drei Stunden, bevor ich mich wieder ins Bett legte, oder ich stand drei Stunden vor dem Frühstück auf. Diese Zeit versuchte ich, am Tag auszugleichen, indem ich entweder sitzend am Schreibtisch oder auf der Couch einen Kurzschlaf machte. Diese halbe Stunde reichte mir aus, um mich zu erholen. Ich war der Meinung, dass mein Mann von alldem nichts bemerkte. Das war ein Irrtum.

Eines Abends, es war Anfang Juli, an einem Samstag, war er wieder völlig betrunken. Wie jedes Mal beleidigte er mich, beschimpfte mich als Schlampe und dass ich zu nichts zu gebrauchen sei. Danach sagte er: »Du kannst noch so viel lernen, wie du willst, aber du wirst es sowieso nicht schaffen.« Man sagt, dass ein betrunkener Verstand das von sich preisgibt, was in ihm steckt und er im nüchternen Zustand nie sagen würde. Das traf genau auf Martin zu. Es hat mich sehr überrascht, dass er von meinen Konzentrationsproblemen wusste. Mir wurde klar, dass er zu allem fähig war, damit ich mein Studium nicht beenden konnte. Ich wusste, dass er und seine Familie klassische Musik hassten, vor allem aber, wenn ich Klavier spielte. Aber das war mir egal. Um das zu unterbinden, fing Martin an, unsere Kinder, vor allem Alexander, zu schlagen, während ich am Klavier übte. Mein Mann wusste, dass ich dann sofort aufhören würde, um nach dem Rechten zu sehen.

Es war grausam, denn er benutzte seine eigenen Kinder, um seinen Willen durchzusetzen. Es tat weh, sehen zu müssen, wie weit er dabei ging. Danach nutzte ich jede Gelegenheit, mich ans Klavier zu setzen, wenn beide Kinder bei ihren Freunden waren. Es machte ihn wütend, dass er seinen Willen nicht durchsetzen konnte. Aber es war mir klar, dass er es mir im betrunkenen Zustand heimzahlen würde. Alexander und Andrea ließ ich nicht mehr aus den Augen, wenn er zu Hause war, denn es konnte jederzeit passieren, dass er handgreiflich wurde.

Obwohl ich nach meiner Meinung gut für die bevorstehenden Prüfungen vorbereitet war, hatte ich die letzte Prüfung vor den Semesterferien nicht bestanden. Während der Prüfung jedoch konnte ich mich nicht konzentrieren. Ich war sehr nervös und unruhig. Es war, als ob alles, was ich in der letzten Zeit gelernt hatte, vergessen war.

Martin kam immer öfter sehr spät nach Hause. Oft waren es bis zu vier Stunden nach Ende seiner Arbeitszeit. Als Ausrede fiel ihm ein, dass er von Patienten aufgehalten wurde oder mit seinem Chef noch an einer Ärzteversammlung teilnehmen musste. Ich glaubte ihm nicht, wollte ihm aber eine andere Möglichkeit nicht vorwerfen.

Seit einiger Zeit ging es mir gesundheitlich nicht gut. Ich hatte oft Kopfschmerzen. Es kam des Öfteren vor, dass ich plötzlich am ganzen Körper Schmerzen bekam. Sie erstreckten sich auf jeden Muskel, aber besonders auf die Zähne. Um mich zu erholen, beschloss ich, mit unseren Kindern zu meinen Eltern zu fahren. Es waren Semesterferien, und zwei Wochen Erholung würden uns guttun. Martin freute sich über meine Entscheidung und schlug mir sogar vor, uns zu meinen Eltern zu fahren. Er zögerte keinen Augenblick, als ich ihm vorschlug, für die Zeit unserer Abwesenheit seine Eltern einzuladen. Auf diese Weise war er nicht allein.

ZU BESUCH BEI MEINEN ELTERN

Ende Juli kamen wir bei meinen Eltern an. Unsere damalige Wohnung war zu dem Zeitpunkt nicht bewohnt, und so konnten wir die nächsten zwei Wochen dort übernachten. Mein Mann blieb nur eine Nacht. Er spielte den perfekten Schwiegersohn, und ich bemerkte, wie meine Mutter sich um ihn bemühte. Alle zeigten sich von der besten Seite und spielten ihr Theater, außer meinem Vater, der Martin gegenüber reserviert war.

Meine Mutter und Martin überschlugen sich fast vor gegenseitiger Freundlichkeit. Am nächsten Morgen, nach dem Frühstück, fuhr er wieder nach Bad Abbach, wo seine Eltern bereits auf ihn warteten. Die Idee, seine Eltern kommen zu lassen, fand ich gut, denn es konnte mir später niemand vorwerfen, ich hätte meinen Mann allein gelassen und wäre sorglos in Urlaub gefahren. Am Nachmittag kamen meine Brüder, und wir verbrachten einige sehr schöne Stunden miteinander, voller Herzlichkeit und Erinnerungen. Ich hatte fast vergessen, wie es war, ohne Angst und Stress ins Bett zu gehen, ohne von einem betrunkenen Ehemann schikaniert zu werden. Meine Eltern verbrachten sehr viel Zeit mit Alexander und Andrea. Wir gingen oft miteinander Eis essen oder fuhren nach Hamburg in den Zoo. Auch meine Geschwister kümmerten sich um die Kinder, und so erlebten sie täglich etwas Neues. Wir besuchten auch Patrick und seine Familie. Ihr Sohn war ein neugieriges und aufgewecktes Kind. Alle drei Kinder verstanden sich sehr gut und spielten öfter miteinander.

DIE UNHEIMLICHE SCHWARZE KATZE

Gleich am ersten Tag lernte ich die zugelaufene Katze meiner Eltern kennen. Wir saßen beim Frühstück, und plötzlich sah ich eine schwarze, fette Katze. Wir blickten uns an, und sie bäumte sich vor mir auf, als ob sie mich anspringen wollte. Ich wusste vom ersten Augenblick an, dass wir beide uns nicht mögen würden. Andrea schaute uns zu und sagte: »Ich mag diese Katze nicht!«

Später erzählte mir Johanna, dass Katzen sowohl die Freunde eines Menschen sein als auch das Symbol des Bösen verkörpern können. Wenn sie die Wächter des Bösen sind, versuchen sie, alles Gute fernzuhalten. Hier ging es um mein Elternhaus.

Ich traf meine Freunde wieder, und wir unterhielten uns über die alten Zeiten und darüber, was aus uns mittlerweile geworden war. Es war sehr interessant. Viele waren ins Ausland gegangen, und ich erzählte nur das Beste über uns. Bald ging es hauptsächlich um unsere Kinder.

Am Anfang der zweiten Woche rief mich Tante Irmgard an. Wir unterhielten uns über mein Studium, über unseren Wohnort und vieles mehr. Weil das Telefon auf laut geschaltet war, konnte meine Mutter alles mithören. Plötzlich fragte mich meine Tante nach meinem Befinden, ob ich glücklich sei. Daraufhin machte meine Mutter irgendwelche Handbewegungen. Ich sollte meiner Tante zu verstehen geben, dass ich wunschlos glücklich sei. Ich antwortete ihr, ich wäre sehr glücklich. Daraufhin sagte sie, wenn ich die Hilfe von Johanna brauchen würde, könnte ich sie in Münster treffen. Sie war bei einer Bekannten zu Besuch. Damals war mir noch nicht bewusst, wie sehr meine Tante sich um mich sorgte. Meine Mutter war alles andere als zufrieden über den Verlauf des Gesprächs. Sie meinte, dass mein Vater mit Sicherheit keine Zeit hätte, um mit mir nach Münster zu fahren, weil er sehr viel zu tun hätte. Damit wollte sie das Treffen zwischen Johanna und mir unterbinden.

Später stellte sich heraus, dass auch die ältere Schwester meines Vaters sich genauso Sorgen um mich machte wie Tante Irmgard. Bis heute weiß ich nicht, woher sie über mich und meine Situation so gut Bescheid wussten.

Als mein Vater von mir erfuhr, dass ich mich gern mit Johanna treffen würde, war er sofort einverstanden, mit mir zu ihr zu fahren. Noch am selben Abend telefonierte ich nach Münster, und wir verabredeten uns für den nächsten Tag.

WIEDERSEHEN MIT JOHANNA

Ich freute mich sehr, Johanna nach dieser langen Zeit wiederzusehen. Sie wollte mit mir ungestört reden, und weil ihre Bekannte ein Restaurant besaß und keine Zeit für uns hatte, setzten wir uns auf den Autorücksitz. In der Zwischenzeit warteten meine Eltern im Restaurant.

Johanna fragte mich nach unseren Kindern und nach Martin. Ich erzählte ihr von Alexander und Andrea, was für nette und lebhafte Kinder sie seien. Als ich anschließend über Martin zu sprechen begann, fing ich plötzlich an, zu weinen. Sie nahm mich in die Arme und tröstete mich. Ich erzählte ihr von seinem Alkoholproblem, seiner Mutter und seiner Tendenz, uns zu schlagen. Sie hörte mir zu. Sie war der erste Mensch seit meiner Heirat, der mir wirklich zuhörte und mich verstand. Während des Gesprächs musste ich immer wieder weinen, sie unterbrach mich nicht. Es dauerte eineinhalb Stunden, bis ich mich ausgesprochen hatte. Bereits damals merkte ich ein grenzenloses Vertrauen zu ihr. Was das Wichtigste war: dass ich mich vor ihr nicht verstellen und meine Situation nicht beschönigen musste. Sie gab mir zu verstehen, dass sie über alles Bescheid wusste, und warnte mich davor, von Martin irgendetwas anzunehmen, vor allem weder Getränke noch Medikamente oder Infusionen. Ich teilte ihr mit, dass ich keine Medikamente oder Infusionen brauchte und wollte. Sie antwortete: »Wenn es so weit ist, denke an meine Worte.« Danach riet sie mir, dass ich mich vor seiner Mutter in Acht nehmen solle und meine Kinder, vor allem Alexander, vor dieser Familie beschützen müsse. Es machte mich neugierig, und ich fragte sie nach dem Grund. Daraufhin sagte sie, dass irgendwann der Zeitpunkt kommen würde, an dem sie mich aufklären wolle. Nach vier Stunden war unser Gespräch beendet. Ich war sehr erleichtert und froh darüber, mit jemandem über meine Probleme so offen reden zu können. Zum Schluss gab sie mir ihre Telefonnummer, unter der ich sie immer erreichen konnte.

EINE UNHEIMLICHE NACHT

Dieses Gespräch beschäftigte mich noch bis zum Schlafengehen. In derselben Nacht wachte ich plötzlich von einem Geräusch auf. Ich erschrak und schaute auf die Uhr; es war Punkt Mitternacht. Das Geräusch kam aus einer Fensterecke. Vorsichtig tastete ich mich in der Dunkelheit dahin, machte die kleine Lampe an. In einer Fensterecke sah ich eine dunkle Gestalt und schrie auf. Vor Aufregung konnte ich meinen eigenen Herzschlag hören. Beim näheren Hinsehen erkannte ich die schwarze Katze meiner Eltern. Mit ihrer Pfote kratzte sie am Fenster. Ihr Maul war offen, und sie fletschte die Zähne. Es war ein furchterregender Anblick. Ich mochte Katzen, aber damals hatte ich das Gefühl, dass dieses Tier mit einer gewöhnlichen Katze nichts zu tun hatte. Nachdem ich sie verscheucht hatte, versuchte ich, weiterzuschlafen, aber es gelang mir nicht. Ich lag wach, die kleine Lampe war an, und ich hatte Angst. Eine solche Angst hatte ich nicht einmal damals in dieser Nacht verspürt, als ich mit Alexander schwanger war und Martins Fotos auf den Boden fielen. Vor Angst standen mir die Schweißperlen auf der Stirn, und ich merkte, wie mir der Schweiß den Rücken herunterlief.

Ich wollte aufstehen, aber irgendetwas hielt mich fest. Es war bereits 4 Uhr, und ich versuchte abermals, aufzustehen, um das Bad aufzusuchen, aber auch dieses Mal war ich dazu nicht in der Lage. Plötzlich glaubte ich, Schritte zu hören. Anfangs dachte ich, dass es eines der Kinder sei, aber es war ein Irrtum, denn die Schritte waren direkt vor meinem Bett. Etwas ging unruhig auf und ab.

Es war 6 Uhr morgens, als ich merkte, dass das Angstgefühl leichter wurde und ich allein im Raum war. Ich stand auf, ging ins Bad und sah in den Spiegel. Ich hatte dunkle Ringe unter den Augen. Mein Gesicht war blass und meine Augen voller Angst. Danach schaute ich nach Alexander und Andrea; beide schliefen noch.

Ich saß im Wohnzimmer auf einem Stuhl und dachte über diese Nacht nach, als plötzlich die Wohnungstür aufgerissen wurde und meine Mutter hereinstürmte. Sie war blass und sehr aufgeregt. Augenblicklich wusste ich, dass etwas Schlimmes passiert sein musste. Sie erzählte mir, dass Joachim in dieser Nacht ermordet worden war. Er war der Lieblingssohn von Tante Irmgard. Im ersten Augenblick konnte ich nicht daran glauben und fragte sie, woher sie diese Information hätte. Daraufhin erzählte sie mir, dass Tante Irmgard früh am Morgen angerufen und unter Weinen erzählte habe, ihr Sohn wäre in der Nacht mit fünf Messerstichen im Keller seines Hauses ermordet worden.

Auch heute noch verfolgt mich diese Nacht wie ein Albtraum. Im Nachhinein denke ich, dass die Schritte, die ich damals hörte, die meines ermordeten Cousins waren und er mich vor dem warnen wollte, was noch auf mich zukommen sollte.

Der Mord wurde nie aufgeklärt, und letzten Endes wurde der Fall wegen Mangels an Beweisen ad acta gelegt und als Selbstmord eingestuft. Tante Irmgard konnte das Geschehene nicht verkraften und starb einige Jahre später an gebrochenem Herzen.

An diesem Wochenende fuhren wir nach Bad Abbach zurück. Einen Tag darauf fuhren auch meine Schwiegereltern nach Polen. Wir sahen uns nur kurz, und als ich Martins Mutter wiedersah, erinnerte ich mich an Johannas Worte, mich vor ihr in Acht zu nehmen.

UNSERE SCHRECKLICHE WANDLUNG

Meine Semesterferien neigten sich dem Ende. Ich dachte oft über mein Gespräch mit Johanna nach und nahm mir vor, sie öfter anzurufen. Mit der Zeit merkte ich, dass sich mein ebenmäßiges, hübsches Gesicht veränderte. Es wurde blasser, und ich bekam an meinem Kinn kleine Pickel. Am Anfang waren sie klein und schwarz, später groß und mit Eiter gefüllt. Weil sie schmerzten, versuchte ich, sie immer wieder auszudrücken. Was da herauskam, war kein Eiter, sondern ein langer weißer Faden mit zwei kleinen Punkten, die wie kleine Würmer aussahen. Ich versuchte, sie wegzuschminken und dadurch weniger sichtbar zu machen, aber egal, wie viel Schminke ich benutzte, es gelang mir nicht, die betroffenen Stellen zu überdecken. Obwohl ich mir sicher war, dass Martin meine Veränderung im Gesicht bemerkte, sprach er mich nicht darauf an.

Mit der Zeit wurde mir alles zu viel, und ich fühlte mich überfordert. Es störte mich, wenn unsere Kinder laut waren. In Situationen, in denen ich früher die Ruhe bewahrt hatte, wurde ich jetzt ungeduldiger und nervöser. Bei Kleinigkeiten schrie ich unsere Kinder an und wies sie zurecht. Was Martin die ganze Zeit tat, hatte ich mittlerweile übernommen. Eines jedoch habe ich unterlassen, nämlich sie zu schlagen. Alexander wurde ängstlicher und nervöser. Wenn ich einmal nicht in seiner Nähe war, lief er weinend durchs Haus, suchte mich und rief:»Mami, Mami, wo bist du?« Wenn er mich dann sah, sagte er:»Da bist du, gut, dass ich dich gefunden habe!« Danach ging er wieder mit Zuversicht seiner Tätigkeit nach. Es schien, als ob er meine Veränderung gespürt hätte und sich um mich sorgte. Andrea bekam oft Wutanfälle, die ich früher an ihr nicht gekannt hatte. Dann wurde ihre Nasenspitze rot, ihr Gesicht blass, und sie wurde sehr zornig. Dieses Verhalten erinnerte mich sehr an das meiner Schwiegermutter. Dann packte ich sie am Arm, rüttelte sie leicht und sagte, sie solle damit aufhören. Danach schaute sie mich an, ihr Gesichtsausdruck wurde wieder normal, und sie fragte mich, warum ich sie am Arm gepackt hätte. Es schien, als ob sie diese Momente nicht mitbekommen würde. Erst als ich sie am Arm packte, kam sie zu sich.

Später erzählte mir Johanna, dass meine Schwiegermutter für Andreas momentane Veränderungen verantwortlich sei. Der Anfang war gegeben, als sie ihren Kopf in den Kinderwagen gesteckt hatte. Damals, so Johanna, musste sie irgendwelche Beschwörungen ausgesprochen haben, um Andrea ab einem bestimmten Alter in ihren Bann zu ziehen. Damit versuchte sie, unsere Tochter bereits in jungen Jahren an sich zu binden.

Martin verhielt sich gleichgültig; er schaute wortlos zu, was mit uns geschah.

GROSSMUTTERS BEERDIGUNG

Anfang November kam die Nachricht aus Polen, dass Martins Großmutter schwer krank geworden sei und im Sterben lag. Wir fuhren dorthin, aber es war zu spät, und kurz vor unserer Ankunft starb sie. Wie es damals üblich war, wurde sie vor der Beerdigung drei Tage lang im Haus aufgebahrt. In dieser Zeit kamen viele Bekannte und Nachbarn zusammen und beteten für die Verstorbene. Auch Martins älterer Bruder Stefan kam zur Beerdigung. Nach dieser langen Zeit hatten wir uns nichts mehr zu sagen.

Kamila hatte in der Zwischenzeit einen Sohn geboren. Sie wohnten immer noch bei den Schwiegereltern. Ich bemerkte, dass die Situation zwischen ihr und Sabina sehr angespannt war. Sie sprachen kaum miteinander. Nach der Beerdigung blieben wir noch zwei Tage. Noch heute tut es mir leid, dass ich nicht den Mut aufgebracht habe, mich zu ihren Lebzeiten mit ihr zu unterhalten. Als sie mir damals sagte, sie hätte mir noch so viel zu sagen, nahm ich es nicht ernst. Nun war ich sicher, dass ich einiges über meine Schwiegermutter hätte erfahren können.

Am Abend vor unserer Abreise fand ich das erste Mal die Möglichkeit, mich mit Kamila unter vier Augen zu unterhalten. Sie erzählte mir, dass keine Schwiegertochter gut genug für die Söhne sei und sie nie eine akzeptieren würde. Ständig beklagte sie sich über ihr schweres Leben und ihre vielen eingebildeten Krankheiten.

Kamila sprach mich auf mein Gesicht an, warum ich so viele Unreinheiten hätte. Ich konnte ihr diese Frage jedoch nicht beantworten, und so schlug sie mir vor, die Pickel zu entfernen. Mein Schwiegervater sah sie und fragte mich lachend, was mit mir los sei. Daraufhin sagte Martins Mutter: »Hat Kamila dir deine

Unreinheiten ausgedrückt? Pass auf, sonst werden es noch mehr sein!« Dabei schaute sie mich seltsam an. Martin starrte seine Mutter an und senkte wortlos den Blick. Damals verstand ich die Worte seiner Mutter nicht und dachte auch nicht weiter darüber nach.

Die Wochen vergingen, und die Weihnachtsfeiertage rückten näher. Mit Mühe bestand ich meine Prüfungen. Es ging mir noch schlechter. Jetzt kamen des Öfteren Magenschmerzen und Atemnot dazu. Meine Magenschmerzen wurden immer stärker. Weil es mir nach Einnahme fester Nahrungsmittel schlechter ging, hatte ich mich überwiegend von Wasser ernährt. Ich verlor immer mehr an Gewicht.

GESUNDHEITLICHE PROBLEME

Martin schlug vor, mich von seinem Chef, Dr. Birnbaum, untersuchen zu lassen, was ich auch tat. Es stellte sich heraus, dass ich bereits ein überdurchschnittlich großes Magengeschwür hatte, das kurz vor dem Durchbruch war. Er rief Martin hinzu und meinte, ein Geschwür von dieser Größe kommt nur selten vor. Ich musste die nächsten sechs Wochen mit Antibiotika behandelt werden. Danach wandte er sich ihm zu und sagte: »Du kannst deiner Frau noch zusätzlich zu Hause Infusionen verabreichen.« Martin sah in diesem Moment sehr sorgenvoll aus, und wenn ich ihn nicht besser gekannt hätte, hätte ich dieses Schauspiel ernst genommen.

Sofort erinnerte ich mich an Johannas Worte, als sie sagte, dass ich keine Infusionen von Martin annehmen sollte. Aber mit meinen Schmerzen war ich ratlos und für jede Hilfe dankbar. Alle zwei Tage verabreichte er mir eine Infusion. Nach einer Woche hatte sich mein Zustand gebessert. Die Magenschmerzen waren weniger, und ich konnte wieder mehr essen. In dieser Zeit nahm ich acht Kilo ab, war viel zu dünn und sehr blass.

MARTINS VERSCHWINDEN

Die Weihnachtsfeiertage wollten wir in diesem Jahr bei meinen Eltern verbringen. Das einzige Problem war, dass Martin am 28. Dezember Bereitschaftsdienst hatte und es unmöglich war, diesen mit einem Kollegen zu tauschen. Meine Eltern freuten sich, uns alle zu sehen, und wie schon oft vorher wurde Martin als Schwiegersohn vergöttert. Es wunderte mich immer wieder, wie sehr er sich in der Anwesenheit anderer Leute verstellen konnte. Er war der perfekte Schauspieler, und ich merkte, wie sehr er es genoss.

Nach den Weihnachtsfeiertagen, am 27. Dezember, fuhr Martin, begleitet von meinem jüngeren Bruder Valentin, für zwei Tage nach Bad Abbach, um den Bereitschaftsdienst anzutreten.

Am 29. Dezember rief Valentin gegen 23 Uhr an und erzählte mir, dass Martin am Nachmittag zu einem Patienten gefahren war und seither nicht zurückgekehrt sei. Während mein Bruder sich um meinen Mann sorgte, stieg in mir Ärger auf. Ich war mir sicher, dass es sich nicht um einen Arztbesuch handelte. In der letzten Zeit war er öfter sehr spät nach Hause gekommen und fand jedes Mal eine neue Ausrede für sein spätes Kommen.

Valentin machte sich auf den Weg, um Martin zu suchen. Schließlich fand er ihn in der Nähe des Ortes auf einem verschneiten Feld. Er irrte ohne Schuhe und völlig betrunken auf dem Feld herum. Gegen 1 Uhr rief er wieder an und meinte, Martin und er seien wieder zu Hause. Seine Schuhe hatte er im Rausch verloren.

Viele Jahre später erfuhr ich die Wahrheit über das Verschwinden meines Mannes. Am 29. Dezember hatte er meinem Bruder Valentin vorgeschlagen, in das nahe gelegene Bordell zu gehen, um sich dort zu amüsieren. Mein Bruder wunderte sich über diesen Vorschlag. Daraufhin täuschte Martin einen Patientenbesuch vor und verließ das Haus. Valentin fand ihn sehr schnell, weil er wusste, wo er ihn suchen musste. Damals hatte er nicht nur seine Schuhe verloren, sondern auch seine Geldbörse mit dem gesamten Geld darin und seinen Autoschlüssel. Valentin musste meinem Mann schwören, diesen Vorfall für sich zu behalten.

In den nächsten Wochen besuchte ich wieder meine Vorlesungen. Maria kümmerte sich liebevoll um unsere Kinder und machte sorgfältig den Haushalt. Alexander und Andrea liebten sie wie eine ältere Schwester. Sie gehörte fast zur Familie. Eines Nachmittags, es war im Februar 1989, bot ich ihr an, mit mir eine Tasse Kaffee zu trinken. Ich erzählte ihr, dass ich vorhätte, wegen meiner Atemnot und auf Anraten von Dr. Birnbaum, mich im Krankenhaus untersuchen zu lassen. Sie schaute mich mit traurigen Augen an und sagte, ich hätte mich in den letzten Monaten sehr verändert, wäre viel dünner geworden und nur noch ein Nervenbündel. Daraufhin sagte ich ihr, dass es nicht einfach sei, das Studium, den Haushalt und das Familienleben unter einen Hut zu bringen. »Nun ja«, sagte sie und fragte mich, ob ich schon andere Möglichkeiten in Erwägung gezogen hätte. Ich verstand ihre Worte nicht. Dann erzählte sie mir eine Geschichte, es war ihre Geschichte, die sie in Russland, ihrer ehemaligen Heimat, erlebt hatte.

MARIAS FLUCH

Als 16-jähriges Mädchen war sie in einen jungen Mann sehr verliebt gewesen. Nach einem Jahr wurde er zum Militär eingezogen, und sie versprach, auf ihn zu warten. Währenddessen gestand ihr ein 24-jähriger Mann seine Liebe und wollte sie sogar heiraten. Für sie kam er nicht infrage, weshalb sie ihn abwies. Er gab jedoch nicht auf und suchte immer wieder ihre Nähe. Mit der Zeit fühlte sie sich von ihm belästigt. Eines Tages wies sie ihn mit sehr schroffen Worten ab; daraufhin sagte er: »Das wirst du noch bedauern, und den anderen bekommst du sowieso nicht, keiner wird dich wollen!« Kurz darauf wurde sie sehr krank, verlor ihre Haare und magerte binnen kürzester Zeit sehr ab. Aus dem wunderschönen Mädchen wurde eine kranke und traurige Person. Keiner wusste, was mit ihr los war; die Ärzte suchten nach einem Tumor, doch bald waren alle ratlos. In ihrem Dorf lebte ein alter Mann. Er hatte nicht viel Kontakt mit seinen Mitmenschen, war aber immer sehr freundlich und grüßte jeden. Maria hatte keine Hoffnung mehr, gesund zu werden. Eines Tages ging sie mit ihrer Mutter einkaufen. An diesem Morgen sah sie diesen freundlichen alten Mann auf sie zukommen. Er fragte sie, ob er sie ein Stück begleiten dürfe. Während sie die Straße entlanggingen, fragte er sie nach ihrem Wohlbefinden und danach, wie es zu ihrer Krankheit gekommen war. Sie fing an, zu weinen, und erzählte ihm die Geschichte mit den beiden Männern. Danach sagte er, sie hätte ihm nicht alles erzählt. Sie erinnerte sich plötzlich, was sie schon längst vergessen hatte, nämlich an die Worte des 24-jährigen Mannes, dass sie es noch bedauern würde und sie den Mann, den sie liebte, nicht heiraten würde. »Jetzt hast du es endlich ausgesprochen«, sagte der alte Mann und meinte, dass diese Worte wie ein Fluch über ihr lagen, den man brechen müsse. Er versprach, ihr zu helfen. Sie war froh, jemanden gefunden zu haben, der ihre Situation verstand. Er wollte lediglich ein Foto von ihr und ein Büschel Haare, was sie ihm gab. In den nächsten Wochen ging sie öfter zu ihm, und jedes Mal gab er ihr einen Tee zu trinken, den sie nicht kannte. Von ihm erfuhr sie, dass seine Mutter früher als Hexe beschimpft worden war, die sehr vielen Menschen weh getan hatte. Obwohl sie in diesem Ort gewohnt hatte, war Maria diese Geschichte nicht bekannt. In den nächsten Wochen besserte sich ihr Zustand deutlich, und sie wurde wieder völlig gesund. Den jungen Mann, den sie jedoch so sehr liebte, hat sie nie geheiratet, weil er, obwohl er ihr regelmäßig Liebesbriefe schrieb, bereits eine andere während seines Militärdienstes kennengelernt hatte.

Diese Geschichte war sehr interessant und irgendwie faszinierte sie mich. Ich fand auch einige Parallelen zu meiner Situation, habe jedoch an den Part mit der Verwünschung nicht geglaubt. Ich denke, dass ich sehr viel mehr von ihr erfahren hätte, wenn ich ihre Geschichte ernster genommen hätte. Zum Abschluss sagte sie, dass ich für sie wie eine Mutter sei und sie von mir sehr viel lernen konnte, mein Mann jedoch kein guter Mensch sei und man sich vor ihm in Acht nehmen sollte. Ich war sehr erstaunt über ihre Worte, die sie sehr ernst ausgesprochen hatte. Damals hatte ich nicht den Mut, mit ihr darüber zu reden.

Jedes Mal, wenn ich die Möglichkeit hatte, mehr über meinen Mann zu erfahren, hatte ich Angst, darüber zu reden, und brach das Gespräch sofort ab. Es schien, als ob ich mich mit keinem Menschen über Martin unterhalten durfte. Andererseits hatte ich Angst, dass er es erfahren könnte. Damals war mir noch nicht bewusst, wie viel Angst ich vor ihm hatte.

Ich lernte für die nächste schriftliche Prüfung. In dieser Zeit war Martin wie ausgewechselt. Seine nette und zuvorkommende Art voller Hilfsbereitschaft war ungewöhnlich. Er bot mir sogar seine Hilfe im Haushalt an. Ich traute der Sache nicht, denn so wie ich ihn kannte, steckte etwas dahinter. Wie recht ich hatte, sollte ich bald erfahren.

WICHTIGE PRÜFUNG

Eines Tages fragte er mich nach dem genauen Prüfungstermin. Ich dachte mir nichts dabei und teilte es ihm bedenkenlos mit. Es war meine wichtigste Prüfung in diesem Semester.

Am Tag der Prüfung war ich bereits morgens sehr nervös. Ich konnte keinen klaren Gedanken fassen. Nach dem Frühstück fuhr ich in die Universität. Auf dem halben Weg wurde mir plötzlich übel, sodass ich stehen bleiben musste. Ich sah mich im Autospiegel an und erschrak. Mein Gesicht war sehr blass, und ich hatte dunkle Ringe unter den Augen. Ich merkte, wie sich mein Magen drehte. Im letzten Moment sprang ich aus dem Wagen und übergab mich. Zum Glück war ich auf einem Parkplatz stehen geblieben. Nachdem ich etwas getrunken hatte, besserte sich mein Zustand, und ich konnte weiterfahren. Ich kam gerade noch rechtzeitig an.

Während der Prüfung konnte ich keinen klaren Gedanken fassen. Obwohl ich noch am Vortag bestens vorbereitet war, gelang es mir nicht, eine einzige Frage richtig zu beantworten. In meinem Kopf ging etwas Unerklärliches vor sich. Es war so laut wie in einer Maschinenfabrik. Vor meinen Augen sah ich nur noch ein Gebilde aus Schlangen. Zwei Wochen nach der Prüfung durften wir die Arbeit einsehen. Die Professorin drückte mir meine Arbeit in die Hand, sah mich an und sagte: »Was ist denn bloß los mit Ihnen?« Im Nachhinein wusste ich alle Antworten, ohne zu überlegen.

DER SATZ, DER ALLES VERÄNDERTE

Bei der nächsten Vorlesung wurde das Thema »Komponisten und ihre Schicksale« behandelt. Während die Professorin über Mozart und sein Leben sprach, sagte sie plötzlich:»Meine Damen und Herren, merken Sie sich eines: Nur wer in der Gosse liegt, kann wieder aufstehen, die Mitte reicht nicht aus!« Sie schaute mich dabei an. In diesem Moment wusste ich, was ich zu tun hatte. Heute weiß ich, dass dieser Satz mich dazu bewogen hat, weiter zu studieren und meinen Abschluss zu machen. Es war einer der wenigen Sätze, die mein Leben in eine positive Richtung gelenkt haben.

Ich fühlte mich angesprochen, war sehr berührt und hatte Tränen in den Augen. Nach dieser Vorlesung ging ich zu ihr, denn ich spürte, dass sie für meine schlechten Noten eine Erklärung verlangte. Vor allem aber spielte ich mit dem Gedanken, mein Studium abzubrechen. In ihrem Büro schaute sie mich an und sagte:»Endlich, ich habe mich schon gefragt, wann Sie mich aufsuchen würden!«

Ich erzählte ihr von meinen familiären Problemen, meinem ständigen Unwohlsein und dem Drängen meines Mannes, noch mehr Kinder haben zu wollen. Sie hörte mir geduldig zu, und zum Schluss sagte sie, dass es eine gute Entscheidung war, sie aufzusuchen, denn jetzt würde sie meine Situation verstehen. Sie war es auch, die mich überredet hat, meinen Studienabschluss zu machen. Sie glaubte an mich und meine Fähigkeiten. Allein dieser Umstand gab mir Kraft, weiterzumachen. Dann lächelte sie und sagte:»Ihr Mann ist nicht dumm, denn ein Studium zu Ende zu bringen, mit drei oder mehreren Kindern, ist für eine Mutter fast unmöglich.« Ich wusste, dass ich einen Beruf brauchte, um später auf eigenen Beinen stehen zu können. Mit der Zeit wurde mir immer mehr bewusst, dass unsere Ehe nicht von Dauer sein würde.

ALEXANDERS NÄCHTLICHE ANGST

Seit Mitte Februar kam Alexander jede Nacht völlig verängstigt zu uns ins Bett. Er schlief sehr unruhig, drehte sich oft hin und her. Aufgrund meines leichten Schlafes wachte ich immer wieder auf. Tagsüber war ich sehr erschöpft und müde. In dieser Zeit und auch Jahre später war die Kleiderschranktür in Alexanders Zimmer immer weit geöffnet. Wenn ich versuchte, sie zu schließen, sprang er auf und öffnete sie wieder. Anfangs war es für mich nur eine Phase in seiner Kindheit, die nach einiger Zeit vorübergehen würde. Bei ihm war es jedoch so intensiv, dass ich anfing, mir Sorgen zu machen. Ich nahm mir vor, mit ihm darüber zu reden.

Einige Tage später fragte ich ihn nach dem Grund. Er deutete mit seiner Hand auf den Schrank und sagte:»Mami, siehst du denn nicht, da drin ist eine Schlange!« Er sagte es mit einer Selbstverständlichkeit, die mir Angst machte. Ich versuchte, ihn vom Gegenteil zu überzeugen, indem ich sagte, dass ich nichts sehen könne und er sich täuschen würde. Er schaute mich ungläubig an und sagte:»Du musst sie doch sehen, schau mal, wie groß sie ist!« Dann zeigte er mit der Hand auf das untere Ende seines Bettes und sagte:»Und da ist die zweite Schlange, die ist viel schlimmer!« Nach einigen Wochen kam er nachts nicht mehr zu uns. Ich fragte ihn, was geschehen sei und weshalb er nachts nicht mehr zu mir ins Bett komme. Er sagte:»Die Schlange unter meinem Bett ist weg.« Die Schranktür blieb jedoch weiterhin offen. Seiner Meinung nach konnte er nur auf diese Weise die Schlange im Schrank kontrollieren.

ANDREAS NÄCHTLICHE BESUCHE

Einige Wochen danach wollte Andrea ebenfalls bei uns übernachten. Auch ihr verweigerte ich diesen Wunsch nicht, denn ich merkte, dass irgendetwas Böses in unserem Haus vor sich ging.

UNERKLÄRLICHE GESCHEHNISSE IM HAUS

Wenn ich allein war, hörte ich plötzlich Schritte oder Stimmen, die ich nicht deuten konnte. Eines Morgens nahm Martin unsere Kinder auf seinem Weg zur Arbeit in den Kindergarten mit. Weil ich sehr erschöpft war, legte ich mich wieder ins Bett. Ich lag noch wach, als plötzlich eine Stimme, die vom Erdgeschoss kam, meinen Namen rief: »Anna, Anna!« Es war eine Männerstimme. Im ersten Moment dachte ich, es sei Martin, der etwas vergessen hatte und zurückgekommen war. Ich sprang auf, lief die Treppe hinunter und rief: »Wer ist da? Martin, bist du es?« Aber ich bekam keine Antwort. Plötzlich wurde es sehr ruhig. Mich überkam ein eigenartiges Gefühl. Mein Körper zitterte vor Angst. Ich versuchte, mich zu beruhigen, indem ich mir einredete, mich verhört zu haben. Diesen Vorfall erzählte ich niemandem, denn ich befürchtete, man würde an meinem Verstand zweifeln. Diese Ereignisse wiederholten sich öfter, und jedes Mal, wenn ich nachgesehen hatte, war es plötzlich ruhig, und niemand war da. Einmal hörte ich diese Männerstimme wieder im Keller; ich war gerade beim Bügeln. Ich lief aus dem Raum und schrie: »Was willst du von mir, trau dich doch, und gib dich zu erkennen!« Aber es wurde wieder still.

Später erfuhr ich von Johanna, dass die Fragestellung »Wer ist da, gib dich zu erkennen!« ein sehr großer Fehler war, denn egal, was es war, ich lud es in mein Haus ein und bereitete ihm den Weg, mich aufzusuchen, wann immer es wollte, und mich zu quälen.

Als unsere Tochter nach einigen Wochen immer noch nachts zu uns kam, fragte ich sie nach dem Grund. Sie erzählte mir, dass sie jede Nacht in ihrem Zimmer einen schwarzen Mann sehen würde, der nur dastehe, sie anstarre und sich nicht bewege. Hätte ich nach dem, was ich erlebt hatte, an meinem Verstand gezweifelt, so hätte ich auch am Verstand meiner Kinder zweifeln müssen. Es war seltsam, aber wir hatten alle drei dasselbe Geheimnis. Nur mein Mann blieb davon anscheinend verschont.

Eines Tages sprach ich ihn an, ob er an Übersinnliches glauben würde. Er schaute mich an, lachte laut und sagte: »Du spinnst doch, jetzt glaubst du auch noch an Gespenster.« Sein Lachen war jedoch verstellt, und er schien wegen meiner Frage nervös geworden zu sein. Dann wurde er ernst, sein Gesicht blass, und er fragte: »Wieso, hast du hier etwas gesehen?« Irgendetwas warnte mich davor, ihm die Wahrheit zu sagen. Ich spielte das Ganze herunter und sagte: »Es ist nichts, es war bloß ein seltsamer Gedanke.«

KAPITEL 7:
VORKOMMNISSE

MARTINS BLONDINE

Ende März organisierte Frau Birnbaum eine Betriebsfeier für alle Angestellten. Es waren insgesamt 26 Personen. Ich war die einzige, die nicht in der Praxis tätig war. Auch unsere Kinder durften kommen. Jeder brachte etwas zum Essen mit. Die Getränke wurden vom Chef organisiert. Die Stimmung war sehr locker. Man konnte beobachten, wie gut sich alle miteinander verstanden. Am späteren Abend wurde auch getanzt. Martin trank mehr Alkohol, als mir lieb war. Er wurde zusehends ungehaltener, beleidigte mich am Tisch und meinte, ich würde die Leute nicht verstehen und nur stören. Ich war es gewohnt, dass er mich unter Alkoholeinfluss beleidigte und schlug, aber in der Öffentlichkeit passierte es das erste Mal. Er war jedoch nicht so betrunken, um nicht tanzen zu können.

Mit einem Mal stand er auf und forderte eine junge Angestellte zum Tanzen auf. Sie hatte langes, wunderschönes blondes Haar, eine schlanke Taille und große Brüste. Ich fühlte mich erniedrigt. Beide tanzten eng umschlungen miteinander und schauten sich immer wieder tief in die Augen. Ich spürte, dass beide mehr als nur das Arbeitsverhältnis verband. Obwohl Martin mich nicht gut behandelte, tat diese Erkenntnis sehr weh, und mir schossen Tränen in die Augen. Frau Birnbaum musste beobachtet haben, was in mir vorging, denn sie setzte sich zu mir und unseren Kindern. Sie war sehr nett und die Unterhaltung mit ihr sehr angenehm.

An diesem Abend tanzte mein Mann nur noch mit der

Blondine und gab mir gelegentlich zu verstehen, ich sei Luft für ihn. Als ich später von anderen Mitarbeitern zum Tanzen aufgefordert wurde, schaute Martin sehr verärgert zu uns herüber. Sein gehässiger Blick machte mir Angst. Aber das Schlimmste war, dass er meine Angst spürte. Weil ich keinen Alkohol getrunken hatte, setzte ich mich auf den Heimweg ans Steuer seines Wagens. Beide Kinder saßen hinten. Er riss mich am Arm und befahl mir, auszusteigen.

Ich erinnerte mich an Johannas Worte, als sie sagte, dass wir es vermeiden sollten, gemeinsam im Auto zu fahren, wenn er am Steuer saß. In diesem Fall war er auch noch völlig betrunken. Ich stieg aus und forderte unsere Kinder auf, auszusteigen. Plötzlich kam Frau Birnbaum mit ihrem Auto an und fragte, ob etwas passiert sei. Sie hatte wohl die Situation erkannt und bat uns alle, in ihren Wagen zu steigen. Nachdem ich beide Kinder zu Bett gebracht hatte, ging ich ins Wohnzimmer, um nach Martin zu sehen. Er saß da, trank ein Glas Wodka und stammelte irgendetwas Unverständliches. Ich traute mich nicht, ihn anzusprechen. Kurze Zeit später schlief er auf der Wohnzimmercouch ein.

Am nächsten Morgen, einem Sonntag, kam er in die Küche, als ich gerade das Frühstück vorbereitete. Ich sprach ihn auf die gestrige Feier an und bewunderte seine flotten Tänze mit der jungen Angestellten. Er lächelte zufrieden. Ich war mir sicher, dass er wusste, worauf ich hinauswollte. Als er weiterhin den Unwissenden spielte, fragte ich ihn, ob er ein Verhältnis mit der jungen Frau habe. Daraufhin lachte er und meinte, dass sie einen Freund habe, den sie bald heiraten werde. Er umging sehr geschickt meine Frage, ohne mir in die Augen zu sehen. Ich spürte, dass er mich belog. Danach sagte er, er wäre viel zu betrunken gewesen, um sich an irgendetwas zu erinnern.

In der letzten Zeit kam es öfter vor, dass er sein schlechtes

Benehmen auf seinen Stress auf der Arbeit und den »gelegentlichen« Alkoholkonsum zurückführte. An diesem Sonntag sprachen wir nur wenig miteinander. Sein schlechtes Benehmen während der Feier versuchte er mit Freundlichkeit auszugleichen.

Einige Tage danach sprach er plötzlich über seinen jüngeren Bruder Piotr, dass es ihm wohl finanziell nicht gut gehe und er gern nach Deutschland käme, um etwas Geld zu verdienen. Ohne mit mir diese Angelegenheit vorher besprochen zu haben, hatte Martin bereits hinter meinem Rücken eine Arbeitsstelle für Piotr organisiert. Meine Verärgerung darüber konnte ich nicht zurückhalten. Ein Wort gab das andere, und unser Gespräch endete im Streit. Es berührte ihn nicht, dass unsere finanzielle Lage nicht besonders gut war. Außerdem war sein Bruder dem Alkohol genauso verfallen wie er selbst, und ich befürchtete, zwei Alkoholiker im Haus ertragen zu müssen.

PIOTR KOMMT ZUM ARBEITEN

Trotz meines Widerstandes kam Martins Bruder Ende April für die nächsten drei Monate zu uns. Bereits die ersten Tage offenbarte Martin, wer das Sagen im Hause hatte. Beide tranken fast jeden Abend Alkohol, mit dem Unterschied, dass mein Mann total betrunken auf der Couch einschlief, wohingegen sein Bruder immer noch gut ansprechbar war.

An einem Abend hörte ich eine Unterhaltung zwischen den beiden. Martin ließ kein gutes Haar an mir, beklagte sich, dass ihm mein Studium nicht passen würde und erst recht nicht mein Klavierspiel. Piotr äußerte sich nicht dazu, bat aber Martin, dieses Problem mit mir zu besprechen. Ich merkte, dass er sich nicht in unsere Familienproblematik einmischen wollte. Piotr war anders als Martin; er sprach nie schlecht über seine Familie. Nachdem Piotr den ersten Lohn erhalten hatte, bat ich Martin darum, mit seinem Bruder über einen geringen Unkostenbeitrag fürs Essen zu reden. Piotr war damit sofort einverstanden.

Wir einigten uns auf 200 Mark monatlich. Ich merkte bald, dass Martin mit dem Vorschlag nicht einverstanden war.

Die Stimmung im Haus war sehr angespannt. Mittlerweile beschimpfte mich mein Mann auch vor seinem Bruder. An einem Freitagabend in der dritten Woche eskalierte die Situation vollends. Ich brachte unsere Kinder zu Bett und gesellte mich zu den beiden ins Wohnzimmer. Wie gewöhnlich waren wieder Bier und Schnaps auf dem Tisch. An diesem Abend unterhielten wir uns das erste Mal über den Vater meiner Schwiegermutter. Piotr erzählte, er sei vom Zug erfasst worden. Sein Kopf war dabei abgetrennt worden. Bis heute wusste niemand, wie es zu dem Unglück gekommen war. Während wir uns unterhielten, merkte ich, wie mich Martin von der Seite anstarrte. Ich drehte mich zu ihm und sah in sein rotes, wutentbranntes Gesicht. Ich merkte sofort, dass ihm unsere Unterhaltung nicht passte.

MARTINS BRUTALITÄT

Um unser Gespräch zu unterbrechen, fing er plötzlich an, Piotr zu erzählen, wie gemein und hinterlistig ich sei. Er erzählte über den Streit, den wir vor Piotrs Ankunft hatten, und dass ich dagegen gewesen sei, Piotr für drei Monate bei uns aufzunehmen. Martins Verhalten geriet immer mehr außer Kontrolle. Um ihn zu beruhigen, sagte Piotr, dass er sich bei uns wohlfühle und nichts von alldem bemerkt hätte. Aber es wurde schlimmer. Martin stand auf, bäumte sich vor mir auf und schlug mich mit der Faust ins Gesicht, danach auf den Kopf. Ich schrie auf, danach holte er aus und schlug mich erneut. Mir wurde schwindlig, und ich schmeckte Blut. Meine Lippe war geplatzt. Bevor er wieder zuschlagen konnte, hielt ihn Piotr an seinen Händen fest. In diesem Moment konnte ich flüchten. Bevor er das dritte Mal zuschlagen konnte, lief ich aus dem Raum. Ich schloss mich im Bad ein.

Nach einiger Zeit klopfte es an der Tür, und Martin forderte mich auf, aufzumachen. Dann hörte ich seinen Bruder sagen: »Lass sie in Ruhe, und komm wieder herunter!« Daraufhin sagte mein Mann: »Die Verrückte wird noch die Polizei anrufen und mich anzeigen.« Mir wurde klar, dass er trotz seines Zustandes nicht so betrunken sein konnte, wie er vorgab. Als es an der Tür ruhig wurde, ging ich ins Schlafzimmer und legte mich in meiner Kleidung ins Bett, jederzeit bereit, die Flucht ergreifen zu können. Außerdem hatte ich um unsere Kinder Angst.

Von unten konnte ich noch für längere Zeit laute Geräusche und ständiges Hin- und Herlaufen hören, was darauf hindeutete, dass Piotr ihn daran hinderte, in meine Nähe zu kommen. Ich lag lange wach. Das erste Mal seit vielen Jahren dachte ich: »Lieber Gott, hilf mir, ich habe keine Kraft mehr, weiterhin so zu leben!« Ich war sehr erschöpft und mutlos, aber vor allem hatte ich große Angst. Seit wir vor einigen Monaten in Altötting gewesen waren, dachte ich oft an Bruder Konrad, durch dessen Wunder dieser Ort zum Wallfahrtsort geworden war. Im Stillen rief ich seinen Namen und bat ihn, mich und unsere Kinder vor meinem Ehemann zu schützen. Als es unten ruhig wurde, zog ich meinen Mantel an und verließ das Haus. Ich setzte mich auf eine Bank auf einem nahegelegenen Spielplatz. Sitzend schlief ich ein. Erst am frühen Morgen, es war noch dunkel, wachte ich auf. Mir war kalt, und ich ging wieder nach Hause.

Die Sonne schien durch ein Fenster, und man konnte das

Zwitschern der Vögel hören. Weil das Fenster offen stand, konnte man die Nachbarn beim Zubereiten des Frühstücks hören. Es war mittlerweile 8 Uhr geworden, und für mich war es Zeit, aufzustehen und nach unseren beiden Kindern zu sehen. Dieser Morgen war für mich alles andere als schön und sonnig. Ich war sehr traurig und zugleich zornig über das, was in der Nacht passiert war. Weil ich kaum geschlafen hatte, war ich sehr erschöpft. Ich ging ins Erdgeschoss, um mir einen Tee zu machen. Auf dem Tisch sah ich einige leere Bierflaschen stehen, daneben stand eine leere Flasche Wodka. Es war sehr still, fast unheimlich. Nachdem ich meinen Tee zubereitet hatte, ging ich ins Wohnzimmer. Da sah ich meinen Mann völlig betrunken auf dem Boden liegen, während sein Bruder Piotr auf der Couch schlief. In diesem Moment wusste ich, dass ich noch am selben Tag das Haus mit unseren Kindern verlassen musste.

Ich ging zurück in die Küche; da hörte ich schon unsere Kinder die Treppe herunterlaufen. Beide kamen lachend in die Küche. Ich wusste, dass es meine Aufgabe war, die Kinder vor meinem brutalen und aggressiven Ehemann zu schützen. Beide setzten sich an den Frühstückstisch und warteten. Es dauerte nicht lange, bis ich Schritte im Flur hörte. Ich dachte, es sei mein Mann, doch in der Tür stand mein Schwager. Ich wunderte mich, dass er nach diesem Alkoholrausch so nüchtern wirkte. Er begrüßte uns, nahm sich eine Flasche Sprudelwasser und trank sie leer. Ich merkte an den Kindern, dass sie nervös wurden; sie waren doch erst fünf und sechs Jahre alt. Ich überlegte krampfhaft, wie ich das Haus unbemerkt mit ihnen verlassen könnte, und fand eine Lösung. In aller Freundlichkeit bat ich meinen Schwager, sich an unseren Tisch zu setzen und mit uns zu frühstücken. Ich wusste, dass ich sehr vorsichtig sein musste, um mein Vorhaben nicht zu gefährden. Wir unterhielten uns über alles Mögliche. Ich war sehr nervös.

Irgendwann fasste ich den Mut und sagte ihm, dass er mit meinem Mann zum Einkaufen fahren solle. Mein Einkaufszettel war ziemlich lang. Ich dachte: je länger der Zettel, desto länger die Einkaufszeit, dann hätten wir mehr Zeit, zu packen und das Haus zu verlassen.

Gegen 10 Uhr stand Martin auf und ging wortlos, ohne uns anzuschauen, ins Bad. Eine halbe Stunde danach fuhren beide zum Einkaufen. Alexander und Andrea verhielten sich sehr ruhig, fast so, als ob sie die Situation begriffen hätten. Nachdem Martin und sein Bruder fort waren, packte ich schleunigst das Notwendigste in einen Koffer, nahm meinen gesamten Schmuck, Bargeld und das Sparkassenbuch mit. Danach verließen wir das Haus.

Das Erste, was mir einfiel, war, ein Frauenhaus aufzusuchen. Ich wusste, dass uns dort niemand suchen würde. Unterwegs blieb ich an einer Tankstelle stehen und rief im Frauenhaus an. Am anderen Ende der Leitung meldete sich eine freundliche Frauenstimme, die mich vorsichtig nach dem Grund meines Anrufs fragte. Ich erzählte ihr, dass ich gestern eine Auseinandersetzung mit meinem gewalttätigen Ehemann gehabt hatte, und je länger ich mich im Haus aufhielte, umso gefährlicher würde es für mich und meine beiden Kinder werden. Sie bat uns, nach Regensburg zu fahren. An einer verabredeten Stelle sollten wir von einer Mitarbeiterin des Frauenhauses abgeholt werden.

FLUCHT INS FRAUENHAUS

Alle waren sehr nett zu uns. Nachdem eine der Angestellten mit mir ein erstes Gespräch geführt und mir die Bedingungen des Hauses erklärt hatte, gab man uns ein Zimmer mit Bad. Vom

Fenster aus hatten wir einen herrlichen Ausblick auf Wälder und grüne Felder. Wir packten unsere Sachen aus. Bald darauf klopfte es an der Tür. Eine Frau bot uns an, gemeinsam mit den Bewohnerinnen am Mittagessen teilzunehmen. Weder die Kinder noch ich hatten Hunger, aber aus Höflichkeit folgten wir ihrer Bitte und gesellten uns zu den anderen. Bald merkte ich, dass es nicht erwünscht war, über das eigene Schicksal zu sprechen, geschweige denn, ausgefragt zu werden.

Auf unserer Etage waren wir 25 Personen. Es waren Frauen aus allen Schichten mit ihren Schicksalen. Bei einigen konnte man sehen, dass das Leben sie nicht verschont hatte. Sie hatten Narben, die sie zum Teil entstellten. Es waren Folgen jahrelanger Misshandlungen.

Mein Kopf und meine Schultern schmerzten nach Martins Schlägen immer noch sehr, und meine Lippe war geschwollen. Aber die inneren Narben waren viel größer als meine Schmerzen.

Nach dem Mittagessen boten sich einige der Frauen an, auf meine Kinder aufzupassen, während ich mich ausruhen konnte. Alexander und Andrea zogen es jedoch vor, bei mir zu bleiben. Wir legten uns ins Bett und schliefen tief und fest bis zum nächsten Morgen. Jetzt erst wurde mir bewusst, wie erschöpft wir alle waren und wie Andrea und Alexander unter ihrer Traurigkeit litten. Am nächsten Morgen, nach dem Frühstück, gingen wir spazieren. Es war ein wunderschöner Tag, der Frühling war voll im Gange. Es roch nach Wald und frischer Luft. Ich genoss unsere gemeinsame Zeit ohne Angst und Martins Wutausbrüche.

Am dritten Tag beschloss ich, Martin anzurufen, in der Absicht, ihm mitzuteilen, dass ich ihn verlassen würde. Er war sehr überrascht, meine Stimme zu hören. Noch bevor ich etwas sagen konnte, fing er an, zu weinen, und versprach, uns nie wieder zu schlagen. Er bat mich, wieder nach Hause zu kommen, weil er sich ohne uns sehr einsam fühlen würde. Trotz seiner Versprechungen wollte ich es mir noch einmal überlegen. Am Abend fragte mich Alexander mit ängstlichen Augen, wann wir wieder nach Hause zurückfahren würden. Ich fragte ihn, ob es wirklich sein Wunsch sei. Er antwortete: »Ich möchte gern zurück, aber dann schlägt uns Papa wieder.« Obwohl mein Gefühl mir sagte, dass es falsch sei, fuhren wir am Freitag wieder nach Hause.

Martin empfing uns mit Freude, drückte uns alle an seine Brust und sagte, wie froh er sei, uns wieder bei sich zu haben. Danach erfuhr ich von ihm, dass sein Bruder vorzeitig nach Polen zurückgefahren war. Am Samstag fuhren wir nach München und verbrachten dort wunderschöne Stunden. Am Sonntag waren wir immer noch die perfekte Familie, bis mein Mann einen Anruf aus Polen erhielt. Ich hörte einige Gesprächsfetzen. Zuerst war es sein Bruder, der ihm mitteilte, dass er gut angekommen sei. Danach sprach er mit seinen Eltern, und ich konnte heraushören, dass sie ihm Vorwürfe machten, weil er seinen Bruder vorzeitig nach Polen hatte fahren lassen. Am Ende forderte ihn seine Mutter auf, sich von mir nichts gefallen zu lassen.

Allmählich hatte ich es satt, andauernd für alles Mögliche verantwortlich gemacht zu werden. Sie schaffte es immer wieder, einen Keil zwischen uns zu treiben. Damals wusste ich noch nicht, wie viel Macht sie über Martin hatte. Im Stillen hoffte ich, dass er zu mir halten und mich in Schutz nehmen würde. Meine Hoffnung wurde zunichtegemacht, als er sich noch am selben Abend betrank und der Ärger fortgesetzt wurde. Dieses Mal ging er auf Alexander los, beschimpfte ihn als kleinen Idioten und dass er genauso dumm wäre wie seine Mutter. Irgendwann in der Nacht schlief er ein. Ich fand keinen anderen Ausweg, als ihn zu verlassen.

Nach diesem Telefongespräch wurde mir bewusst, dass die gesamte Familie, vor allem seine Mutter, Unruhestifter waren. Sie würde es nie zulassen, dass wir eine gute Ehe führten. Und nun kannte ich auch den Grund, weshalb mein Mann zur Flasche griff, gewalttätig wurde und sich sinnlos betrank. Er war zu schwach, um sich gegen seine Eltern aufzulehnen und mich in Schutz zu nehmen.

EINSTWEILIGE VERFÜGUNG

Am nächsten Tag, einem Montag, ging ich in eine nahe gelegene Anwaltskanzlei, um mich beraten zu lassen. Mir wurde eine Anwältin zugeteilt. Nachdem ich ihr alles erzählt hatte, schlug sie vor, eine einstweilige Verfügung gegen meinen Ehemann zu erwirken. Es ging sehr schnell, und am Dienstagmittag wurde sie Martin ausgehändigt. Der Inhalt besagte, dass er sich unserem Haus bis höchstens 100 Meter nähern durfte. Plötzlich klingelte das Telefon. Es war Martin. Er fragte mich, was das sein sollte und ob ich mir bewusst sei, was ich getan habe. Ich ging nicht darauf ein und sagte, ich würde seine Sachen zusammenpacken, sodass er sie noch am selben Tag abholen könne. Am Abend holte er sie ab, verlangte aber auch den gesamten Bestand an Alkohol. Am nächsten Tag brachte ich unsere Kinder in den Kindergarten, danach hatte ich vor, einige Sachen zu sortieren und die Anwältin aufzusuchen, um das weitere Vorgehen mit ihr zu besprechen.

WIEDER EINE UNHEIMLICHE BEGEGNUNG

Ich war gerade in der ersten Etage. Plötzlich hörte ich, wie die Eingangstür aufging, und kurz darauf einen lauten Knall. Erschrocken lief ich hinunter.

In diesem Moment dachte ich nicht an Johannas Worte: »Wenn du irgendetwas Ungewöhnliches hörst, geh nicht hin, um nachzusehen.«

Ich schaute mich um, aber es war niemand im Haus. Ich war im Begriff, wieder ins Schlafzimmer zu gehen, als mein Klavier im Wohnzimmer zu spielen anfing. Es war keine Melodie, sondern ein Draufhauen. Aufgeregt lief ich die Treppe hinunter. Als ich die Wohnzimmertür öffnete, wurde es still, als ob nichts gewesen sei. Ich schloss die Tür, und die gleiche Situation wiederholte sich. Dieses Mal waren die Klaviertöne noch lauter. Ich hatte Angst und zitterte am ganzen Körper. Zugleich stieg eine unglaubliche Wut in mir auf. Auch dieses Mal wurde es still, und niemand war da, als ich die Tür öffnete. Wütend schrie ich: »Zeig dich endlich, du Ungeheuer, hab so viel Mut, oder verschwinde von hier!« Daraufhin knallte ich mit voller Wucht die Tür zu, und während ich die Treppe hochging, flammten plötzlich im ganzen Haus die Lichter auf. Mein Herz raste wie wild, und ich betete zu Gott, er möge mich beschützen. Ich machte das Licht wieder aus und lief hinunter, um mich zu vergewissern, dass niemand da war. Die Tür zum Wohnzimmer, die ich wütend zugeschlagen hatte, stand plötzlich weit offen.

Ich spürte seit längerer Zeit, dass es in unserem Haus nicht mit rechten Dingen zuging, aber dieses Mal wurde es so offensichtlich wie noch nie zuvor. Es kam öfter vor, dass sich irgendwo die Türen schlossen oder öffneten. Manchmal hörte ich Stimmen, die ich nicht verstand und einordnen konnte. Ich sprach mit keinem darüber, auch nicht mit meinen Eltern.

Zwei Tage darauf klingelte es an der Tür, und Martins Chef, Dr. Birnbaum, stand vor mir. Ich bat ihn herein, und wir unterhielten uns über meine familiäre Situation, über den Abend, als Martins Bruder bei uns war, und das Frauenhaus. Er bedauerte es sehr, mir nicht helfen zu können. Danach sagte er: »Es geht nicht, meine Gefühle für dich sind sehr stark!« Obwohl auch ich mich zu ihm hingezogen fühlte, ging ich auf seine Worte nicht ein. Noch mehr Unruhe in meinem Leben konnte ich nicht verkraften. Anschließend meinte er, dass er Martin nicht länger in seiner Praxis beschäftigen könne, weil unsere Situation seinem Ruf schaden würde.

Ich war ratlos, denn auf der einen Seite hatte Dr. Birnbaum recht, andererseits jedoch ging ich in dieser Zeit keiner Beschäftigung nach, und wir brauchten das Geld, unter anderem auch für mein Studium. Unter Tränen bat ich ihn, Martin wenigstens bis zur Klärung unserer Situation nicht zu entlassen. Er erzählte mir, dass mein Mann momentan eine Kellerwohnung im Haus seines Vaters bezogen hätte. Letzte Nacht war es dermaßen laut geworden, dass sein Vater nach dem Rechten sehen musste. Als er die Wohnung betrat, lag Martin völlig betrunken auf dem Boden und redete wirres Zeug. Nachdem er nüchtern geworden war, forderte sein Vater ihn auf, das Haus sofort zu verlassen.

Dr. Birnbaum versprach mir, Martin nicht zu entlassen, wenn wir diese Angelegenheit auf dem schnellsten Wege klären würden. Ich war ihm sehr dankbar. Noch am selben Abend rief ich meine Eltern an und erzählte, was passiert war. Beide waren sehr aufgeregt, und meine Mutter versprach, zu kommen, um mir und den Kindern beizustehen. Am nächsten Tag war sie da. Es war eigenartig, denn ich konnte über das Thema Martin und unsere Ehe mit ihr nie reden – und nun wollte sie uns beistehen. Den Grund dafür sollte ich bald erfahren.

MEINE MUTTER

Ich war froh, meine Mutter zu sehen. Andrea und Alexander freuten sich ebenfalls. Wir unterhielten uns über unsere Ehe, und ich merkte zu meinem Erstaunen, dass sie sehr gut zuhören konnte. Danach fragte sie mich, ob ich keine Chancen sähe, dass wir uns wieder vertragen, und wenn es auch nur für die Kinder wäre. Ich begriff, dass sie mehr daran interessiert war, unsere Ehe zu retten, als uns in dieser schweren Zeit beizustehen.

Irgendwie musste Martin von der Ankunft meiner Mutter erfahren haben, denn am nächsten Tag klingelte es an der Tür. Martin stand mit einem Lächeln vor mir. Bevor er noch etwas sagen konnte, stand meine Mutter neben mir und bat ihn, hereinzukommen. Er meinte, dass er nur seine Bettdecke holen und dann sofort wieder gehen wolle. Er packte noch einige Sachen zusammen. Als er endlich im Begriff war, zu gehen, fragte meine Mutter, ob er noch etwas Zeit hätte, mit uns einen Kaffee zu trinken. Es war ein Fehler, ihn ins Haus zu lassen, aber es war ein noch größerer Fehler, ihm Kaffee anzubieten. Sie unterhielt sich mit ihm, als ob nichts gewesen sei. Beide sprachen über Alexander und Andrea und über Martins Tätigkeit. Obwohl ich ihr erzählt hatte, was passiert war, stellte sie sich gegen mich. Für sie war die Aufrechterhaltung der Ehe wichtiger als unser Wohlergehen. Nachdem er gegangen war, sagte sie sehr erfreut: »Siehst du, so schlecht ist er doch gar nicht, und du solltest ihm noch eine Chance geben!« Allein deswegen hätte ich sie sofort wieder heimfahren lassen sollen, aber ich hatte damals nicht den nötigen Mut.

Am Abend brachte ich unsere Kinder zu Bett. Danach saßen wir noch eine Weile im Wohnzimmer. Sie erzählte mir von einem seltsamen Traum, den sie vor Kurzem gehabt hätte. Sie sah einen

Pater in einer braunen Kutte. Er stand genau vor ihrem Bett. Danach hörte sie Martin und seinen Bruder; sie waren sehr laut und liefen andauernd die Treppen hinauf und hinunter. Ich erinnerte mich an diese Nacht, als ich Bruder Konrad um Hilfe gebeten hatte, Martin zu beruhigen. Daraufhin erzählte ich ihr, was passiert war und was es mit dem Geistlichen auf sich habe.

Am nächsten Tag fuhr ich zum Einkaufen. Als ich am Nachmittag zurückkam, saß Martin im Wohnzimmer und unterhielt sich mit meiner Mutter. Für mich war es wie ein Schlag ins Gesicht. Ich hätte damals beide hinauswerfen sollen, tat es jedoch nicht. Heute weiß ich, dass ich trotz der einstweiligen Verfügung noch nicht so weit war, meinen Mann zu verlassen. Meine Mutter spürte es und ergriff die Gelegenheit, uns wieder zusammenzubringen. Bevor er ging, lud er mich zum Essen ein. Ich nahm die Einladung an. Ich erzählte unseren Kindern, dass ich mich mit ihrem Vater treffen würde. Beide schienen nicht begeistert zu sein, und wie aus einem Mund kam die Antwort: »Wenn er zurück ist, wird er uns wieder beschimpfen und schlagen.«

MEINE SINNESWANDLUNG

Während des Essens erzählte er mir, wie sehr er sich nach uns sehnen und wie viel ich ihm bedeuten würde. Wie schon so oft zuvor versprach er, nicht mehr zu trinken und sich zu bessern. Daraufhin sagte ich, dass wir es noch einmal versuchen könnten, unter der Bedingung, dass wir eine Eheberatung in Anspruch nehmen. Über meine Forderung war er im ersten Moment sehr überrascht, fing sich aber und sagte, er würde alles dafür tun, um unsere Ehe zu retten. Am nächsten Tag zog er wieder bei uns ein. Damit nahm ich die einstweilige Verfügung zurück. Ich wusste, dass es ein Fehler war, aber wahrscheinlich brauchte ich doch noch mehr Zeit, und das Leid musste wohl noch größer werden, um mich für immer von ihm trennen zu können. Nachdem die Verfügung keinen Bestand mehr hatte, fuhr meine Mutter nach Hause.

Bereits die erste Nacht mit Martin war für mich eine Qual, denn sosehr er sich bemühte, ein liebevoller Ehemann zu sein, konnte ich nicht auf Knopfdruck eine liebe und zärtliche Ehefrau sein. Ich gab ihm zu verstehen, dass ich noch etwas Zeit brauchte. Er sagte verärgert: »Nun gut, hoffentlich dauert es nicht zu lange.«

Es vergingen einige Wochen, und unser Leben normalisierte sich wieder. Martin trank kaum Alkohol. In dieser Phase stellte ich erfreut fest, dass er nüchtern ein guter Vater und Ehemann sein konnte. Er telefonierte sehr selten mit seinen Eltern. Später erfuhr ich nebenbei von einer Mitarbeiterin, dass die vielen Telefongespräche mit seiner Familie aus Polen ausschließlich in der Praxis stattfanden.

WEITERE BRUTALE SCHLÄGE

Mitte August fand unsere jährliche Straßenfeier statt. Es war die Gelegenheit, sich auszutauschen und allen Neuigkeiten auf den Grund zu gehen. Jede Familie bereitete etwas zu essen vor oder organisierte Getränke, Sitzbänke und Tische. An diesem Samstagabend bereitete ich einen Kartoffelsalat zu; danach gingen wir zur Feier. An unserem Tisch saß auch Dr. Birnbaum mit seiner Familie. Es war sehr nett und eine Abwechslung in meinem komplizierten Alltag.

Irgendwann verließ Martin die Gesellschaft, um ein wichtiges Telefonat zu führen. Nach 20 Minuten kehrte er zurück. Er roch nach Alkohol, sein Gesicht war tiefrot, und er sah wütend aus. Ich vermutete nichts Gutes, war aber sicher, dass er in Anwesenheit der Nachbarn nicht ausrasten würde. Martin war immer sehr darauf bedacht, sich vor seinen Mitmenschen in einem guten Licht zu präsentieren. Diesmal jedoch war es ein Irrtum. Er trank weiterhin Bier und Wein. Ich merkte sehr bald, dass er betrunken war. Ich wurde immer unruhiger und befürchtete das Schlimmste. Er schaute mich immer wieder von der Seite an, als ob er mir sagen wollte: »Heute bist du fällig!« Ich spürte die Gefahr, die von ihm ausging. Meine Finger zitterten, und mein Herz pochte wie wild. Nach einer Stunde stand ich auf und ging kurz nach Hause.

Ich war gerade im Bad, als die Eingangstür geöffnet wurde und Martin hereinkam. Er rief nach mir, aus Angst gab ich mich nicht zu erkennen. Er lief ins Schlafzimmer. Ich ergriff die Gelegenheit und rannte die Treppe herunter, um das Haus zu verlassen. Er musste meine Schritte gehört haben, denn kurz darauf war er hinter mir her. Plötzlich spürte ich seine Hand an meinem Hals; wütend schrie er: »Du wirst nie mehr gegen mich vorgehen, sonst mache ich dich fertig!« Er war zu betrunken, um mich festhalten zu können. Es gelang mir, mich von ihm loszureißen und das Haus zu verlassen. Ich ging zurück zum Straßenfest. Kurze Zeit später kam auch Martin.

Wir saßen nur kurze Zeit am Tisch, als er plötzlich nach mir griff und mich in die Höhe hob; danach warf er mich mit voller Kraft auf den Nachbarstisch. Weil ich wenig wog, war es für ihn ein leichtes Spiel. Durch den Aufprall wurden sämtliche Gläser zerschlagen. Ich hörte Schreie, eine Frauenstimme sagte: »Er ist verrückt geworden.« Diese Vorstellung hatte ihm noch nicht gereicht. Gleich darauf kam er mit geballter Faust auf mich zu. Bevor er zuschlagen konnte, hielt ihn Dr. Birnbaum an den Handgelenken fest. Danach sagte er in Befehlston: »Pack dich, und geh nach Hause!«, was er wortlos tat. Während ich mich sammelte, schauten mich alle an. Es war eine sehr peinliche Situation, zum ersten Mal schämte ich mich, an diesem Ort zu sein. Alle starrten mich wortlos an. Ich sah zu Dr. Birnbaum; sein Gesicht war finster, und er war sehr aufgeregt. Ohne ein Wort verließ auch ich die Feier.

Weil es unmöglich war, nach Hause zu gehen, entschloss ich mich, diese Nacht auf der Sitzbank am Spielplatz zu übernachten. Zu meiner Erleichterung übernachteten Alexander und Andrea bei ihren Freunden, sodass sie von alledem nichts mitbekamen. Die ganze Nacht saß ich auf der Bank. Ich war unfähig, mich zu bewegen, weinen konnte ich auch nicht. Am nächsten Tag ging ich frühmorgens nach Hause. Ich hatte überall Schmerzen und war übersät mit blauen Flecken. In mir machte sich eine tiefe Traurigkeit breit. Während ich die Straße entlangging, liefen mir Tränen der Verzweiflung die Wangen hinab. Im Haus konnte ich nicht bleiben, und ich stellte mir die Frage, wie es mit uns weitergehen sollte. Die Familientherapie, die wir machen sollten, wurde letzten Endes von meinem Mann abgelehnt. Es war nur ein Vorwand gewesen, damit ich die einstweilige Verfügung zurückziehe.

Martin schlief völlig betrunken im Wohnzimmer auf dem Boden. Sofort rief ich meine Eltern an und bat meinen Vater, uns abzuholen. Er versprach, sofort loszufahren. Danach holte ich unsere Kinder von ihren Freunden ab. Ich erzählte ihnen, dass wir für die nächste Zeit zu den Großeltern fahren würden. Sie freuten sich sehr, fragten mich jedoch, warum sie es erst jetzt erführen. Ich antwortete, dass es eine Überraschung sein sollte. Als wir das Haus betraten und sie ihren Vater betrunken auf dem Wohnzimmerboden schlafen sahen, ahnten sie sofort, dass etwas sehr Unangenehmes passiert sein musste.

Nachdem wir eine Kleinigkeit gegessen hatten, schlossen wir uns in Alexanders Zimmer ein und warteten auf meinen Vater. Ich hatte noch immer sehr viel Angst und betete, dass die Zeit bis zu seiner Ankunft schneller vergehen möge. Ich stellte fest, dass mein linker Fuß geschwollen und mit Hämatomen übersät war. Die Schmerzen waren unerträglich. Alexander und Andrea waren sehr still. Wir sprachen kaum miteinander, jeder hing seinen Gedanken nach. Für kurze Zeit verließ ich das Zimmer, um Schmerztabletten zu holen. Zum Glück war unten alles ruhig, was darauf hindeutete, dass Martin noch immer schlief.

Gegen 11 Uhr klingelte es an der Tür. Ich war der Meinung, dass es mein Vater sei. Als ich die Tür öffnete, stand jedoch Dr. Birnbaum vor mir. Er drückte mir ein Schreiben in die Hand. Es war die zweite fristlose Kündigung für Martin. Auch dieses Mal bat ich ihn unter Tränen, meinen Mann nicht zu entlassen. Wir unterhielten uns eine Weile, danach sagte er: »Dass ich ihn behalte, tue ich nur für dich, aber wenn Derartiges noch einmal vorkommen sollte, werde ich ihn fristlos entlassen!« Bevor er ging, sagte er: »Du solltest endlich eine Entscheidung für dich und deine Kinder treffen. Warte aber nicht zu lange.«

KAPITEL 8:
NACH DEM STRASSENFEST

ANKUNFT MEINES VATERS

Nachdem Dr. Birnbaum gegangen war, packte ich unsere Koffer und bereitete etwas zu essen vor. Danach warteten wir ungeduldig auf die Ankunft meines Vaters. Gegen 13 Uhr hörten wir Martin die Treppe heraufkommen. Er ging ins Bad. Währenddessen begaben wir uns ins Wohnzimmer. Es dauerte nicht lange, bis Martin zu uns kam. Sein Gesicht war immer noch gerötet und seine Augen geschwollen. Als er die Koffer sah, fragte er, was ich vorhätte. Ich antwortete: »Mein Vater kommt uns abholen; ich kann dich nicht mehr sehen!« Mittlerweile hatte er es sich zur Gewohnheit gemacht, sein »tiefstes« Bedauern in Tränen zu ersticken. Ich ging auf dieses Schauspiel nicht mehr ein, im Gegenteil, es widerte mich an. Um 14 Uhr kam mein Vater endlich an. Während wir uns auf den Weg machten, übersahen wir Martins gespielte Freundlichkeit. Noch am selben Abend rief Martin bei meinen Eltern an und erkundigte sich nach mir und den Kindern. Meine Mutter nahm das Gespräch entgegen, dann drückte sie mir den Hörer in die Hand und sagte: »Dein Mann ist am Telefon und möchte dich sprechen.« Er weinte, entschuldigte sich mehrmals und bat uns, wieder nach Hause zu kommen. Ich antwortete, dass ich es mir noch gründlich überlegen werde, ob ich jemals wieder dieses Haus betreten würde. Danach legte ich den Hörer auf. Am nächsten Tag bat ich meine Mutter, sich nicht mehr in meine Angelegenheiten mit Martin einzumischen. Sie antwortete nicht, was heißen sollte, dass sie diesen Satz überhört hatte. Jedes Mal, wenn ihr ein Thema unangenehm war, ging sie nicht darauf ein.

DIE BRUTALITÄT HAT IHRE FOLGEN

Mein linker Fuß schmerzte immer mehr und war von Hämatomen übersät. Mein Vater brachte mich zum Arzt. Er war Gynäkologe. Ich kannte ihn schon sehr lange. Er hatte mich in beiden Schwangerschaften begleitet, und so hatte ich viel Vertrauen zu ihm. Ich erzählte ihm, was vorgefallen war und wie mich mein Mann beim Straßenfest in Anwesenheit der Gäste über die Tische geworfen hatte. Er schaute sich die Verletzungen an und verschrieb mir einige Medikamente. Dann wies er mich an, meinen Fuß röntgen zu lassen. Anschließend stellte er mir ein entsprechendes Attest aus. Seiner Meinung nach würde ich es irgendwann als Nachweis brauchen können. Zum Schluss sagte er: »Es ist schon eigenartig, aber sie sind die dritte hübsche Frau in dieser Woche, die von ihrem Mann misshandelt wurde.« Das Röntgen ergab eine Knochenverletzung, die über eine längere Zeit beobachtet werden musste.

Martin rief täglich mehrmals an und erkundigte sich nach uns. Erst in der zweiten Woche ging ich ans Telefon. Mit der Zeit wurde er immer ungeduldiger. Er bot sich an, uns am zweiten Wochenende abzuholen. Nach längerer Überlegung willigte ich schließlich ein. Am Freitag besuchte uns Tante Irmgard. Es war ein sehr angenehmes Wiedersehen. Ich fragte sie nach Johanna und sagte ihr, dass ich mehrmals versucht hätte, sie telefonisch zu erreichen, doch ohne Erfolg. Tante Irmgard gab mir eine neue Telefonnummer, unter der Johanna immer erreichbar sein sollte. Noch am selben Abend rief ich sie an.

TELEFONGESPRÄCH MIT JOHANNA

Ich war etwas aufgeregt und hoffte, Johanna sprechen zu können. Ich musste nicht lange warten. Ich erzählte ihr von meinen aktuellen Problemen mit Martin und fragte sie um Rat. Sie bedauerte es, dass ich Martin nach der einstweiligen Verfügung wieder aufgenommen hatte, und fügte hinzu, dass ich als alleinerziehende Mutter mein Leben ohne ihn besser meistern würde, vor allem aber würde es viel ruhiger sein. Danach warnte sie mich vor seinen Wutanfällen und auch davor, mit ihm Reisen zu unternehmen. Ich nahm ihre Worte ernst und erzählte, dass wir an diesem Wochenende mit Martin unsere Rückreise nach Hause antreten würden. Sie versprach, über uns zu wachen. Ich war sehr froh, sie endlich erreicht zu haben. In ihr sah ich einen lieben Menschen, eigentlich den einzigen, mit dem ich reden konnte.

Wie versprochen, holte uns Martin am Wochenende ab. Er war sehr zuvorkommend und schien sehr erfreut zu sein, uns wiederzusehen. Während meine Mutter in Freundlichkeit zerfloss, sah ich in den Augen meines Vaters und meines älteren Bruders Jörg Verachtung und Angst. Die ersten drei Wochen verliefen ohne Zwischenfälle, und Martin bemühte sich wieder einmal darum, ein guter Vater und Ehemann zu sein.

Eines Tages traf ich Frau Birnbaum und unterhielt mich mit ihr über unsere Eheprobleme. Zum Schluss sagte sie etwas, das mir später zur Einsicht verhalf: »Eine misshandelte Ehefrau wird so lange misshandelt, wie sie es zulässt.« Sie hatte recht, ich hatte mich misshandeln lassen und dadurch sehr viel Leid ertragen müssen. Durch meine Schwäche und Unentschlossenheit schadete ich auch unseren Kindern, denn ich war ihr einziger Halt.

Kurz vor Alexanders Geburtstag eröffnete mir mein Mann, dass seine gesamte Familie an der Geburtstagsfeier teilnehmen

möchte. Es war mir nicht recht. Einen Tag bevor alle anreisen sollten, brachte ich unsere Kinder in den Kindergarten und machte
mich daran, alles für die Feier vorzubereiten. Maria hatte inzwischen geheiratet, kam aber trotzdem, wenn ich sie brauchte.
An diesem Tag war ich allein zu Hause. Es war ein wunderschöner Sommertag. Im Stillen hoffte ich, dass unsere Gäste und
Martin sich so benehmen würden, dass keine unangenehmen
Situationen stattfänden.

DER UNHEIMLICHE BESUCHER

Ich ging in die Abstellkammer, um Eier für den Kuchen zu holen.
Plötzlich hörte ich einen sehr lauten Knall. Im ersten Moment
dachte ich, dass etwas heruntergefallen war. Mit den Eiern in
den Händen schloss ich die Abstellkammer hinter mir. Während
ich in der Küche war, gingen im Flur alle Lichter an. Eine ähnliche
Situation hatte es bereits vor einigen Monaten gegeben. Ich
hatte Angst, ging jedoch in Richtung Treppe, um nachzuschauen,
was da los war. Die Lichter gingen wieder aus. Ich spürte, dass
irgendetwas anders war als beim letzten Mal. Wie gelähmt
schaute ich die Treppe hinauf. Anfangs sah ich nur Schatten,
aber als sich meine Augen an die Dämmerung gewöhnt hatten,
erkannte ich eine dunkle Gestalt. Sie stand auf der obersten
Treppenstufe! Ich konnte weder schreien noch mich bewegen.
Ich sah Beine, Brustkorb und Hände. Ihr fehlte aber der Kopf.
Sie schaute in meine Richtung. Ich spürte, wie mir kalter Schweiß
den Rücken runterlief.

Heute kann ich nicht mehr sagen, wie lange der Spuk dauerte.
Langsam bewegte ich mich zur Küche, stand aber immer noch
wie gelähmt da. Ich schaltete das Licht ein und schaute noch

einmal zur Treppe; die Gestalt war verschwunden. Dann setzte ich mich auf die unterste Treppenstufe und versuchte, zu verstehen, was gerade passiert war. Was sollte ich nun tun? Mein erster Gedanke war Johanna. Ich nahm mir vor, sie nach der Geburtstagsfeier anzurufen. Den restlichen Tag über konnte ich keinen klaren Gedanken fassen. Ich war unkonzentriert und erschöpft. Mir fielen mehrere Gläser aus der Hand, und ich musste immer wieder die Glasscherben wegräumen. Es kam mir vor, als ob eine unsichtbare Kraft versucht hätte, mir alles zu entreißen. Ein Glas Gurken, das ich aufmachen wollte, drehte sich plötzlich in meiner Hand und fiel zu Boden. Ich gab auf und verließ die Küche. Am Nachmittag holte ich unsere Kinder vom Kindergarten ab. Der restliche Tag verlief ruhig.

ALEXANDERS GEBURTSTAG UND DER FURCHTBARE KNALL

Am nächsten Tag, es war ein Freitag, wartete ich mit unseren Kindern auf Martins Familie. Gegen 12 Uhr mittags hörte ich von oben plötzlich einen furchtbar lauten Knall, als ob jemand mit einem Gewehr geschossen hätte. Mein Herz pochte, und ich lief nach oben, um nachzusehen, aber es war alles in Ordnung und auf seinem Platz. Ich lief hinaus und fragte die Kinder, ob sie etwas gehört hätten.

Am späten Nachmittag kamen alle Besucher. Angekommen waren Martins Eltern und sein Bruder Piotr mit Familie. Piotr und Kamila hatten mittlerweile zwei Söhne. Kamila spielte wieder die große Dame, eitel und stolz. Ihr selbstgemachter Bernstein-schmuck sah alles andere als vorteilhaft aus. Sie sprach sehr wenig. Weder mit den Schwiegereltern noch mit mir. Ich bemühte mich, freundlich zu sein. Den Geburtstag feierten wir bei schönem Wetter auf der Terrasse. Die Kinder liefen freudig umher und spielten miteinander. Es wurde nur wenig Alkohol getrunken, und auch Martin gab sich Mühe, ein guter Gastgeber zu sein.

DAS DIABOLISCHE GESICHT MEINER SCHWIEGERMUTTER

Am Sonntag, einen Tag nach Alexanders Geburtstag, gingen wir nachmittags alle spazieren. Wir waren bereit, standen draußen und warteten nur noch auf Sabina. Er ging noch einmal hinein, um nachzuschauen, wo sie blieb. Nach einigen Minuten kam er zurück und meinte, dass sie sich unwohl fühle und deshalb lieber daheimbleiben wolle. Nach zweieinhalb Stunden kamen wir wieder zurück. Martins Mutter saß auf der Wohnzimmercouch. Als ich in ihr Gesicht sah, lief es mir kalt den Rücken herunter. Ich sah ihr blasses Gesicht, ihre rote Nase, doch der heutige Anblick übertraf alles! Zuerst fielen mir ihre völlig schwarzen Augen und die sehr dunklen Augenränder auf. Ihr Gesicht war schneeweiß und ihre Nasenspitze dunkelrot. Sie saß teilnahmslos da und sah aus wie der Dämon persönlich; es fehlten nur noch die Hörner. Andrea, die hinter mir stand, fragte: »Mami, was ist los mit Oma? Sie sieht so komisch aus.« Ich bat die Kinder, in den Garten zu gehen. Dann schaute ich Martin und seinen Vater Helmut an, die sie jedoch keines Blickes würdigten.

Es war eigenartig, denn sie hätten sie zumindest nach ihrem Befinden fragen können. Diese Aufgabe wollte ich übernehmen. Doch bevor ich etwas sagen konnte, packte mich mein Mann am Arm und zog mich mit sich auf die Terrasse. Freundlich, aber energisch, sagte er, ich solle seine Mutter lieber in Ruhe lassen, sie würde sich schon irgendwann zu uns gesellen. Ihr Anblick beunruhigte mich, und ich war froh, dass alle am nächsten Tag abreisen würden. Wir bereiteten das Abendessen vor; Martin und sein Bruder übernahmen das Grillen. Als alles fertig war, wunderte ich mich, warum keiner aus der Familie meine Schwiegermutter zu Tisch gebeten hatte. Weil Martin mir sagte, dass ich sie in Ruhe lassen solle, kümmerte ich mich nicht um sie. Erst nach dem Abendessen kam sie und setzte sich zu uns, als ob nichts gewesen sei. Ihr Gesicht hatte wieder ein normales Aussehen angenommen.

Die Stimmung war jetzt nicht mehr so fröhlich und ausgelassen wie vorher. Auch Helmut, der mit uns viel gelacht hatte, wurde ruhiger. Es lag sehr viel Spannung in der Luft, und ich sah das erste Mal, wie ängstlich alle wurden. Diese Situation war mir fremd. Trotz meiner Neugierde wusste ich, dass es besser wäre, keine Fragen zu stellen; außerdem wollten sie bald wieder zurück nach Polen fahren. Sabina war sich ihrer Macht innerhalb der Familie bewusst.

Andrea und Alexander riefen aus dem Garten: »Oma ist wieder da!« Andrea, die in ihrer Entwicklung sehr weit voraus war, sah ihre Großmutter aufmerksam und neugierig an. Danach fragte sie: »Oma, was hast du gehabt, warst du krank? Du hast so komisch ausgeschaut.« Lächelnd antwortete sie: »Ja, die Oma brauchte etwas Ruhe.« Andrea überlegte nicht lange und sagte: »Dann hättest du dich doch besser ins Bett legen sollen.« Noch bevor sie noch etwas sagen konnte, sprang Martin von seinem Stuhl auf, nahm Andrea zur Seite und befahl ihr, wieder in den Garten zu gehen.

Bald war der Abend vorbei. Ich brachte unsere Kinder zu Bett, und nachdem alle gegangen waren, räumte ich mit Martin den Tisch ab. Im Bett fragte ich ihn, was die Geschichte mit seiner

Mutter zu bedeuten hatte und warum die Stimmung nach ihrem Erscheinen in den Keller sank. Er sagte, dass seine Mutter eine ausgelassene Stimmung nicht leiden könne und schon gar nicht, wenn man viel lachen würde.

Am Montag verabschiedeten sich alle von uns. Martins Mutter saß auf dem Rücksitz. Als sie losfuhren, winkten wir hinterher. Sabina drehte ihren Kopf zu uns. Sie sah mich an, und ich schaute in ihre schwarzen Augen. Da war es wieder, dieses diabolische Gesicht. Es war voller Hass und Abneigung. Für einen Moment wurde mir schwindelig, und mir lief ein Schauer den Rücken herunter. Anschließend brachte ich unsere Kinder in den Kindergarten.

DÄMMERSCHLAF

Wieder daheim nahm ich mir vor, zuerst aufzuräumen und danach einiges für mein nächstes Semester vorzubereiten. Es dauerte nicht lange, und ich verspürte eine große Müdigkeit. Ich konnte mich kaum auf den Beinen halten und schaffte es gerade noch, die Wohnzimmercouch zu erreichen.

Im Dämmerschlaf sah ich, wie die Tür zum Wohnzimmer aufging. Jemand rief meinen Namen; ich erkannte eine männliche Stimme. Es war das Letzte, woran ich mich erinnern kann, bevor ich drei Stunden später wieder wach wurde. Als mir bewusst wurde, was passiert war, schaute in zur Tür, um mich zu vergewissern, dass ich keine Halluzinationen hatte. Die Tür stand weit offen, ich lag noch eine Weile, um mich zu sammeln. Danach stand ich auf, um meine Hausarbeiten zu erledigen, aber es fiel mir sehr schwer, denn ich hatte am ganzen Körper Schmerzen, als ob mich jemand ausgepeitscht hätte. Es wurde immer schlimmer, und ich beschloss, Maria zu bitten, mir zu helfen. Sie holte unsere Kinder vom Kindergarten ab und half mir beim Aufräumen. Sie bemerkte meine schlechte Verfassung und legte mir nahe, mich ins Bett zu legen, was ich auch tat.

Spät am Abend wachte ich auf und sah Martin an meiner Bettkante sitzen. Er war gerade dabei, eine Infusion vorzubereiten. Weil ich mich weigerte, meinte er, dass es mir hinterher besser gehen würde, und so willigte ich ein. Hinterher ging es mir tatsächlich besser. Er sagte, dass Maria den ganzen Tag über bei uns gewesen sei, unsere Kinder ins Bett und das ganze Haus in Ordnung gebracht hatte.

Martin fragte mich nach der Spritze nicht nach meinem Befinden. Es schien ihm gleichgültig zu sein. Erst viel später sollte ich den Grund seines Verhaltens erfahren.

Einige Tage später dachte ich in Ruhe nach, was mit mir passiert war. Die Schmerzen bekam ich erst, als meine Schwiegermutter fort war. Ich spürte ihren diabolischen Blick immer noch auf mir und brachte ihn mit meinen Schmerzen in Verbindung.

KAPITEL 9:
GEBURTSTAGSFEIER VON KARL-HEINZ

In den folgenden Wochen ging es mir immer schlechter. Die Unreinheiten im Gesicht wurden schlimmer, und ich bekam häufiger Schmerzen, die sich über den gesamten Körper erstreckten. Ende Oktober ging ich zu Dr. Birnbaum, um mich untersuchen zu lassen. Mir wurde Blut abgenommen, und wir sprachen auch über meine familiäre Situation. Unter Tränen erzählte ich ihm, dass mein Mann mir häufig Infusionen gegen meine Schmerzen verabreichen und ich mich immer schwächer fühlen würde. Er war der Erste, mit dem ich darüber sprach. Er hörte mir aufmerksam zu. Ich merkte, dass ihm das Ganze sehr naheging. Dabei erzählte ich ihm auch von der misslungenen Familienberatung. Nachdem sich Dr. Birnbaum alles angehört hatte, schlug er mir vor, einen Termin bei einem Psychotherapeuten, seinem Freund, wahrzunehmen. Ich willigte ein. Daraufhin machte er sofort einen Termin für die nächste Woche aus. Maria kam wieder täglich zu uns. Nach den Semesterferien nahm ich mein Studium auf.

DIE EMPFEHLUNG DES PSYCHOTHERAPEUTEN

Wie vereinbart, nahm ich den Termin bei Dr. Lange wahr. Seine Praxis befand sich in der Nähe von Regensburg, sodass ich diesen Termin mit meinen Vorlesungen abstimmen konnte. Dr. Lange war ein schlanker, dunkelhaariger Mann mittleren

Alters. Schon zu Beginn der Behandlung hatte ich Vertrauen zu ihm und war der Meinung, dass er mir in meiner verzwickten Situation helfen könne. Ich erzählte ihm von unserer Beziehung und dass Martin mich vor seiner Familie und in der Anwesenheit der Nachbarn schlage. Außerdem könne ich unsere Kinder keinen Augenblick aus den Augen lassen, weil mein Mann sie bei der kleinsten Gelegenheit schlagen würde.

In den nächsten vier Sitzungen erzählte ich von Martins Alkoholproblemen und dass er meiner Meinung nach viel zu sehr mit seinen Eltern verbunden sei, was auf die Dauer unerträglich sei. Nach einigen Sitzungen fragte mich Dr. Lange, ob er meinen Mann kennenlernen und sich mit ihm unterhalten könne. Ohne Probleme stimmte Martin einem Treffen zu, das kurz darauf stattfand. An diesem Tag wartete ich mit Ungeduld auf ihn. Ich war neugierig, wie das Gespräch verlaufen würde.

MARTINS TERMIN BEI DR. LANGE

An diesem Tag kam Martin sehr spät nach Hause. Nachdem er gegessen hatte, setzten wir uns ins Wohnzimmer und schauten Fernsehen. In der letzten Zeit trank er abends Bier, betrank sich aber nicht mehr in dem Maße wie früher. Ich war froh darüber, wusste aber, dass sich dieser Zustand sehr schnell ändern konnte. Mit einem Lächeln im Gesicht fing er von allein an, über den Besuch bei Dr. Lange zu sprechen. Er meinte, dass er sich um des lieben Friedens willen auf diesen Termin eingelassen hatte. Danach lachte er und sagte, dass der Psychotherapeut ein Idiot sei und selbst zum Psychologen gehen solle. Neugierig fragte ich, was vorgefallen sei. Martin sagte: »Solche Leute sind das Geld der Krankenkassen nicht wert.« Ich spürte, dass er verärgert war.

Martin stellte mich hin, als sei ich diejenige, die einen Psychotherapeuten benötige, nicht er.

Beim nächsten Termin sagte Dr. Lange, dass ich bei meinem Ehemann keine Chancen hätte und, sobald es ginge, mich von ihm trennen sollte. Ich vermutete, dass die beiden aneinandergeraten waren. Aufgrund der ärztlichen Schweigepflicht konnte Dr. Lange auf meine Fragen, was vorgefallen war, nicht eingehen. Ich besuchte ihn noch einige Male, hörte dann aber damit auf, weil sich mein Mann auf keine weiteren Termine eingelassen hatte. Bis heute weiß ich nicht, warum Dr. Lange mir empfohlen hatte, mich sofort von meinem Mann zu trennen.

NÄCHSTES SEMESTER

An der Universität legte ich immer wieder Prüfungen ab, die ich jedes Mal erfolgreich absolvierte. Mein Mann fragte mich oft, wann ich wieder welche hätte, aber ich nannte andere Tage, um ihn in die Irre zu führen, so wie es mir Johanna vor längerer Zeit geraten hatte.

DIE SCHEINHEILIGKEIT DES »PERFEKTEN« EHEMANNES

An einem Tag, den ich Martin als Prüfungstermin genannt hatte, ging es mir gesundheitlich besonders schlecht, sodass ich gezwungen war, im Bett zu bleiben. Ich hatte sehr starke Kopfschmerzen und musste mich übergeben. Besonders schlimm waren die Schwindelanfälle. Seit dem letzten Besuch meiner Schwiegermutter ging es mir gesundheitlich ohnehin schlechter, aber die Tage, an denen die Prüfungen stattfinden sollten, übertrafen alles. Es geschah oft, dass Martin an diesen Tagen eher nach Hause kam. Er fragte nach meinem Gesundheitszustand, und als ob er es bereits wüsste, holte er die Infusionsflasche heraus. Irgendwann verweigerte ich die Einnahme. Ich missbilligte sein hinterlistiges und scheinheiliges Verhalten, konnte jedoch nichts dagegen machen. Am folgenden Tag war wieder alles in Ordnung.

Mein Mann spielte vor unseren Bekannten den perfekten Ehemann und Vater. Jeder, der ihn nicht kannte, war von seiner Güte überzeugt – und das waren fast alle. Wenn jemand bei uns zu Besuch war, las er mir jeden Wunsch von den Augen ab. Erst später merkte ich, was für ein Spiel er trieb. In Wirklichkeit schützte er sich selbst, indem er mich als eine kranke Frau mit schwacher Persönlichkeit darstellte. Dafür erntete er von den Leuten sehr viel Mitgefühl. Er konnte sehr überzeugend sein. Dazu zählte, dass er Arzt war, ein »Halbgott« in Weiß. Der einzige Mensch, der darüber anders dachte, war Dr. Birnbaum.

Ich telefonierte oft mit meiner Mutter. Wir unterhielten uns über die Kinder, mein Studium und Martins Arbeit. Wenn ich über unsere Eheprobleme mit ihr sprechen wollte, sagte sie jedes Mal: »Das sind eure Probleme, es geht mich nichts an. Außerdem ist er gar nicht so schlecht.« Sie wollte mit meinen Problemen nicht konfrontiert werden, also war ich auf mich selbst gestellt. Meine einzige Freundin und Beraterin war Johanna. Mit der Zeit nahm ich mir vor, mit meiner Mutter nur noch über die Kinder und das Wetter zu reden. So hatte ich meine Ruhe und sie ihren Frieden.

FOTOS LÜGEN NICHT

Ende November waren wir bei unserem Nachbarn Karl-Heinz zum Geburtstag eingeladen. Wir hatten ein gutes nachbarschaftliches Verhältnis, und gelegentlich trafen wir uns zum Kaffee. Als wir ankamen, waren bereits andere Gäste anwesend. Seine Frau Regina machte Feuer im Kaminofen. Es war ein sehr netter Abend bei rotem Wein und gutem Essen. Karl-Heinz machte von jedem Fotos. Die Wochen vergingen, und es war bald Weihnachten. Martin machte den Vorschlag, zu meinen Eltern zu fahren, um dort die Weihnachtsfeiertage zu verbringen. Seinem Vorschlag stimmte ich zu, wusste jedoch, dass es einen Grund dafür geben musste. Jedes Mal, wenn wir bei meinen Eltern waren, hatte kurz darauf ein Treffen mit seinen Eltern stattgefunden.

Eines Abends kam Karl-Heinz mit den Fotos, die er von uns an seinem Geburtstag gemacht hatte. Er übergab mir den Briefumschlag und ging gleich wieder. Ich öffnete den Umschlag neugierig und schaute mir die Fotos an. Es waren die üblichen Geburtstagsaufnahmen mit Gästen und einer Geburtstagstorte. An einem Foto blieb mein Blick allerdings hängen. Mir verschlug es den Atem, als ich es sah. Martin und ich saßen nebeneinander. In seinem Gesicht sah man ein fröhliches Lachen. Ich spürte, wie mir Tränen in die Augen schossen, als ich in mein Gesicht schaute. Mich überkam eine nie dagewesene Traurigkeit. Man sagt, dass Fotos das Spiegelbild der Seele zeigen. In diesem Fall bestätigte sich diese Aussage. Die Person hatte keine Ähnlichkeit mit mir. Meine blauen Mandelaugen, für die ich früher öfter Komplimente erhalten hatte, waren sehr klein und die Augenfarbe nicht blau, sondern dunkel. Meine Nase war viel zu groß für das völlig abgemagerte Gesicht. Obwohl ich meine Unreinheiten und die großen, eitrigen Pusteln mit dickem Make-up überschminkte, konnte man sie sehr gut sehen. Ich glich einem hässlichen Tier, um genauer zu sein: einer Schlange. Deshalb bekam ich einen Weinkrampf.

Ich schrie nach Hilfe und rief: »Lieber Gott, hilf mir, oder mach endlich Schluss mit mir!« Es dauerte eine Weile, bis ich mich beruhigt hatte. Mein bitterliches Flehen nach Hilfe wurde von niemandem gehört. Mir wurde bewusst, dass etwas Schreckliches und Böses mit mir geschah. Ich erinnerte mich an Johannas Worte, dass mir außer ihr niemand helfen könne. Ich war eine Gefangene im Kreis des Bösen. Ich verbrannte das Foto. Heute bedauere ich, es vernichtet zu haben.

Die Weihnachtsfeiertage verliefen sehr ruhig. Martin wurde, wie sonst auch immer, von meiner Mutter vergöttert. Sie las ihm jeden Wunsch von den Augen ab. Wir unterhielten uns über Belanglosigkeiten. Ich hatte nicht vor, über meine Probleme zu reden. Martin spielte den perfekten Schwiegersohn und Ehemann, trank wenig und war mit seiner Wortwahl sehr vorsichtig, um niemanden zu verletzen. So begrüßten wir alle miteinander das neue Jahr 1990. Patrick und seine Familie waren auch dabei. Ich sah, dass sich Martin, so oft es ging, mit seiner Schwester Dorota unterhielt. Wenn jemand in ihre Nähe kam, wurde die Unterhaltung sofort unterbrochen. Es war kaum zu übersehen, dass es keine belanglosen Gespräche waren, weil beide sehr vertieft waren. Nach einiger Zeit wurde mir die Situation zu dumm. Während sie sich so anregend unterhielten, platzte ich hinein und sagte: »Lasst euch von mir nicht stören, ihr könnt euch weiter eure Geheimnisse anvertrauen.« Erschrocken schauten mich beide an und lachten. Es war dieses typische, gekünstelte Lachen, wenn man bei einer unangenehmen Sache ertappt wird und nicht weiß, was man sagen soll.

Mir wurde immer bewusster, dass diese Familie ein Clan war,

bestehend aus Geheimnissen und Bösartigkeiten. Nach meiner Zurechtweisung waren beide vorsichtiger. Noch mehr als sonst hatte ich das Gefühl, Johanna anrufen zu müssen und sie um Rat zu fragen. Es wunderte mich, dass meine Mutter, die sonst immer alles gesehen hatte, mich nicht auf mein schlechtes Aussehen ansprach. Anscheinend hatte keiner den Mut, mit mir darüber zu reden.

MARTINS REAKTION AUF MEINE ATEMNOT

Mein Gesundheitszustand verschlimmerte sich weiter. Jetzt kam hinzu, dass ich nachts sehr schlecht Luft bekam. Es wurde so schlimm, dass ich mehrmals aufwachte, um nach Luft zu ringen. Ich war schweißgebadet. Oft glaubte ich, ersticken zu müssen. Obwohl Martin neben mir schlief, wachte er nicht davon auf. Anfangs dachte ich, dass sein tiefer Schlaf ihn daran hinderte. Es dauerte einige Wochen, bis ich merkte, dass ich mich geirrt hatte. Eines Nachts, als ich wieder nach Luft rang, drehte ich mich zu Martin um und sah, dass er mich beobachtete. Ich sah in seine Augen. Plötzlich schloss er sie und gab vor, tief und fest zu schlafen. Ich folgte meinem Gefühl, das mir sagte, dass ich meinen Mann auf diesen Vorfall nicht ansprechen sollte.

Ich machte erneut einen Termin bei Dr. Birnbaum. Meine letzten Blutuntersuchungen waren einwandfrei. Ich erzählte ihm von meiner nächtlichen Atemnot. Nachdem er mich angehört hatte, empfahl er mir, meine Schilddrüse in einer nahegelegenen Klinik untersuchen zu lassen. Auch dieses Mal machte er sofort einen Termin für mich aus. Danach ließ er Martin ins Sprechzimmer kommen. Er bat ihn, mich in die Klinik zu fahren. Für diesen Tag bekam mein Mann einen Tag Urlaub. Er sah seinen Chef sehr besorgt an und fragte nach meinen Werten. Dr. Birnbaum erklärte es ihm in kurzen Sätzen. Ich bemerkte, dass er Martins Besorgnis um mich nicht ernst nahm.

Wir fuhren in die Klinik. Martin sprach mit dem Chefarzt. Daraufhin schilderte ich ihm meine Situation. Meine Schilddrüse wurde untersucht. Sie war nur minimal vergrößert und demnach nicht der Grund für meine Atemnot. Der Arzt verschrieb mir leichte Medikamente für die Schilddrüse.

Maria hatte vor, mit ihrem Mann in eine andere Stadt zu ziehen. Ich war gezwungen, mir eine neue Haushaltshilfe zu suchen. Es dauerte nicht lange, und ich fand eine ältere Frau, die Lena hieß. Andrea und Alexander bedauerten es sehr, denn Maria war für sie wie eine ältere Schwester gewesen. Es gab auch hinterher keine andere, die wie Maria war. Später erinnerten sie sich an die vielen Spiele und Handarbeiten, die sie ihnen beigebracht hatte. Wenn sie Maria zu sehr geärgert hatten, sprach sie mit ihnen kein Wort. Auf diese Art und Weise wollte sie beide bestrafen. Um die Situation zu retten und sie wieder friedlich zu stimmen, entschuldigten sie sich bei ihr und überhäuften sie mit Süßigkeiten. Sie lachte, nahm die Entschuldigung an und brachte die Süßigkeiten wieder in den Schrank. Lena war eine sehr nette ältere Frau, die gut für die Kinder und den Haushalt sorgte.

Ohne dass Martin es wusste, bestand ich mein Grundstudium. Nach den Osterferien konnte ich mich auf mein Hauptstudium konzentrieren.

DIABOLISCHE HÄNDE

Meine Atemnot wurde nicht besser. Eines Nachts wachte ich wieder auf, aber etwas war anders. Mir war kalt, und ich spürte einen Druck auf meinem Hals, als ob jemand mich erwürgen wollte. Im ersten Moment dachte ich an Martin, aber als ich mich zur Seite drehte, sah ich ihn neben mir im Bett schlafen. Obwohl ich in der Dämmerung kaum etwas sehen konnte, spürte ich eine kalte Hand um meinen Hals. Ich hörte meinen eigenen Herzschlag. Ich hatte Todesangst. In diesem Moment dachte ich an Gott und bat ihn innig um Hilfe. Plötzlich ließ der Druck nach. Ich spürte, wie fünf Finger meinen Hals entlangfuhren. Sie waren eiskalt. Danach war der Spuk vorbei.

Es dauerte eine Weile, bis ich zu mir kam. Ich konnte keinen klaren Gedanken fassen. Immer wieder stellte ich mir die Frage, was das Ganze zu bedeuten hatte. Ich war die letzte Zeit oft mit unerklärlichen Phänomenen konfrontiert, und jetzt trachtete etwas nach meinem Leben. Ich musste mit meinen Äußerungen über diese Ereignisse sehr vorsichtig sein, um Martins Gerede vor den Leuten, ich sei nervlich am Ende, nicht zu bestätigen.

Ich erzählte Martin von meiner Atemnot und dass ich irgendetwas dagegen unternehmen müsse. Er lachte mich aus und meinte, dass ich mir das alles einbilden würde und nicht meinen Hals, sondern meinen Kopf behandeln lassen sollte.

Anfang März meldeten sich meine Schwiegereltern bei uns an. Sie waren auf der Durchreise zu Dorota und wollten uns bei dieser Gelegenheit besuchen. Ich war dagegen. Martin ließ nicht mit sich reden und bestand auf dem Besuch seiner Familie. Wie ich es vermutet hatte, brachte er sofort die Weihnachtsfeiertage bei meinen Eltern ins Spiel und meinte, dass ich seine Eltern genauso akzeptieren müsse wie er meine. Seine Eltern und sein Bruder Piotr mit Familie kamen Anfang März bei uns an. Sie blieben zwei Tage.

Seine Mutter bedauerte ununterbrochen meinen schlechten Gesundheitszustand. Sie redete ihn mir förmlich ein. Ohne ersichtlichen Grund wurde ich immer nervöser. Ich erinnerte mich an die Tochter meiner Cousine Susanne, die plötzlich sehr krank geworden war, nachdem meine Schwiegermutter immer wieder beteuert hatte, wie krank sie sei, obwohl es zu dieser Zeit keine Anzeichen dafür gab. Martins Familie führte sich auf, als ob ihnen das Haus gehöre. Seine Mutter schien bester Laune zu sein. Noch nie vorher hatte ich sie so fröhlich und zufrieden erlebt. Ich verstand das Ganze nicht, vor allem aber war mir ihre Wesensveränderung schleierhaft. Mir gegenüber war sie so freundlich wie nie zuvor. Kamila, Piotrs Frau, äußerte sich wenig. Ich war froh, als alle unser Haus wieder verlassen hatten.

MARTINS VORBEREITETE INFUSION

Nach ihrer Abfahrt ging es mir genauso schlecht wie beim letzten Mal. Ich musste mich ausruhen. Wie damals brachte Martin auch an diesem Tag eine vorbereitete Infusion von der Arbeit mit. Ich hatte hohes Fieber, und jede Stelle meines Körpers schmerzte dermaßen, dass ich mich nicht gegen eine Infusion wehrte. Nach kurzer Zeit ging es mir besser, und ich spürte keine Schmerzen mehr. Es war anders als die letzten Male. Ich lag wie im Halbschlaf da, ohne mich bewegen zu können. Mein Mann kam nur kurz herein, schaute mich zufrieden an und hängte die Infusion ab. Danach verließ er wortlos den Raum. Mir fiel auf, dass ich die Geräusche um mich herum viel intensiver hörte und das Licht von draußen in meinen Augen weh tat. Nach kurzer Zeit kam Martin noch einmal herein, zog seinen Anzug an, dazu ein weißes Hemd und eine Krawatte.

Gegen 3 Uhr nachts konnte ich aufstehen und ins Bad gehen. Martin war nicht zu Hause. Mein Mund war trocken und meine Kleidung vom Schwitzen durchnässt. Nachdem ich mein Gesicht mit kaltem Wasser gewaschen und mich umgezogen hatte, ging ich in die Küche, um mir eine Tasse Tee zu machen. Mein Mann kam gegen 5 Uhr früh nach Hause. Er roch nach Zigaretten, Alkohol und Frauenparfüm. Ich stellte mich schlafend.

Am Abend sprach ich ihn darauf an; seine Antwort war: »Ich musste an einer Ärzteversammlung teilnehmen. Es hat länger gedauert, als ich dachte. Ich war erst gegen 2 Uhr zurück.« Es war eine unverschämte Lüge, und ich hatte seit längerer Zeit den Verdacht, dass er eine Geliebte hatte. Damals wusste ich noch nicht, dass er mich mit mehreren Frauen gleichzeitig betrog.

Am nächsten Tag wollte ich ein Glas Marmelade in den Schrank stellen. Plötzlich entglitt es meiner Hand, drehte sich zweimal in der Luft und fiel mit voller Wucht auf den Boden. Ich wurde zornig, hatte aber gleichzeitig große Angst. Überall lagen Scherben. Ich ließ alles liegen und ging ins Schlafzimmer.

Ich ging die Treppe hoch, als in meinem Kopf plötzlich eine Stimme sagte: »Stürze dich aus dem Fenster, dann bist du alle Sorgen los!« Die Stimme wurde immer lauter. Allmählich gewann sie Macht über mich. Anstatt ins Schlafzimmer zu gehen, wie ich es vorhatte, ging ich ein Stockwerk höher und stand plötzlich am Giebelfenster des Dachbodens. Ich öffnete es, die Stimme beherrschte meinen ganzen Kopf. Als ich im Begriff war, dem Befehl zu folgen, sah ich plötzlich Andrea und Alexander vor mir. In diesem Moment wurde mir klar, dass sie ohne mich und meinen Schutz verloren wären. Mit letzter Kraft stieß ich mich vom Fenster weg. Danach wurde es schwarz vor meinen Augen. Nach zwei Stunden kam ich zu mir. Ich versuchte, mich zu erinnern, was geschehen war. Meine Hilflosigkeit machte mich wütend. Damals schwor ich mir, uns zu retten und gegen alle Widrigkeiten anzukämpfen. Vor allem aber musste ich meine beiden Kinder beschützen. Langsam stand ich auf, schloss das Fenster und ging ins Schlafzimmer, um mich umzuziehen.

Danach räumte ich die Küche auf und setzte mich ans Klavier. An diesem Tag fasste ich den Entschluss, noch im selben Jahr in der Osterzeit nach Medjugorje zu fahren. Mittlerweile war es ein bekannter Wallfahrtsort in Bosnien-Herzegowina. An den Bürgerkrieg, der dort ausgebrochen war, dachte ich nicht. Ich ging mit meiner Familie seit Längerem sonntags in die Kirche, fühlte mich aber oft sehr müde und krank, nachdem ich sie betreten hatte. Oft bekam ich plötzlich heftige Magenschmerzen und begann, zu schwitzen. Martin war mein schlechter Zustand nicht entgangen, sodass er jedes Mal sagte: »Was ist mit dir, du siehst so schlecht aus. Dir geht es bestimmt nicht gut, oder?« Er machte sich lustig über mich; seine Freude war offensichtlich. Es schien, als ob seine Worte meinen schlechten Zustand verstärkten. Noch am selben Abend sprach ich mit ihm über mein Vorhaben, nach Medjugorje zu fahren. Er stimmte sofort zu, warnte mich jedoch vor dem Bürgerkrieg. Während dieser Zeit sollten unsere Kinder bei meinen Eltern bleiben.

Ende März, kurz vor Ostern, war es so weit. Wir fuhren alle zu meinen Eltern. Ich war sehr entkräftet, hatte Schmerzen und seit Kurzem enormen Haarausfall. Meine Mutter war gegen diese Wallfahrt und erinnerte mich immer wieder an den Bürgerkrieg und die damit verbundenen Gefahren. Aber mein Entschluss stand fest. Es war wie ein Zwang, dorthin zu fahren. Ich spürte intensiv wie nie zuvor, dass es meine letzte Fahrt sein könnte. Was ich keinem verriet, war, dass ich seit einigen Wochen sicher war, noch in diesem Jahr zu sterben. Für mich war es keine Einbildung, sondern traurige Gewissheit.

Zwei Tage vor meiner Abreise kam mein jüngerer Bruder Valentin nach Hause. Als er davon erfuhr, sagte er: »Ich lasse dich nicht allein fahren und gehe mit dir mit.« Ich sah, wie schockiert meine Mutter war, und sagte zu ihr: »Vielleicht ist es meine letzte Fahrt.« Ich war selbst erstaunt über meine Worte, denn das, woran ich die letzte Zeit gedacht hatte, hatte ich zum ersten Mal laut ausgesprochen. Noch am selben Abend hörte ich ein Gespräch zwischen meiner Mutter und Martin. Sie bemerkten mich nicht.

Martin erzählte ihr, dass er sich große Sorgen um mich machen würde. In der letzten Zeit wäre ich sehr krank gewesen und niemand wüsste, was mir fehlte. Sogar für seinem Chef, Dr. Birnbaum, sei mein Zustand ein Rätsel. Meine Mutter fragte ihn, wie es dazu kommen konnte, dass ich mich so verändert habe. Er antwortete fast weinerlich, dass ich mich mit meinem Studium übernommen hätte und er es mir nicht ausreden konnte. Danach sprach sie ihn auf unsere Situation in der Ehe an; noch bevor er antwortete, hörte ich Schritte, sodass ich mich entfernte.

Am nächsten Tag rief ich Tante Irmgard an. Sie erzählte mir, dass Johanna wieder bei ihr sei, und wenn ich wollte, könne ich mit ihr reden. Ich war sehr froh, Johannas Stimme zu hören. Ich erzählte ihr, dass ich am folgenden Tag mit meinem jüngeren Bruder nach Medjugorje fahren und ich mich gern mit ihr treffen würde. Sie sagte, dass sie noch längere Zeit bei meiner Tante bleiben würde und wir uns nach meiner Rückkehr aus Medjugorje treffen könnten. Aber sie versprach, am nächsten Tag zu kommen, um sich von uns zu verabschieden.

WIEDERSEHEN MIT JOHANNA

Am Morgen packte ich meine Sachen. Während wir frühstückten, kamen Tante Irmgard und Johanna. Ich fiel Johanna weinend in die Arme. Sie drückte mich an sich und flüsterte mir leise ins Ohr: »Alles wird gut, ich werde dir helfen. Aber wir müssen uns, wenn du zurückkommst, sehen.« Während sie mich festhielt, spürte ich eine innere Erleichterung; ich glaubte ihr. Sie gab mir Zuversicht und einen Funken Hoffnung. Bereits damals spürte ich eine unerklärliche Macht, die von ihr ausging. Noch wusste ich nicht, was es war.

Meine Mutter veranstaltete wegen unseres Reiseproviants eine ziemliche Hektik. Während ich mit Johanna die Treppe hinunterging, stieß mich Martin an und sagte mit zorniger Stimme: »Geh endlich zu deiner Wallfahrt, doch die wird dir auch nicht viel nutzen!« Seine Worte und die Art und Weise, wie er es sagte, erstaunten mich. Ich dachte aber nicht weiter darüber nach. Wir verabschiedeten uns von allen. Unsere Mutter ermahnte meinen Bruder und mich noch einmal zur Vorsicht.

PILGERFAHRT NACH MEDJUGORJE

Weil es eine Pilgerfahrt war, trafen wir uns mit den anderen Reisenden am Flughafen in Hamburg. Wir flogen mit dreißig Personen nach Split. Weiter ging es mit einem Reisebus. Unterwegs erzählte uns der Reiseführer, dass Medjugorje bisher vom Bürgerkrieg verschont geblieben sei, obwohl die Ortschaften in der Nähe völlig zerstört worden waren. Ich hielt es kaum für möglich. An einigen Stellen lag noch Schnee. Es war viel kälter als in Deutschland. Endlich kamen wir im Hotel an, einer kleinen

Pension, die erst kürzlich erbaut worden war. Bei der Begrüßung erfuhren wir, dass die Heizung erst später eingebaut werden sollte. Mein Bruder und ich bekamen ein Eckzimmer mit zwei Betten. Es war sehr kalt und ungemütlich. Plötzlich klopfte es an die Tür, und unser Reiseleiter stand mit einem elektrischen Heizkörper auf der Schwelle. Wir waren sehr froh darüber. Bald wurde es wärmer im Raum, und wir konnten endlich, erschöpft von der Reise, einschlafen. Mich quälte immer wieder der Gedanke, ob ich meinen Mann verlassen sollte. Doch was würde dann aus mir und den Kindern werden?

EIN WUNDERSCHÖNER TRAUM

In dieser Nacht träumte ich, ich säße im Inneren einer Kirche auf einer Bank. Ich war ganz allein. Vorn über dem Altar hing ein großes Kreuz. Plötzlich spürte ich, wie eine unerklärliche Kraft mich dazu zwang, die Kirche zu verlassen. Die Eingangstür wurde aufgerissen, und vor mir stand Martin. Er trug einen schwarzen Anzug, ein weißes Hemd und eine dunkelblaue Krawatte. Er lächelte. Plötzlich wurde es sehr hell, aber es blendete mich nicht. In diesem Licht schwebte eine Frauengestalt. Sie sah in meine Richtung. Ihre Hände waren ausgebreitet, sie war wunderschön. Ich empfand eine bis dahin nie da gewesene Ruhe und Zufriedenheit. In diesem Moment wachte ich auf. Ich war völlig durcheinander, aber auch glücklich. Bis zum Morgengrauen überlegte ich, was dieser Traum wohl zu bedeuten habe.

Nach dem Frühstück gingen wir alle zum Gottesdienst. Auf dem Weg dahin sah ich einen jungen Mann auf einer Bank sitzen. Er hatte dunkles, langes Haar und strahlend blaue Augen.

Er war Anfang zwanzig und hatte ein außergewöhnlich schönes, leuchtendes Gesicht.

EINE UNGEWÖHNLICHE GESCHICHTE

Wie ich später erfuhr, hatte dieser junge Mann eine Vorgeschichte. Mit zwölf Jahren war er adoptiert worden. Er war als Dieb bekannt. Mit dreizehn Jahren besuchte er mit seinen Adoptiveltern das erste Mal Medjugorje. Kurze Zeit später verließ er seine neue Familie und kehrte zu seinem vorherigen Leben zurück. Danach verfiel er dem Alkohol und wurde drogenabhängig. Zwei Jahre später besuchte er seine Adoptiveltern, nachdem er einige Monate zuvor wegen Raubüberfall im Gefängnis gesessen hatte. Er wurde von ihnen wieder aufgenommen. In dieser Zeit holte er seinen Schulabschluss nach. Seine Sucht wurde erfolgreich behandelt. Mit achtzehn Jahren kam er allein nach Medjugorje.

Später erzählte er, dass er den Drang verspürte, den Ort aufzusuchen, über den er sich früher lustig gemacht hatte.

In diesem Ort gibt es einen Berg, Kalvarienberg genannt, auf dem ein großes Kreuz errichtet wurde. Jeder, der Medjugorje besucht, geht diesen Berg betend hinauf, so auch der junge Mann. Oben auf dem Berg angekommen, blieb er dort die ganze Nacht. Gegen 2 Uhr nachts wurde es plötzlich sehr hell. Die Erde wurde wie vom Erdbeben geschüttelt, und das große Kreuz brannte lichterloh. Um nicht abzustürzen, hielt er sich an dem brennenden Kreuz fest. Das Ganze dauerte einige Minuten; danach wurde es still. Er sah sich um, und zu seinem Erstaunen war weder von dem Erdbeben etwas zu spüren noch vom brennenden Kreuz etwas zu sehen. Es sah alles wieder wie vorher aus. In dieser Sekunde wusste er, dass er Priester werden würde.

Der Morgen, an dem ich ihn gesehen hatte, war sein Abschied von dem Ort, bevor er den Dienst in der Kirche antreten sollte. Anfangs dachte ich, dass diese Geschichte ein Märchen sei, bis zu dem Tag, an dem ich ihn persönlich kennenlernen durfte. Seine leuchtenden Augen und seine Ausstrahlung sind mir bis heute in Erinnerung. Zeitweise war ich von seiner Darstellung fasziniert, dann wieder beneidete ich ihn um seine ruhige Art, mit der er sie schilderte, die Ruhe, die ich seit Langem nicht mehr kannte.

Medjugorje war ein Ort des Friedens mitten im Bürgerkrieg, hauptsächlich bestehend aus provisorisch errichteten Zelten, in denen die Gottesdienste stattfanden. In einem der Zelte nahmen wir am ersten Tag am Gottesdienst teil. Es war dermaßen von Menschen überfüllt, dass wir stehen mussten. Es dauerte nicht lange, und ich bekam heftige Bauchschmerzen. Mein Bauch wurde immer dicker. Der Umfang glich einer schwangeren Frau im neunten Monat. Meine Beine schmerzten, und ich war sehr erschöpft.

DIE BEGEBENHEIT IM ZELT

Ich überlegte, wie lange ich das noch aushalten würde, als plötzlich eine alte Frau von ihrem Platz aufstand, meine Hand nahm und mir ihren Sitzplatz anbot. Daraufhin sagte ich, völlig überrascht, zu ihr, dass ich stehen bleiben wolle. Sie war immerhin viel älter als ich. Noch bevor ich etwas sagen konnte, sagte sie: »Setzen Sie sich, Sie brauchen den Platz dringender als ich.« Dankbar folgte ich ihrer Aufforderung. Als mir später klar wurde, was da passiert war, stellte ich mir vor, wie erschöpft und krank ich auf meine Mitmenschen wirken musste, wenn mir eine ältere Frau den Sitzplatz überlassen hatte.

Mein Zustand verschlimmerte sich in den nächsten Tagen zusehends, und mein dicker Bauch schmerzte. Das Ganze erinnerte mich an Wehen. Besonders schlimm wurde es, wenn ich am Gottesdienst teilnahm. Mein Bruder machte sich Sorgen um mich. Er war mein ständiger Begleiter, und ich war froh und dankbar, ihn dabei zu haben.

Zwei Tage vor unserem Rückflug weigerte ich mich, am Gottesdienst teilzunehmen. Mein Bruder ließ jedoch nicht locker, und so ging ich mit. Im Zelt überkam mich plötzlich ein unbeschreiblicher Zorn. In meinem Kopf schrie es: »Was tust du hier, du gehörst nicht hierher!« Es war wie damals, als mir eine innere Stimme befahl, mich aus dem Fenster zu stürzen. Danach verließ ich den Gottesdienst. Das Letzte, was wir besichtigten, war der Kalvarienberg. Oben angekommen, setzte ich mich vor das große Kreuz, um mich auszuruhen. Plötzlich überkam mich ein Gefühl von tiefer Traurigkeit. Ich fing an, zu weinen. Es war der Schmerz der vergangenen Jahre, den ich in meiner Ehe erfahren hatte. Mein Bruder saß mit Tränen in den Augen wortlos neben mir. An diesem Ort schwor ich mir, alles zu tun, um mich und meine Kinder zu retten. Danach nahm ich mir vor, die Beichte abzulegen. Ich bat meinen Bruder, mich eine Weile allein zu lassen. Ich bat Gott, mir zu helfen und mich einen Ausweg finden zu lassen.

MEINE BEICHTE

Ich ging zur Kirche. An der Eingangstür sah ich einen jungen Priester, der gerade gehen wollte. Auf meine Bitte hin war er sofort einverstanden, mir die Beichte abzunehmen. Es war das erste Mal, dass ich über meine Eheprobleme und über meinen alkoholsüchtigen Ehemann sprach, aber auch über die unerklärlichen Ereignisse, die sich immer wieder in unserem Haus abspielten. Er hörte mir geduldig zu. Nachdem ich mir alles von der Seele geredet hatte, wurde es plötzlich sehr still. Ohne etwas zu sagen, schaute er mich eine ganze Weile an. Danach fragte er mich nach Martins Familie, vor allem nach Martins Mutter.

Ich erzählte ihm, was vor der Geburt von Andrea passiert war, wie meine Schwiegermutter die Faust erhoben und ich plötzlich Wehen verspürt hatte. Sein Gesicht wurde sehr ernst, als er sagte: »Es steht nirgendwo geschrieben, dass eine Ehe mit einem gewalttätigen Alkoholiker aufrechterhalten werden muss.« Zu meiner Schwiegermutter äußerte er sich nicht. Zum Schluss sagte er: »Es kommt die Zeit, in der du deine Entscheidung treffen wirst.« Sein letzter Satz überraschte mich sehr, vor allem der Unterton und die Bestimmtheit, mit der er es sagte. Er erzählte mir nichts Neues, und wäre da nicht sein letzter Satz gewesen, hätte die Beichte wahrscheinlich eine andere Bedeutung für mich gehabt. Was besonders positiv auf mich wirkte, war, dass er mich duzte.

Auf dem Weg zurück ins Hotel sah ich anscheinend dermaßen nachdenklich aus, dass mich einige aus der Reisegruppe fragten, ob ich einen Geist gesehen hätte.

KAPITEL 10:
FORTSETZUNG MEDJUGORJE

VALENTINS BESORGNIS ÜBER MEINEN ZUSTAND

Als ich das Hotelzimmer betrat, sah ich meinen Bruder am Tisch sitzen. Er war dermaßen in Gedanken vertieft, dass er mich nicht gehört hatte. Er starrte vor sich hin. Ich fragte, was los sei, er schaute mich an und fragte: »Was ist mit dir passiert?« Ich war ein wenig verwirrt, denn die Reaktion der Mitreisenden bei meinem Anblick war ähnlich der meines Bruders. Nach meiner Frage, was er meinen würde, sagte er: »Schau dich doch an, wie blass du bist.« Ich gab ihm keine Antwort, erschrak jedoch, als ich mich im Spiegel sah. Mein Gesicht war sehr blass, und ich hatte dunkle Ringe unter den Augen. Mein Gefühl sagte mir, dass es etwas mit meiner Beichte zu tun haben könnte, die ich zuvor abgelegt hatte. Ich setzte mich zu ihm, und wir unterhielten uns das erste Mal über meine Probleme. Ich merkte schnell, dass er sich nicht traute, mir Ratschläge zu geben, er war jedoch ein guter Zuhörer. Ich war sehr froh, dass er sich bereit erklärt hatte, mich zu begleiten, was ich ihm auch sagte. Ich fühlte mich sicherer, wenn er in meiner Nähe war.

BOMBENANGRIFF UM MEDJUGORJE

Eines Nachts hörten wir plötzlich einen sehr lauten Knall. Wir wachten auf und liefen zum Fenster, um nachzusehen, was passiert war. Es wurde immer lauter und unheimlicher. Uns wurde sehr schnell klar, dass es Granatengeräusche waren. An manchen Stellen wurde der Himmel heller, und immer wieder war ein lauter Knall zu hören. Ich hatte das erste Mal in meinem Leben Todesangst. Das ging die ganze Nacht so. Erst am frühen Morgen hörte die Bombardierung auf. Mein Bruder und ich waren vor Angst völlig verschwitzt. Wir saßen die ganze Nacht am Fenster und beteten, dass uns der Krieg nicht erreichen möge. Am nächsten Tag erfuhren wir von unserem Reiseleiter, dass es die schlimmste Nacht des Bürgerkrieges gewesen und die Stadt, nicht weit von Medjugorje, völlig zerstört worden sei. Wie durch ein Wunder war keine Granate auf den Wallfahrtsort gefallen.

ENDLICH WIEDER ZU HAUSE

Unsere Pilgerfahrt war zu Ende. Bereits auf der Rückfahrt hatte ich das Gefühl, mich unbedingt mit Johanna unterhalten zu müssen. Alle waren sehr froh, uns zu sehen, vor allem aber Andrea und Alexander. Sie hatten ihre Mama wieder für sich. Am Abend unterhielten wir uns über den Wallfahrtsort und unsere Erlebnisse. Unsere Eltern erzählten uns, dass sie, nachdem sie im Fernsehen von der Bombardierung erfahren hatten, keine ruhige Minute mehr hatten und hofften, dass uns nichts passiert war. Mein Beichterlebnis behielt ich für mich.

Am nächsten Tag wachte ich gegen Mittag auf. Nachdem ich aufgestanden war, verspürte ich ein sehr starkes Bedürfnis, mit Johanna zu sprechen. Ich machte mich fertig und ging in die Wohnung meiner Eltern. Mich hörte niemand. Noch bevor ich die Küche betreten hatte, hörte ich eine Unterhaltung zwischen Valentin und meiner Mutter. Es ging um mich. Ich blieb an der Türschwelle stehen und lauschte. Er erzählte ihr von meinen Schmerzen und auch davon, dass bereits beim Betreten der Kirche mein Bauch immer dicker geworden sei. Er meinte, dass ich oft sehr blass ausgesehen und dunkle Ringe unter den Augen hatte. Danach beteuerte er, dass er, wenn er das nicht selbst gesehen hätte, es nicht geglaubt hätte. Er vermutete, dass mit mir etwas Schreckliches und Unerklärliches geschah, und sagte, dass er Angst um mich habe, aber nicht nur um mich, sondern auch vor mir und meinem Gesichtsausdruck. Meine Mutter hörte ihm zu, äußerte sich jedoch nicht dazu. Sie hatte mal wieder keine eigene Meinung. Als das Thema gewechselt wurde, betrat ich die Küche.

Nach kurzer Zeit gesellte sich mein Vater zu uns. Weil uns nur noch wenige Tage bis zur Rückfahrt blieben, sagte ich, dass ich mich gern mit Johanna treffen würde. Meine Mutter schaute mich verwundert an. Dann sagte sie, dass wir die wenigen Tage, die uns noch blieben, lieber miteinander verbringen sollten. Es war offensichtlich, dass sie gegen dieses Treffen war. Mein Vater, der sich bis dahin kaum geäußert hatte, erklärte sich sofort bereit, Johanna zu uns zu holen. Damals verstand ich noch nicht, weshalb meine Mutter eine Abneigung gegen Johanna hatte. Es stellte sich heraus, dass Johanna mich bereits erwartet hatte.

WIEDERSEHEN MIT JOHANNA

Wir schlossen uns in die Arme. Noch heute kann ich meine Freude über unser Wiedersehen nicht in Worte fassen. Damals spürte ich, dass sie meine letzte Rettung war. Nachdem ich uns eine Kleinigkeit zum Essen vorbereitet hatte, gingen wir in meine Wohnung, um uns ungestört unterhalten zu können.

Zuerst fragte sie mich nach meiner Gesundheit und wie es mir in Medjugorje ergangen sei. Ich hatte das Gefühl, dass sie über alles Bescheid wusste. Ich erzählte ihr alles, angefangen von den Geschehnissen in Polen, wie ich Martin kennengelernt und wie sich meine Schwiegermutter vor dem Silvesterabend aufgeführt hatte, danach über unsere Hochzeit, den gesamten Ärger, der damit verbunden war, und dass Martin immer wieder eine Entschuldigung für das unangebrachte Verhalten seiner Mutter fand. Ich erwähnte auch Martins Fotos, die während meiner ersten Schwangerschaft auf den Boden gefallen waren, die erhobene Faust seiner Mutter gegen mich und die darauf einsetzenden Frühwehen vor Andreas Geburt. Sie erfuhr außerdem etwas über die unerklärlichen Geschehnisse wie das Klavierspielen oder das ständige Öffnen und Schließen der Türen in unserem Haus und meinen schlechten Allgemeinzustand.

Als ich mit meinen Schilderungen abschloss, schaute sie mich an und sagte lächelnd: »Die Zeit ist gekommen, dass wir uns über deine Probleme unterhalten.« Danach sah sie mich seltsam an und sagte: »Du musst mir gut zuhören, denn du hast nicht mehr lange zu leben.«

Ich erschrak, wusste aber, dass sie recht hatte.

Damals wusste ich noch nicht, woher sie das Wissen und die Eingebung hatte, so viel über mein Leben zu wissen.

Sie sagte, dass ich zwei große Feinde in meinem Leben hätte:

meinen Mann Martin und seine Mutter. Von ihr erfuhr ich, dass ihre Familie bereits seit Generationen mit »schwarzer Magie« zu tun hatte. Sie hatten ihre Seele an den Teufel verkauft, um ein besseres Leben zu haben. Die Ursache dafür war seine Mutter. Bereits seit vielen Generationen waren sie und ihre Vorfahren mit dem Bösen im Bunde. Diese Personen, es waren vorwiegend die Erstgeborenen, erreichten zu ihren Lebzeiten alles, was sie sich wünschten, gute Berufe und Reichtum. In diesem Spiel war ich nur Mittel zum Zweck. Martin hatte mich geheiratet, um nach Deutschland ausreisen zu können. Ich sollte ihn unterstützen und ihm für seinen Erfolg den Weg frei machen. Seine Mutter, die seinen Werdegang ununterbrochen bewachte, half ihm auf ihre Weise. Um mich gefügig zu machen, brauchte sie meine Haare. Ich erinnerte mich, dass er bei seinem ersten Besuch in unserem Haus ein Büschel Haare von mir wollte und mir in den Arm biss. Drei Jahre nach unserer Hochzeit, während eines Besuchs in Martins Elternhaus, sah ich eine Puppe, die mir ähnelte. Auf ihrem Kopf war das Büschel meiner Haare deutlich zu erkennen. Meine Schwiegermutter bediente sich dieser Puppe, um mir weh zu tun. Es war eine Art Voodoo, den man aus fernen Ländern kennt. Man kann mit bestimmten Beschwörungen jemanden manipulieren und ihm verschiedene Krankheiten bringen. Die Bedingung dafür ist, dass die Puppe diesem Menschen ähnelt und zum Beispiel Haare oder Fingernägel von ihm hat.

Mein grenzenloses Verlangen nach Martin hatte erst begonnen, nachdem er meine Haare bekommen hatte. Meine Gedanken kreisten ununterbrochen um ihn. Nach dieser Erkenntnis wurde mir klar, dass mein Mann und die ganze Familie vor seiner Mutter nicht nur Angst hatten, sondern ihr hörig waren. Sie bestimmte Martins Leben und dessen Verlauf. Beide hatten den Wunsch, mich aus dem Weg zu räumen, nachdem mein

Mann seinen beruflichen Erfolg erreicht hatte. Den Part sollte seine Mutter übernehmen. Der Preis dafür war, dass er keine Freundschaften schließen durfte. Die Angeheirateten und alle Enkelkinder durften nicht als Familienmitglieder angesehen werden. Dieses »Privileg« genossen ausschließlich ihre eigenen Kinder. Um selbst nicht krank zu werden, durfte sie mit keinem in Frieden leben. Jedes Unwohlsein oder jede Krankheit besiegte sie mit plötzlichem, grundlosem Ärger. In solchen Fällen wurde ihr Gesicht weiß und ihre Nasenspitze rot, ein dämonisches Gesicht! Früher dachte ich, sie sei psychisch krank. Jetzt wusste ich, dass sie einen eigenen Dämon hatte. Gefährlich wurde es, wenn sie plötzlich freundlich wurde und sich als liebende Schwiegermutter zeigte. Erwiderte man diese Freundlichkeit, wurde man nach kurzer Zeit sehr krank oder fühlte sich so. Sie hingegen gewann mehr Kraft und Gesundheit. Sie war der Parasit, die anderen ihr Wirt. Wenn man ihre Freundlichkeit negierte und ihr gegenüber unfreundlich war, wurde sie selbst krank. Der Parasit konnte dann keine Kraft vom Wirt schöpfen und sich nicht entfalten. Um diesem Zustand entgegenzuwirken, wurde sie streitsüchtig und beleidigend. Ihr Gesicht nahm das dämonische Aussehen an. Sie war auch der Grund dafür, weshalb Andrea als Baby so unruhig war und sehr viel weinte. Als sie damals ihren Kopf in den Kinderwagen gesteckt hatte, wünschte sie ihr viel Leid. Damit versuchte sie, unsere Tochter für sich gefügig zu machen, was ihr anfangs auch gelang. Trotzdem wurde sie von Anfang an nicht als ihre Enkelin akzeptiert. Andrea bekam später einen ähnlichen Gesichtsausdruck wie meine Schwiegermutter. Mit der Zeit wurde dieser immer schwächer und im Jugendalter verlor sie ihn völlig. Später übte sie keine Macht mehr über unsere Tochter aus. Bereits damals fürchtete sie, dass Andrea aufgrund ihres starken Willens und Charakters später für sie gefährlich sein könnte.

Johanna warnte mich davor, von Martin weder Nahrungs-mittel noch Getränke anzunehmen, geschweige denn, mir eine Infusion von ihm verabreichen zu lassen. Ich erzählte ihr, dass er es bereits mehrere Male getan hatte. Sie sagte, dass es sehr starke Beruhigungsmittel waren, die er mit Drogen gemischt hatte. Für mich käme nur Morphium infrage. So wie ich mich nach jeder Infusion fühlte, glaubte ich Johanna. Ab sofort sollten weder ich noch unsere Kinder Autofahrten mit Martin unternehmen, auch wenn es nur kurze Strecken wären. Ich wollte den Grund dafür erfahren. Sie sagte, dass er vorhätte, uns alle umzubringen. Nun verstand ich auch, warum meine Schwiegereltern nicht wollten, dass ich von Martin schwanger wurde. In einer Ehe, die auf dieser Grundlage aufgebaut war, waren Kinder unerwünscht, denn es ist immer einfacher, nur die Ehepartnerin loszuwerden als die gesamte Familie.

Für einen Menschen wie meine Schwiegermutter gehört die Osterzeit zur wichtigsten Zeit des Jahres, besonders der Kar-freitag. Es ist der Tag, an dem Jesus gekreuzigt wurde und der Teufel die größte Macht im Jahr hat. Diese Zeit erstreckt sich von Karfreitag bis zur Auferstehungsmesse. Tatsächlich wollte Martin seine Eltern immer in der Osterzeit bei uns im Haus haben.

Ich fragte Johanna, was der böse Gesichtsausdruck mei-ner Schwiegermutter zu bedeuten hätte. Sie sagte, dass meine Schwiegermutter mich in diesem Moment verfluchte und mir das Schlimmste wünschte. Was es für Worte waren, wollte sie mir nicht verraten.

Martins Vater war kein schlechter Mensch, jedoch hatte meine Schwiegermutter ihn mit den Jahren gefügig gemacht. Auch er hatte Angst vor ihr. Um ihrer Wut aus dem Weg zu gehen, tat er alles, was sie wollte. In dieser Zeit war ich ihr Opfer, von dem sie Kraft schöpfte. Während ich immer schwächer wurde, gewannen Martin und seine Mutter immer mehr an Kraft. Johanna ermahnte mich, keine Krankheitsgefühle zu zeigen. Weil es keine natürliche Erkrankung war, sollte ich auch keine Medikamente einnehmen, denn diese würden meinen Zustand nur verschlimmern. Meinen schlechten gesundheitlichen Zustand in Medjugorje erklärte Johanna damit, dass der Dämon Orte, in denen viel gebetet wird, hassen würde. Weil ich bereits in dieser Zeit damit belastet war, kam es auf diese Weise zum Vorschein. In meinem Bauch tobte ein Vulkan, immer wieder spürte ich, wie mir etwas Schläge im Bauchraum versetzte. Ich spürte auch des Öfteren unbegründet eine plötzliche Wut und Unzufriedenheit. Ihr erzählte ich, dass ich an diesem Ort vor allem nachts oft Stimmen hörte, die mir sagten: »Fahr wieder nach Hause, was willst du hier? Verlass diesen Ort, du gehörst nicht hierher!« Es wurde mir bewusst, dass ich »besessen« war. Ich sollte weiterhin die unterwürfige Ehefrau spielen. Martin durfte nicht merken, dass ich von seinen Machenschaften mit seiner Mutter wusste. Weil er und seine Familie über mein Studium nicht besonders glücklich waren, sollte ich es bis zu dessen Abschluss nicht mehr erwähnen. Auf diese Art konnte ich mich in Ruhe auf meine letzten Prüfungen vorbereiten. Zum Schluss unterhielten wir uns über Kamila. Sie warnte mich vor ihr und meinte, dass sie eine falsche Schlange sei, die einerseits vorgebe, unter dieser Familie zu leiden, andererseits jedoch über alles Bescheid wisse und sich sehr gut mit unserer Schwiegermutter verstehe. Beide hätten eines gemeinsam, nämlich Neid und Missgunst.

Ich hatte keine Zweifel an Johannas Darstellung. Sie erklärte viele Situationen, die ich bisher nicht verstanden hatte. Ich war dankbar, dass ich in ihr meine beste Freundin und Begleiterin für die Zukunft gefunden hatte. Am Ende des Gesprächs wurde ich sehr nachdenklich. Im ersten Moment bedauerte ich meine Situation und auch mich selbst. Johanna merkte, was in mir vorging, nahm mich in die Arme und sagte: »Alles wird gut, aber du wirst sehr viel Kraft brauchen, um alles durchzustehen. Vergiss nicht, du wirst in deinem Leben noch sehr glücklich werden!« Ihre Worte gaben mir Trost und Zuversicht. Sie strahlte eine große Stärke und Gutmütigkeit aus. Jeder, der in ihrer Nähe war, fühlte sich zu ihr hingezogen. Heute weiß ich, dass sie vorbestimmt war, mich ein Stück meines Weges zu begleiten. Sie ist der Mensch, dem ich zu großem Dank verpflichtet bin. Ohne Johanna hätte ich diese Hölle nicht überlebt, und meine Kinder hätten keine Mutter mehr gehabt.

KAPITEL 11:
ZURÜCK AUS MEDJUGORJE

Am darauffolgenden Tag rief ich Martin an, um ihm mitzuteilen, dass er uns am Wochenende nicht abholen müsse. Mein Vater hatte sich bereit erklärt, uns zu fahren. Die verbleibenden Tage bei meinen Eltern waren sehr schön, eine Erholung für mich. Ich war von der Wallfahrt noch sehr erschöpft, sodass ich mich des Öfteren hinlegen musste, während die Kinder die Zeit mit meinen Eltern und Geschwistern verbrachten. Am Samstag, einem wunderschönen Frühlingstag, ging ich am Vormittag mit Andrea und Alexander spazieren. Unterwegs traf ich eine ehemalige Schulfreundin. Wir unterhielten uns über unsere Kinder und unser Leben. Im Gegensatz zu mir hatte sie nichts an Fröhlichkeit verloren.

Danach gingen wir am Waldrand spazieren. Wir genossen die frische Landluft und bewunderten die vor Kurzem erblühten Bäume. Ich fühlte, dass es der richtige Moment war, mit ihnen über ihren Vater und unsere Situation zu reden. Es lag mir sehr viel daran, zu erfahren, wie sie unser Leben einschätzten. Sie meinten, dass sie es kaum erwarten konnten, ihre Freunde zu sehen. Danach fragte ich, ob sie sich auch freuten, ihren Vater zu sehen. Einen Moment lang wurde es still, danach gab Alexander ein knappes Ja von sich, fügte aber mit leiser Stimme hinzu: »Aber Papa schlägt und beschimpft uns wieder.« Andrea meinte, sie hätte ihren Vater auch sehr gern, aber er würde so oft nach Schnaps stinken. Ich fragte nicht weiter, denn ich merkte, dass ihnen dieses Thema unangenehm war. Man konnte spüren, wie sehr beide unter dieser Situation litten. Es lag eine tiefe Traurigkeit in der Luft.

GESPRÄCH MIT MEINEM VATER

Am Sonntag verabschiedeten wir uns von der Familie. Es fiel mir sehr schwer, meine vertraute Umgebung verlassen zu müssen. Ein Grund dafür war mit Sicherheit Johanna. Nach dem Gespräch mit ihr bekam ich ein völlig anderes Bild von meinem Leben, vor allem von meinem Eheleben. Es wurde mir bewusst, dass ich mit etwas anderem zu tun hatte, als ich es mir jemals hätte vorstellen können. Unterwegs nach Bad Abbach hatte ich Gelegenheit, mich allein mit meinem Vater zu unterhalten. Ich sprach von Martins Alkoholproblemen und seiner Aggressivität. Er hatte Tränen in den Augen. Als ich fertig war, sagte er, ich solle die Situation mit Martin und seiner Mutter zu Ende bringen.

Zu meinem Erstaunen merkte ich, dass er über Martins Familie Bescheid wusste. Es war das erste Mal, dass wir uns darüber so ausführlich unterhielten. Er schätzte meine Situation richtig ein. Meine Mutter dagegen zeigte eine Gleichgültigkeit, die mich sehr traurig machte. Es war unmöglich, mit ihr darüber zu reden. Aber ich hatte noch Johanna. Damals verstand ich nicht, warum meine Mutter, im Gegensatz zu meinem Vater, gegen sie war. Wir kamen am Abend zu Hause an. Mein Mann freute sich sichtlich, uns zu sehen. Auch mein Vater wurde von ihm sehr herzlich begrüßt. Wir verbrachten einen schönen Abend zusammen. Martin gab sich große Mühe, meinem Vater zu gefallen. Am nächsten Tag ging alles seinen gewohnten Gang. Mein Vater fuhr wieder nach Hause, Martin ging zur Arbeit. Ich brachte unsere Kinder in den Kindergarten. Danach fing ich an, unser Haus aufzuräumen, zuerst das Wohnzimmer, danach die Küche.

ES PASSIERT WIEDER

Als ich im Wohnzimmer war, hörte ich plötzlich, wie die Eingangstür aufging und geschlossen wurde. Im Eingangsflur waren Schritte zu hören. Ich war im Begriff, nach Martin zu rufen, weil ich dachte, er hätte etwas vergessen. In diesem Moment erinnerte ich mich an Johannas Worte: Wenn ich etwas Außergewöhnliches hören würde, sollte ich der Sache keine Beachtung schenken und so tun, als ob nichts sei. Nun, dachte ich, wenn es mein Mann ist, so würde er sich melden oder nach mir rufen. Aber es geschah nichts dergleichen. Es wurde wieder still, sehr still, sodass ich meinen eigenen Atem hören konnte. Ich empfand eine Kälte im Raum. Plötzlich hörte ich Schritte auf der Treppe und eine Männerstimme, die meinen Namen rief: »Anna!« Ich gab keine Antwort, dann rief es nach kurzer Zeit erneut: »Anna!« Ich hatte Angst, und es wurde noch kälter. Ich fror am ganzen Körper. Mich überkam der Gedanke, dass diese Männerstimme zu der Erscheinung ohne Kopf gehörte, die ich damals auf der Treppe gesehen hatte. Also musste es ein Mann sein, der jetzt durchs Haus spukte.

Weil ich von Johanna wusste, dass Martin und meine Schwiegermutter irgendetwas damit zu tun hatten, nahm ich mir vor, der Sache auf den Grund zu gehen. Es dauerte eine Weile, und ich dachte schon, es sei vorbei, als plötzlich mein Klavier im Obergeschoss zu spielen anfing. Es war ein Draufschlagen auf die Tastatur. Am liebsten hätte ich geschrien und dem Ganzen ein Ende gesetzt, aber meine Angst war größer als mein Mut. Ich weiß nicht, wie lange es gedauert hat, bis es plötzlich still wurde. Der ungebetene Gast hatte seine Vorstellung beendet.

Völlig erschöpft, setzte ich mich auf die Couch und schlief ein. Ich träumte von Sabina und Martin. Beide saßen am Küchentisch im Haus meiner Schwiegereltern. Sie unterhielten sich sehr angeregt und lachten. Ich konnte jedoch nicht verstehen, was sie sagten. Auf einmal wurde das Gesicht meiner Schwiegermutter sehr blass und ihre Augen schwarz. Sie drehte sich um und fixierte mich. Es war unheimlich. Mich überkam eine Schwäche, so, als ob sie mir meine Energie entziehen würde. Ich zitterte am ganzen Körper und wachte schweißgebadet auf.

In meinem Kopf war es sehr laut, wie in einer Maschinenfabrik. Um mich herum drehte sich alles. Es dauerte eine Weile, bis ich aufstehen konnte. Der Traum ließ mich nicht los. Es war offensichtlich, was hier geschah. Ich nahm mir vor, Johanna anzurufen.

Noch am selben Tag rief ich unsere neue Haushälterin an. Ich machte einen Wochenplan für sie. Mein Semester hatte wieder angefangen, und es wurde Zeit, mich auf meine bevorstehenden Prüfungen vorzubereiten. Weil Martin nichts davon merken durfte, legte ich meine Vorlesungen größtenteils auf den Vormittag. Mit der Zeit hatte sich die Situation so gut eingespielt, dass er tatsächlich nichts von meiner Abwesenheit mitbekam. Es gab eine Sache, die mich anwiderte. Es war das Üben von Klavierstücken auf meinem Klavier. Ich musste ständig daran denken, dass ein böser Geist die Klaviertasten berührte, auf denen ich spielen musste. Einige Tage nach dem Vorfall rief ich Johanna an.

Ich erzählte ihr, was passiert war, und ihre erste Frage lautete: »Hast du nach ihm gerufen oder ihn irgendetwas gefragt?« Als ich dies verneinte, sagte sie: »Gott sei Dank!« Sie meinte, dass ich ohnehin keine Antwort erhalten hätte, ihn aber damit eingeladen hätte, mit uns zu leben. Dadurch wären nicht nur ich, sondern auch die Kinder in Gefahr. Zuerst verstand ich es nicht und fragte sie, was sie damit meinte. Sie antwortete: »Er würde sehr schnell Besitz von Alexander und Andrea ergreifen.« Ihre

Worte beunruhigten mich. Ich hatte Angst um unsere Kinder. In so einem Fall würde der böse Geist die Oberhand über den eigenen Verstand gewinnen und an der Kraft und Gesundheit des Körpers zerren. Klarer ausgedrückt: Der Mensch wird krank und schwach. Sein Aussehen, vor allem die Gesichtszüge und Augen, verändern sich. Der Betroffene wird ausgezehrt und verliert sehr stark an Gewicht.

Das alles passierte seit längerer Zeit mit mir. Ich erinnerte mich daran, dass ich anfangs nach ihm gerufen hatte Das war der Beginn. In den nächsten Wochen war es mir immer schlechter gegangen.

ALEXANDERS ANGST

Alexander wurde ängstlicher und unruhiger. Ich merkte, dass er Angst um mich hatte, als ob er spürte, dass mit mir etwas Schreckliches vor sich ging. Wenn ich zu Hause war und er nicht wusste, wo ich mich aufhielt, lief er durchs ganze Haus, suchte mich und rief ständig nach mir. Wenn ich mich nicht sofort meldete, fing er an, zu weinen. Sofort rief ich nach ihm. Sobald er mich sah, sagte er: »Da bist du, ich habe mir solche Sorgen um dich gemacht!« Danach lachte er und umarmte mich. Solche Situationen passierten immer wieder.

Martin versuchte mir des Öfteren, eine Infusion zu verabreichen, um meine Schmerzen zu lindern. Ich ließ es jedoch nicht mehr zu.

NIEDERLASSUNGSSPERRE FÜR ÄRZTE

Seit einiger Zeit war bekannt, dass die Ortschaften in Deutschland eine Niederlassungssperre für Arztpraxen bekommen würden. Für Martin hieß es, dass er, wenn er sich nicht innerhalb der nächsten drei Monate niederlassen würde, er für die nächsten Jahre an ein Krankenhaus oder eine Klinik gebunden war. Eine eigene Praxis wäre in weite Ferne gerückt. Während ich immer wieder im Ärzteblatt eine freiwerdende Arztpraxis suchte, sprach mein Mann mit Hotelbesitzern in der Umgebung und erkundigte sich nach Räumen. Ende Mai kam er mit der Neuigkeit, dass in einem Hotel eine Arztpraxis frei werden würde, unter der Voraussetzung, dass der Arzt, der zurzeit die Räume gemietet hatte, auszöge.

Kurz darauf fuhren wir hin und trafen uns mit der Hotelbesitzerin. Sie war in unserem Alter, etwas kleiner als Martin und hatte blondes Haar. Es war nicht zu übersehen, mit welcher Freude sich beide begrüßten, so als ob sie sich bereits jahrelang gekannt hätten. Damals brachte ich es mit der Vorfreude auf die freiwerdende Arztpraxis in Verbindung. Kurz darauf begrüßte uns ihr Ehemann. Danach wurden wir in den Wohnbereich geführt. Es war nicht zu übersehen, dass diese Wohnung aus mehreren Gästezimmern umgebaut worden war. Sie war praktisch und sehr teuer eingerichtet. Wir setzten uns in der Küche an einen Tisch. Das Gespräch führten hauptsächlich die Hotelbesitzerin, Frau Wagner, und Martin.

Die Strategie war, den derzeitigen Allgemeinarzt, der anscheinend nicht sehr viele Patienten hatte, loszuwerden. Der Plan war, ihm noch weniger Patienten zu schicken. Er war auf die Zusammenarbeit mit den umliegenden Hoteliers und Gästehäusern angewiesen. Es war ihnen freigestellt, an welche Arztpraxis sie ihre Gäste vermittelten. War eine solche Zusammenarbeit gestört, hatte der Arzt wenige Chancen, seine Praxis finanziell aufrechtzuerhalten.

BESICHTIGUNG VON NEUEN PRAXISRÄUMEN

Nachdem alles besprochen war, besichtigten wir die Arztpraxis. Sie bestand aus fünf Räumen, fünf Behandlungsräumen, einer Rezeption und einem Wartebereich für Patienten. Am Eingang befand sich ein größerer Raum, der als Abstellkammer genutzt wurde. Außer den renovierungsbedürftigen Böden schien alles in Ordnung zu sein. Die Räume waren zwar nicht sehr hell, aber die Möbel in einem sehr guten Zustand. Martin schien sehr zufrieden zu sein. Auf dem Rückweg fragte er mich nach meiner Meinung. Auch mir gefiel der Gedanke, diese Praxis zu übernehmen. Ich hatte jedoch Bedenken, ob Dr. Birnbaum seine Kündigung so schnell annehmen würde und wann Martin die neue Praxis beziehen könne. Zwei Tage später übergab er seinem Chef die Kündigung. Er willigte mit sofortiger Wirkung ein. Nach allem, was passiert war, konnte ich Dr. Birnbaum gut verstehen.

VORBEREITUNGEN FÜR DIE PRAXISERÖFFNUNG

Noch am selben Abend erstellten wir ein Konzept für die Praxiseröffnung. Diesen Part übernahm ich. Ich machte Vorschläge. Wenn diese annehmbar waren, wurden sie von Martin und mir erörtert und ins Konzept übernommen. Ich wunderte mich selbst über den Reichtum meiner Ideen und erinnerte mich wieder, wie gern und gut ich früher etwas organisiert hatte. Nun war ich wieder in meinem Element und fühlte, dass mein Mann mich gerade jetzt brauchte. Es musste alles schnell gehen, denn bis zur Eröffnung hatten wir nicht mehr viel Zeit.

VORÜBERGEHEND IN ANDEREN RÄUMEN

Unsere Praxis sollte bis zur eigentlichen Übernahme der Hotelpraxis vorübergehend in einem anderen Haus untergebracht werden. Die Räumlichkeiten befanden sich gegenüber. Es war ein kleineres Gästehaus, bestehend aus mehreren Appartements. An einem Abend trafen wir uns zu einem Gespräch. Frau Wagner war auch dabei. Es wurden alle organisatorischen Punkte besprochen. Der Besitzer kam uns sehr entgegen. Dazu überließ er uns seine eigene Wohnung. Es war die größte im Haus.

Kurz darauf machten wir uns an die Arbeit. Aus dem Eingangsbereich machten wir eine Rezeption mit einem Wartebereich für die Patienten. Die anderen drei Räume dienten als Behandlungsräume. Wir mussten hart arbeiten, um eine Wohnung innerhalb einer Woche in eine Arztpraxis zu verwandeln. Tagsüber räumten wir auf. Die Wände wurden zum Teil weiß gestrichen. Unser Inventar bestand aus gebrauchten und geliehenen Behandlungsliegen. Nachts nähte ich Vorhänge, Trennvorhänge und Gardinen.

Nach unserem Inserat meldete sich eine junge Arzthelferin, die wir sofort übernahmen. Nachdem das erledigt war, verschickten wir zur Einweihungsfeier über hundert Einladungen an die Besitzer der umgebenden Gästehäuser und Hotels. Frau

Wagner, die ein gutes Verhältnis zu allen hatte, trug zum Erfolg bei. Sie rief alle Hotelbesitzer in der Umgebung an, um ihnen das Vorhaben persönlich zu erklären.

In dieser Zeit war mein Mann wieder der nette Ehemann und Vater. Ich war neugierig, wie lange diese Phase andauern würde. Ich war mir sicher, dass er bald nach der Etablierung seiner Praxis sein wahres Gesicht wieder zeigen würde.

EINWEIHUNGSFEIER

Am 15. Juni fand die Einweihung in einem nahegelegenen Restaurant statt. Es kamen alle geladenen Gäste. Bei dieser Gelegenheit lernten wir alle kennen. Im Nachhinein wurde geredet, dass es eine derartige Zusammenkunft aller Hotel- und Gästehäuserbesitzer an diesem Ort noch nie gegeben habe. Martin zeigte sich von seiner besten Seite. Wenn es darum ging, etwas zu erreichen, glänzte er wie der hellste Sonnenschein. Wir wurden sehr herzlich aufgenommen. Alle stießen auf eine gute Zusammenarbeit an. Man spürte, wie froh alle waren, einen jungen Arzt in ihrem Ortsbereich begrüßen zu dürfen.

Der darauffolgende Montag wurde zum ersten Tag, an dem Martin als selbstständiger Arzt seine Tätigkeit aufnahm.

Von Anfang an arbeitete ich stundenweise in der Praxis mit. Dabei vernachlässigte ich nicht mein Studium. Ich war sicher, dass ich trotz der eigenen Arztpraxis für meine Zukunft einen Beruf haben musste. Am ersten Montag kamen sechs Patienten, aber auch sehr viele Menschen, die uns zur Eröffnung gratulierten. Nach einigen Tagen verdreifachte sich unser Weinbestand im Keller. Aber wie ich meinen Mann kannte, würde dieser Bestand nicht von Dauer sein. Am zweiten Montag hatten wir bereits 36

Patienten, und es wurden täglich mehr. Die Hotelbesitzer, die ihre Kurgäste an uns verwiesen hatten, hatten ihr Wort gehalten. Die neue Arzthelferin war sehr nett, aber leider sehr langsam. Sie telefonierte sehr oft mit Kolleginnen aus anderen Praxen, um sich von ihnen Rat für die Abrechnung zu holen. Davon waren unser Verdienst und unsere Existenz abhängig. Mir fiel auf, dass sehr wenige Karteikarten abgelegt wurden. Ich machte mir aber keine Gedanken darüber, denn ich war sicher, dass sie nach so vielen Telefongesprächen alles im Griff hatte.

Morgens fühlte ich mich oft sehr müde, so als ob ich die ganze Nacht nicht geschlafen hätte. Martin beobachtete mich, äußerte sich aber mit keinem Wort, im Gegenteil, er zeigte eine enorme Gleichgültigkeit mir gegenüber.

Mitte Juni hatten Martin und ich einen heftigen Streit. Wir stritten oft, aber dieses Mal ging es um einen Besuch bei seinen Eltern. Er hatte vor, sie zu besuchen, und ich sollte mitfahren. Sein Vorschlag kam sehr plötzlich. Ein Wort gab das andere, und der Streit wurde immer heftiger. Er warf mir vor, mich immer mehr in meine Krankheit zu verkriechen. Dabei beleidigte er mich und beschimpfte mich als kranke dumme Kuh, die sowieso zu nichts fähig sei. Damals verstand ich nicht, warum Martin so plötzlich seine Eltern besuchen wollte. Ich hätte auch nichts dagegen gehabt, wenn er allein gefahren wäre, aber er bestand immer darauf, dass ich ihn dorthin begleiten sollte. Es war sicherlich besser, zu ihnen zu fahren, als sie zu uns zu holen. Außerdem sollte es nur für ein Wochenende sein. Enttäuscht und verärgert verließ ich das Haus.

GEFAHR AUF DEN ZUGGLEISEN

Auf dem Rückweg mussten wir über die Zuggleise fahren. Plötzlich blieb mein Auto auf den Schienen stehen, so als ob uns etwas festhielt und nicht weiterfahren ließ. Von der rechten Seite sah ich den Zug auf uns zukommen. Ich versuchte, immer wieder erfolglos, meinen Wagen zum Starten zu bringen. Ich sah, wie die Personen in den anderen Autos, die vor den Gleisen warteten, zu uns herüberwinkten. Ich konnte ihre Schreie hören. Sehr aufgeregt und halb benommen, schrie ich: »Lieber Gott, hilf uns!« Plötzlich gab sich mein Auto einen Ruck, und wir befanden uns wieder auf der Straße. Es schien, als ob eine höhere Kraft es angeschoben hätte. In diesem Moment fuhr der Zug an uns vorbei. Ich konnte es kaum fassen, was gerade geschehen war; unsere Kinder weinten, und ich zitterte vor Angst. So konnte es nicht weitergehen. Mich zu quälen, hatte dieser Familie nicht ausgereicht. Sie zogen auch noch unsere Kinder mit hinein. Ich sah keinen anderen Weg mehr, als Johanna zu uns einzuladen. Keiner von uns sagte Martin etwas über diesen Vorfall.

DAS DUNKLE HAUS DER FAMILIE NIDEK

Bei der Begrüßung spürte ich, wie stolz Sabina und Helmut auf ihren Sohn waren. Es schien, als ob er alles allein vorbereitet und eingerichtet und ich keinen Finger dafür gerührt hätte. Weil ich mich nicht in den Vordergrund drängen wollte, sagte ich nichts dazu. Während wir an diesem Freitagabend alle im Wohnzimmer saßen, sah ich ein Glitzern aus dem Glasschrank. Ich schaute näher hin und stellte mit Erstaunen fest, dass meine Schwiegereltern genau dieselben Kristallgläser, Aschenbecher und Kristallschalen hatten wie wir. Diese hatte ich bis dahin in ihrem Haus noch nie gesehen. Ich ahnte, dass meine Schwiegermutter das Kristallzeug für uns und sich selbst gekauft hatte. Ich machte mir Gedanken, was das zu bedeuten hatte. Nach allem, was ich mittlerweile über diese Familie wusste, musste es eine Bedeutung haben.

Während ich unsere Kinder zu Bett brachte, sah ich, wie Martin sich sehr angeregt mit seinen Eltern unterhielt. Keiner von ihnen merkte, wie ich den Raum betrat. Ich hörte, wie sie über die neue Praxis im Haus von Frau Wagner sprachen. Sabina machte irgendwelche Versprechungen. Als sie mich bemerkten, wurde es plötzlich still. Ich kam mir vor wie eine Fremde.

Am nächsten Tag saßen wir bei Kaffee und Kuchen im Garten. Es war ein sehr schöner, sonniger Tag. Unsere Kinder spielten. Obwohl vor dem Gartenzaun auch Nachbarskinder standen, kam keines von ihnen in den Garten, um mit unseren Kindern zu spielen. Ich hatte noch nie gesehen, dass unsere Neffen mit anderen Kindern gespielt hätten. Sabina sprach von ihren neuen Nachbarn, deren Grundstück direkt an ihres grenzte. Sie sprach über ihren sehr hochwertigen und teuren Hausumbau und die modernen Bäder im Inneren. Sie ließ kein gutes Haar an der jungen Nachbarin und beschwerte sich über deren lebensfrohes Naturell. In der Stimme meiner Schwiegermutter lag etwas Bedrohliches. Man spürte eine enorme Abneigung gegen die jungen Nachbarn. Sie erzählte, dass sie vor dem Umbau die Nachbarn gebeten hätten, ihnen einige Meter des Gartens zu verkaufen, womit diese jedoch nicht einverstanden waren. Es wunderte mich, denn ihr eigener Garten war groß genug, und sie hatten ohnehin viel Arbeit damit.

Nach einiger Zeit wurde ich sehr müde. Ich stand auf, entschuldigte mich und ging ins Haus. Obwohl es draußen sehr hell und sonnig war, war es im Inneren des Hauses dunkel und kalt, fast düster. Dieses Gefühl hatte ich von Anfang an, aber jetzt spürte ich es viel deutlicher. Ich legte mich ins Bett und schlief ein. Plötzlich wachte ich auf. Irgendetwas musste mich aufgeweckt haben.

Ich lag einige Sekunden wach. Plötzlich hörte ich eine Stimme: »Anna!« Kurz danach wieder: »Anna!« Im ersten Moment dachte ich, es sei Martin oder sein Vater. Nach näherem Hinhören wurde mir klar, dass es wieder diese Männerstimme war, die ich bereits bei uns im Haus gehört hatte. Ich wurde wütend und hätte am liebsten losgeschrien, zog es jedoch vor, mich wieder anzuziehen und zu den anderen in den Garten zu gehen. Jetzt waren auch Piotr und seine Familie gekommen. Unsere Kinder spielten mit ihren beiden Cousins.

Ich erinnerte mich, dass der Vater meiner Schwiegermutter bei seinem Zugunglück den Kopf verloren hatte. Deshalb fragte ich neugierig, wie es zu diesem Unfall gekommen sei. Plötzlich konnte sich niemand mehr daran erinnern. Ihre Unfähigkeit, sich zu erinnern, war mir Antwort genug. Diese Familie war so unglaublich verlogen, dass mir übel wurde. Vor allem Martins Mutter konnte ich nicht mehr anschauen. Am Sonntag nach dem Frühstück fuhren wir wieder nach Hause.

ATEMNOT

Eines Nachts wachte ich plötzlich auf. Ich bekam keine Luft mehr und befürchtete, ersticken zu müssen. Dafür machte ich meine vergrößerte Schilddrüse verantwortlich. Für mich war es höchste Zeit, etwas zu unternehmen. Nach dieser Nacht sagte ich Martin, dass ich des Öfteren nachts aufgewacht sei und nach Luft ringen musste. Er lachte mich aus und sagte, es sei nur Einbildung. Anschließend fuhr ich in die Praxis von Dr. Birnbaum. Meine Vorlesungen an der Universität konnten warten. Er wies mich sofort ins naheliegende Krankenhaus ein.

SCHILDDRÜSENOPERATION

Nachdem meine Schilddrüse vom Chefarzt der Inneren Abteilung im Krankenhaus untersucht worden war, erfuhr ich, dass eine Operation unumgänglich war. Die Schilddrüse war dermaßen vergrößert, dass mir Erstickung drohte. Ich fuhr nach Hause, um das Notwendigste für meine Abwesenheit vorzubereiten. Ich rief meine Mutter an und bat sie, bei unseren Kindern zu sein. Am nächsten Tag kam sie bei uns an. Kurze Zeit später fuhr ich ins Krankenhaus. Es war Mittwoch, und die Operation war auf Freitag angesetzt. Einen Tag vor meiner Operation waren bei der Morgenvisite sowohl Ärzte als auch Medizinstudenten anwesend. Sie gingen meine Krankengeschichte durch. Obwohl ich mich bemühte, meine Unreinheiten im Gesicht mit Make-up zu überdecken, waren sie sichtbar. Ich fühlte mich deswegen sehr unwohl.

Meine Mutter besuchte mich noch am selben Abend. Andrea und Alexander waren auch dabei. Beide waren sehr unruhig und fragten andauernd, ob ich nach der Operation Schmerzen haben würde. Martin hatte es vorgezogen, zu Hause zu bleiben.

Am Freitag nach der Schilddrüsenoperation fühlte ich mich noch sehr schwach. An meinem Oberkörper, knapp unter der Schilddrüse, waren zwei Drainageschläuche angebracht worden, die das Zurückfließen des Blutes in den Hals verhindern sollten. Nachmittags kamen Martin und die Kinder. Ich musste mich öfter übergeben, einmal auch in Anwesenheit unserer Kinder. Später erwähnten sie es oft.

Einen Tag vor der Entlassung fand ein Gespräch mit dem Chefarzt, der mich operiert hatte, statt. Er sagte, dass es höchste Zeit gewesen sei, zu operieren, weil mein Kehlkopf fast vollständig verwachsen und die Luftröhre dadurch sehr eingeengt worden war. Ich war froh, endlich von den Anfällen befreit worden zu sein. In dieser Zeit dachte ich nicht mehr an die kalte Hand, die meinen Hals vor einiger Zeit nachts umschlossen hatte. Anschließend wurde ich gewogen und gemessen. Zu diesem Zweck brachte man mich in einen Raum mit einem Spiegel. Während eine ältere Krankenschwester mein Gewicht ablas, konnte ich mich im Spiegel betrachten. Ich war sehr abgemagert und hatte Untergewicht. Man konnte jede einzelne Rippe sehen, und ich schämte mich deshalb. Die Krankenschwester schaute mich an und sagte: »Was ist an Ihnen noch dran?« Ich fand keine Worte, und mir stiegen Tränen in die Augen. Mich überkam eine Wut auf Martin und seine Familie. Gleichzeitig jedoch empfand ich eine tiefe Traurigkeit und Mutlosigkeit.

Am Abend kam Martin mit einem Bekannten zu mir ins Krankenhaus, beide waren angetrunken. Mein Mann meinte, dass es ihm nicht möglich sei, mich am nächsten Tag nach Hause zu holen. Deshalb wolle er vorab meine Sachen mitnehmen. Seiner Meinung nach sollte ich nicht so viel Gewicht heben. Es war aber nur eine kleine Tragetasche. In Anwesenheit des Bekannten zeigte er sich von seiner besten Seite. Zum Abschied umarmte er mich sehr fürsorglich. Nach diesem Schauspiel musste sein Begleiter glauben, er sei der beste Ehemann, den diese Erdkugel beherbergen würde.

Kurz vor meiner Entlassung am folgenden Tag kam ein Hotelbesitzer aus dem Ort, den wir sehr gut kannten. Wir unterhielten uns eine Weile, und er sagte, dass im nahe gelegenen Neubaugebiet einige Grundstücke zu verkaufen seien und wir es uns überlegen sollten, ob ein Kauf für uns infrage käme. Es schien, als ob er unbedingt wollte, dass wir eines der Grundstücke erwerben. Ich versprach ihm, darüber nachzudenken. Danach erzählte ich, dass ich noch an diesem Vormittag entlassen würde. Er bot sich an, auf mich zu warten und mich nach Hause zu fahren. Ich war sehr froh, denn ich musste mich nicht mehr um ein Taxi kümmern.

LENAS ANGST

Zu Hause begrüßten mich unsere Kinder und meine Mutter. Auch Lena, unsere neue Haushälterin, war da. Nachdem wir miteinander Kaffee getrunken hatten, legte ich mich ins Bett. Ich war sehr erschöpft, und die Narbe am Hals schmerzte. Lena erzählte mir von unseren Kindern, wie lieb und folgsam sie seien. Mit keinem Wort erwähnte sie Martin. Ich spürte, dass sie es vermied, über ihn zu reden. Als ich doch nach ihm fragte, schaute sie mich an und sagte: »Es war alles in Ordnung.« Die Angst in ihren Augen, als sie es sagte, war nicht zu übersehen, und so fragte ich nicht weiter nach.

KAPITEL 12:
GEBURTSTAGSVORBEREITUNG

DIE FORDERUNG, JOHANNA BEI MEINEM GEBURTSTAG DABEIHABEN ZU WOLLEN

Einige Tage vor meinem Geburtstag rief meine Mutter bei uns an und fragte nach meinem Befinden. Meine Eltern hatten vor, zu meinem Geburtstag am 16. Juli zu kommen. Mir war nicht nach Feiern zumute, denn ich fühlte mich sehr schwach, und meine Narbe schmerzte immer noch. Meine Haare wurden immer dünner und weniger. Hinzu kam, dass meine Zähne wackelten. Ich hatte mich an den Gesamtzustand dermaßen gewöhnt, dass ich es als normal abtat. Obwohl ich meine Mahlzeiten wie gewohnt zu mir nahm, verlor ich weiter an Gewicht.

Mittlerweile war mein Gesicht von Mitessern und dicken Pusteln übersät. Bereits seit Längerem hatte ich Johanna kontaktieren wollen. Mein Geburtstag schien der beste Zeitpunkt zu sein, um sie zu uns einzuladen. Ich rief meine Eltern an und bat sie, Johanna zu meinem Geburtstag mitzubringen. Im ersten Moment spürte ich, dass meiner Mutter mein Vorschlag die Sprache verschlug. Danach sagte sie, dass es unmöglich sei, denn sie sei in Polen. Außerdem wäre es unklug, wenn Martin sie sehen würde. Ich war sehr enttäuscht über ihre Reaktion, zumal sie Johanna kannte und von ihren besonderen Fähigkeiten wusste. Stattdessen suchte sie nach Ausreden und meinte, dass sich meine Situation mit Martin wieder bessern würde und Johannas Anwesenheit bei uns überflüssig sei. Ich wurde immer ungehaltener und nervöser.

Während sie redete, unterbrach ich sie und sagte: »Wenn ihr Johanna nicht mitbringen werdet, dann braucht ihr zu meinem Geburtstag nicht zu kommen.« Das Gespräch war für mich beendet, und ich legte den Hörer auf.

Noch am selben Abend fuhren meine Eltern nach Polen, um Johanna abzuholen. Dort angekommen, erzählte ihr meine Mutter, dass ich mich sehr freuen würde, wenn sie auch zu meinem Geburtstag käme. Johanna erzählte mir später, dass sie nicht vorgehabt hätte, mitzukommen, weil sie anderweitig beschäftigt war. Meine Eltern bedrängten sie jedoch und sagten: »Wenn du nicht mitkommst, wird sie uns nicht hereinlassen.« Meine Mutter fügte hinzu: »Ich kenne sie, Anna ist dazu fähig.« Nach diesen Worten stand Johanna auf und sagte: »Wenn es so ist, dann werde ich mitkommen.« Innerhalb der nächsten Stunde packte sie das Nötigste zusammen, danach fuhren sie los. Bis zur Abfahrt blieb sie bei Tante Irmgard. Als meine Tante erfuhr, was passiert war, weinte sie und bat Johanna, mir zu helfen. Sie sagte über meine Mutter: »Ich verstehe Katharina nicht. Von Anfang an wusste sie, in welche Hände Anna gerät und was es für eine Familie ist. Trotzdem drängte sie auf eine schnelle Hochzeit.« Wie ich später erfuhr, war das auch der Grund, warum sie nicht zu meiner Hochzeit gekommen war.

Bevor sie kamen, zerschlug ich sehr viel Geschirr. Glas, Teller oder Tassen, alles, was ich angefasst hatte, drehte sich in meiner Hand und fiel zu Boden. Anfangs machte ich meine Nervosität dafür verantwortlich.

Einen Tag vor meinem Geburtstag kamen Johanna und meine Eltern bei uns an. Die ganze Fahrt über hatte sich meine Mutter Gedanken darüber gemacht, wie sie Johannas Ankunft meinem Mann erklären sollte. Mein Vater und Johanna lachten darüber, denn meine Mutter machte daraus ein großes Ereignis. Einmal wollte sie Johanna als ihre Schwester vorstellen, ein anderes Mal als eine gute Bekannte.

Kurz vor Bad Abbach sagte Johanna, dass sich meine Mutter keine Sorgen machen solle, das Problem würde sich von allein lösen. Endlich klingelte es an der Tür. Es war mittlerweile Abend geworden. Ich machte auf, und da standen sie alle. Als ich sie sah, überkam mich ein seltsames Gefühl. Innerlich schrie alles in mir, und ich hörte unaufhörlich eine innere Stimme, die mir sagte: »Schließe die Tür wieder, und lasse sie nicht herein.« In meinem Kopf war ein derartiges Durcheinander von Stimmen und Geräuschen, dass ich mir am liebsten die Ohren zugehalten hätte. Zudem sah ich plötzlich vor mir ein völlig verzerrtes Bild aus bunten Schlangen. Ich nahm kaum wahr, was um mich herum geschah. Mich überkam eine schreckliche Angst, die ich nicht beschreiben kann. Meine Gedanken kreisten ununterbrochen darum, sie nicht ins Haus zu lassen.

Ich weiß nicht, wie lange ich so dastand, als ich plötzlich Johannas Stimme hörte: »Guten Tag, Anna, möchtest du uns nicht hereinlassen?« In diesem Moment verschwand das verzerrte Schlangenbild, die Stimmen in meinem Kopf aber blieben noch eine Weile. Ich umarmte sie und weinte, sie drückte mich fest an sich und sagte: »Alles wird gut, du wirst schon sehen.« Ich ließ sie eintreten. Danach begrüßte ich meine Eltern. Mein Vater hatte Tränen in den Augen. Andrea und Alexander freuten sich sehr, ihre Großeltern wiederzusehen.

Am Anfang nahmen alle, erschöpft von der Reise, im Wohnzimmer Platz. Ich servierte einige Getränke. Meine Mutter fragte mich nach meinem Befinden. Ich spürte ihren prüfenden Blick auf mir. Bevor ich auf ihre Frage eingehen konnte, fragte sie nach Martin. Wann er von der Arbeit nach Hause komme und ob er viel arbeiten müsse. Ich war sicher, dass sie meinen schlechten

Zustand erkannt hatte, vor allem deswegen, weil ich in der letzten Zeit einiges an Gewicht verloren hatte. Trotzdem fragte sie zuerst nach Martin. Daraufhin sagte mein Vater: »Es ist doch unwichtig, wann er nach Hause kommt, wir sind zu unserer Tochter gekommen.« Meine Mutter sah ihn schroff an, fast böse.

Johanna, die sich bis dahin nicht geäußert, die Situation jedoch aufmerksam beobachtet hatte, fragte mich nach meiner Operationsnarbe. Ich zeigte ihr die Wunde. Sie war gerötet und geschwollen. Danach sagte sie, dass sie entzündet sei, wir diesen Zustand aber beheben könnten. Anfangs verstand ich ihre Worte nicht, aber ich glaubte ihr. Die ganze Zeit über war ich sehr nervös und wünschte mir, sie wären nicht gekommen. Nach einer Weile zeigte ich ihnen unser Gästezimmer im Keller, in dem sich zwei Betten, ein Kleiderschrank und ein Spiegel befanden. Hinter dem Schrank hatten wir alle Getränke untergebracht. Johanna sollte in Andreas Zimmer schlafen, die sich für diese Zeit das Zimmer mit Alexander teilte.

Anschließend ging ich in die Küche, um das Abendessen vorzubereiten. Vom Flur aus sah ich Johanna in unserem Garten umhergehen. Es schien, als ob sie sich jede Pflanze, jedes Blatt und jede Blume genau anschauen würde. Während ich auf sie zuging, hörte ich aus dem Keller eine laute Unterhaltung zwischen unseren Kindern und meinen Eltern. Als mich Johanna sah, lächelte sie und sagte: »Es ist noch so viel zu tun in diesem Haus.« Wie so oft verstand ich ihre Worte nicht und fragte, was sie damit meine. Sie lächelte, äußerte sich aber nicht.

Nach einer Weile sagte sie, dass sie sich zuerst meiner entzündeten Narbe annehmen müsse. Sie bat mich bezüglich meiner Situation, keine Geheimnisse vor ihr zu haben und ehrlich zu sein. Sie sagte: »Deine Geheimnisse sind mein Wissen.« Mir war es ohnehin bewusst, dass sie über meine Ehe und mein

Leiden bestens Bescheid wusste. Nach ihren Worten überkam mich wieder eine tiefe Traurigkeit. Sie nahm mich in ihre Arme, tröstete mich und wiederholte immer wieder diese Worte: »Vertraue mir, alles wird gut.« Ihre Nähe und ihre liebevolle Art taten mir gut, und ich fühlte mich geborgen. Anschließend folgte sie mir ins Haus.

Ich hatte noch einiges in der Küche zu tun. Während sie auf einem Stuhl Platz nahm, erzählte sie Geschichten aus ihrer Kindheit, und wir lachten über manches. Plötzlich geschah es, dass mir beim Öffnen eines Einmachglases die Hand ausrutschte, das Glas in die Höhe flog, sich mehrfach drehte und mit einem lauten Knall auf dem Boden zerschellte. Johanna beobachtete diesen Vorgang. Danach fragte sie mich, ob solche Situationen öfter vorkommen würden. Ich erzählte ihr alles. Kurze Zeit später gesellten sich meine Eltern und unsere Kinder zu uns. Man sah, dass alle viel Spaß miteinander hatten. Dann setzten wir uns zu Tisch. Martin rief an und meinte, dass er sich verspäten würde. Nach dem Essen räumte ich den Tisch ab.

FOTOCOLLAGE UND DIE BLONDE TANZPARTNERIN

Johanna und meine Eltern bewunderten eine Familienfotocollage im Esszimmer. Darauf waren unter anderem auch Fotos, auf denen Martins ehemaliger Chef, Dr. Birnbaum, und seine Angestellten zu sehen waren. Meine Mutter, die diese Fotos bereits kannte, erklärte Johanna die Zusammenhänge. Auf den Fotos waren auch unsere Nachbarn Karl-Heinz und Regina. Johanna hörte aufmerksam zu. Danach schaute sie mich an, zeigte mit ihrem Zeigefinger auf eine weibliche Person und klopfte auf das

Bild. Es war Dr. Birnbaums Arzthelferin, mit der Martin damals so vertraulich ununterbrochen getanzt hatte. Nach diesem Vorfall hatte ich mir keine Gedanken mehr darüber gemacht. Im Gegenteil, ich versuchte, es zu vergessen.

Jetzt, nach so langer Zeit, sah ich es wieder vor mir. Während sie mit ihrem Finger daraufklopfte, sagte sie: »Diese Frau hat euch zur Hochzeit eingeladen, sie wird aber niemals stattfinden.« Meine Mutter meinte jedoch, dass sie sich irren würde, denn wir waren bereits seit einigen Wochen eingeladen. Ich sagte, dass die Hochzeit bereits nächste Woche am Samstag stattfinden würde. Johanna lächelte und meinte, dass es keine Hochzeit geben werde, denn sie hätte seit längerer Zeit ein Verhältnis mit Martin, und beide würden bereits ihre eigene Hochzeit planen. Die Hochzeitseinladung sei nur ein Vorwand gewesen, um die Leute zu täuschen. In meinen Augen war diese Aussage aufgrund der bestehenden Situation unsinnig. Johanna sagte, dass beide auf meinen Tod warteten und die bevorstehende Hochzeit nur deswegen geplant wurde, um keinen Verdacht aufkommen zu lassen. Nun hielt ich es nicht mehr aus und sagte, dass das ganze Gerede Unsinn sei. Johanna ließ nicht locker und sagte, dass ihre Worte kein Gerede seien und ich mich bald überzeugen lassen könne.

Gegen 21 Uhr kam Martin nach Hause. Er begrüßte alle sehr freundlich. Meine Mutter bedauerte ihn: »Martin muss so viel arbeiten, das ist bestimmt nicht leicht für ihn. Er sieht so erschöpft aus.« Es wunderte mich, dass sie nicht vor lauter Mitleid in Tränen zerfloss. Es dauerte nicht lange, und er kam zu uns. Bevor er Platz nahm, brachte er einige Flaschen Bier und eine Flasche Wodka mit. Es passte mir nicht, denn in mir kam der Verdacht auf, er wolle sich mit Absicht betrinken.

In der Vergangenheit war es oft vorgekommen, dass er meine

Freude oder Vorfreude auf ein Ereignis zunichtemachte. Danach folgten Beleidigungen und Schläge. Dabei wurde mir oft übel, und ich hatte Magenschmerzen. In der gleichen Weise war auch seine Mutter verfahren. Wenn ich mich zu sehr auf etwas freute, hatte sie es immer wieder mit wenigen Worten geschafft, alles zunichtezumachen.

Meine Eltern fragten ihn nach seiner Arbeit. Meine Mutter setzte einen drauf, indem sie sagte, dass er es nicht leicht habe, so viel und so lange zu arbeiten. Er lachte und meinte, dass es gar nicht so schlimm sei, denn er hätte sich den richtigen Beruf ausgesucht. Martins sonniges Gemüt wirkte sehr überzeugend. Johanna aber durchschaute ihn sofort. Sie wusste, dass er, um die Menschen zu manipulieren und für sich zu gewinnen, zum Schauspieler wurde. Und er konnte es sehr gut.

Obwohl er so manches Mal zornig war, lachte er freundlich und ignorierte so manche negative Bemerkung seiner Mitmenschen. An diesem Abend trank er mehr, als ihm guttat. Nach dem vierten Bier machte er die Wodkaflasche auf und brachte Schnapsgläser. Meine Mutter, die sonst nie trank, war sehr erfreut darüber. Dann wurden die Gläser erhoben und Martin sagte: »Auf unser Wiedersehen.« Daraufhin sagte Johanna: »Auf das Wohl Ihrer Ehefrau.« Etwas überrascht schaute er sie an, sagte aber nichts. Johanna nippte nur an ihrem Schnapsglas und ließ den Rest stehen.

Als Martin das dritte Schnapsglas füllen wollte, sagte sie zu meiner Mutter, dass es besser sei, zu Bett zu gehen, worauf sie antwortete: »Warum? Es ist doch mein Schwiegersohn, den ich so selten sehe.« Es dauerte nicht lange, und Johanna verabschiedete sich, um zu Bett zu gehen. Martin taumelte hin und her auf dem Weg ins Schlafzimmer. Er fing an, mich zu beschimpfen: »Du machst mich kaputt.« Danach ging ich ins Bad. Als ich die Tür wieder öffnete, hörte ich, dass er sich im Wohnzimmer mit Johanna unterhielt, konnte aber nicht verstehen, worüber.

Ich legte mich ins Bett und zitterte vor Angst, denn ich wusste, dass er im Begriff war, weiter zu trinken und mir eine Szene zu machen. Es war Absicht, denn in diesem Zustand war ich die ganze Nacht seinen Beschimpfungen ausgesetzt. Er ließ mich nicht schlafen. Diese Situation ließ eine unglaubliche Angst in mir aufkommen. Ich war unfähig, mich dagegen zu wehren. Die Freude auf meinen Geburtstag drohte, im Keim zu ersticken.

Es dauerte nicht lange, und er kam ins Schlafzimmer. Er war sehr verärgert und meinte, dass er sich nicht einmal in seinem eigenen Haus wohlfühlen dürfe. Er beschimpfte meine Eltern als Dummköpfe und meinte, dass es völlig überflüssig sei, dass sie zu meinem Geburtstag gekommen wären. Ich hatte keine Ahnung, was ihn so geärgert hatte. Aber das erste Mal in unserer Ehe musste ich über den Unsinn, den er von sich gab, lachen. Meine Angst war wie weggeblasen. Es dauerte nicht lange, und er schlief ein. Es war auch das erste Mal, dass er mich in einer solchen Situation nicht belästigte.

MEIN GEBURTSTAG

Am Morgen des darauffolgenden Tages, einem Sonntag, kamen Andrea und Alexander sehr früh zu uns ins Bett. Beide gratulierten mir zum Geburtstag. Ich freute mich über ihre Geschenke, die sie für mich im Kindergarten gebastelt hatten. Andrea hatte für mich ein rotes Herz mit einer gelben Sonne darüber gemalt. Auf dieses Blatt hatte sie ihren eigenen Namen geschrieben. Alexander hatte für mich eine Blume aus Papier gebastelt. Ich hatte Freudentränen in den Augen. Sie umarmten mich und gaben mir einen dicken Kuss auf die Wange. Danach legten sie sich neben mich ins Bett. Wir erzählten uns Geschichten und lachten viel. Ich vergaß den Abend davor und Martins lautes Schnarchen, das besonders laut wurde, wenn er betrunken war. Nach einer Weile verließen beide das Zimmer.

JOHANNAS LUSTIGE GESCHICHTE

Ich bereitete das Frühstück vor, als Johanna hereinkam. Ihre erste Frage galt Martin, ob er sich beruhigt hätte. Ich lachte und sagte, dass es das erste Mal in unserer Ehe war, dass ich keine Angst vor ihm in seinem betrunkenen Zustand gehabt hätte. Danach erzählte sie mir, dass, nachdem wir alle zu Bett gegangen waren, sie sich nicht in Andreas Bett gelegt hätte, sondern sofort ins Wohnzimmer gegangen war. Kurz darauf kam Martin und wollte die Bar aufmachen, um seinen Alkoholkonsum fortzusetzen, als sie sich meldete: »Ach, Herr Doktor, Sie sind es!« Völlig überrascht drehte er sich zu ihr und sagte: »Warum schlafen Sie hier und nicht in Andreas Zimmer? Wenn ich es gewusst hätte, wäre ich nicht reingekommen, um Sie nicht zu stören.« Er lachte verlegen. Daraufhin sagte sie ihm, meine Eltern hätten ihr mitgeteilt, dass es im Gästezimmer im Keller spuke, sie würden immer wieder Schritte hören. Er lachte darüber und sagte, dass sie und ich verrückt seien. Danach verließ er den Raum.

Wir lachten beide über das Geschehene, und ich wunderte mich über Johannas Reaktion, Martin keine Gelegenheit zu geben, sich aus der Alkoholbar Getränke zu holen. Sie wertete seine Person auf, indem sie ihn »Herr Doktor« nannte, obwohl er zu damaliger Zeit noch keinen Doktortitel besaß. Sie bemerkte, dass ihm diese Anrede sehr imponierte. Zudem hatte er keine

Möglichkeit, Bierflaschen zu holen, denn in diesem Raum schliefen meine Eltern. Johanna schaute mich lächelnd an und sagte: »Es wäre schön, dich wieder lachen zu sehen.« Sie hatte recht, denn die vergangenen Jahre hatte ich nicht viel zu lachen gehabt.

Wir frühstückten auf der Terrasse. Es war ein wunderschöner sonniger Tag. Zu meiner Überraschung entschuldigte sich Martin für seinen gestrigen übermäßigen Alkoholkonsum. Sein Kater war nicht zu übersehen. Zum Kaffee trank er sehr viel Wasser. Trotz des gestrigen Vorfalls mit Johanna ließ er sich nichts anmerken. Stattdessen war er überfreundlich und unterhielt sich mit allen. Nach einiger Zeit wandte er sich an Johanna und fragte sie, nachdem er mitbekommen hatte, dass sie über gute Medizinkenntnisse verfügte, ob sie Krankenschwester sei. Ohne zu überlegen, bejahte sie dies. Er fragte sie, wo sie ihre Tätigkeit ausübe; als Antwort gab sie eine Klinik in Warschau an. Es stellte sich heraus, dass er in dieser Klinik ein dreiwöchiges Praktikum während des Studiums abgelegt hatte und deshalb auch einige der Ärzte kannte. Er fragte sie über diese Personen aus. Trotz ihrer Lügen wurde sie nicht nervös und lenkte geschickt das Thema auf Andrea und Alexander. Martin merkte ihre Improvisation nicht einmal.

Der Tag verging ohne Zwischenfälle. Am Nachmittag riefen meine Schwiegereltern und Geschwister an. Ich wunderte mich über Johannas Art, mit Martin umzugehen. Sie war diejenige, die das Gespräch geführt hatte. Sie hatte sich mit keinem einzigen Satz verraten. Es hatten mir sämtliche Familienmitglieder zum Geburtstag gratuliert, außer meinem Ehemann. Als wir abends im Bett lagen, fragte ich ihn, ob er etwas vergessen hätte. Er schaute mich verächtlich an und tat, als ob er nicht wüsste, worum es ging. Danach sagte ich ihm, dass ich sehr enttäuscht sei, keine Glückwünsche von ihm erhalten zu haben, und ein kleines

Geburtstagsgeschenk angebracht gewesen wäre. Daraufhin lachte er und sagte, dass er mir nie mehr zum Geburtstag gratulieren würde, und ein Geschenk könne ich mir selbst kaufen, weil ich die Kontonummer ohnehin wüsste. In dieser Nacht wies ich ihn ab. Er war sehr verärgert und sagte, dass er mir das noch heimzahlen würde.

Am nächsten Morgen fuhr Martin in die Praxis. Ich brachte unsere Kinder in den Kindergarten. Danach frühstückte ich mit meinen Gästen. Ich hatte starke Magenschmerzen, ließ mir aber nichts anmerken. Für die nächsten Tage beschloss ich, zu Hause zu bleiben, um mich Johanna zu widmen.

DIE FEDERN DER VERSTORBENEN GROSSMUTTER

Plötzlich fing meine Mutter an, über den Spuk im Keller zu erzählen. Sie und mein Vater hätten Schritte und ein seltsames Knistern gehört. Außerdem hätten die Betten, die mit Federn gefüllt waren, sehr unangenehm gerochen. Johanna schaute sie ernsthaft an und sagte: »Die Federn haben einst Martins Großmutter gehört. Als sie starb, hatte sie noch drei Tage darauf gelegen.« Meine Mutter wurde blass. In diesem Moment wusste ich, dass meine Eltern dieses Gästezimmer nicht mehr betreten würden.

KRÄUTER FÜR DIE GENESUNG

Seit dem gestrigen Tag gab Johanna mir bestimmte Kräuter, die ich als Tee trinken sollte. Auf meine Halsnarbe legte ich Umschläge. Der Schmerz war nicht mehr so intensiv, und die Entzündung ging zurück. Als ich sie fragte, was es für Wunderkräuter seien, antwortete sie: »Stell keine Fragen und trink. Du wirst sehen, wie schnell es dir besser gehen wird. Auch deine Magenschmerzen werden nachlassen.« Normalerweise wäre ich über ihre Hinweise erstaunt gewesen, nicht aber, nachdem ich sie besser kennengelernt hatte.

In unseren letzten Gesprächen war mir klar geworden, dass sie nicht nur die Fähigkeit besaß, die Zukunft vorherzusagen, sondern dass sie auch Gedanken lesen konnte. Mir ging es tatsächlich bald besser. Danach bat sie uns, das Haus für die nächsten drei Stunden zu verlassen. Kurz vorher teilte sie mir mit, dass sie den unerklärlichen Geschehnissen, die in diesem Haus passierten, auf den Grund gehen wolle. Ich fuhr mit meinen Eltern nach Regensburg.

JOHANNAS BEGEGNUNG MIT DEM DÄMON

Nachdem wir das Haus verlassen hatten, schloss Johanna die Eingangstür. Sie ging ins Wohnzimmer, mit der Absicht, eine geweihte Kerze anzuzünden. Es dauerte nicht lange, und die Eingangstür wurde geöffnet, um danach sehr laut geschlossen zu werden. Johanna spürte etwas sehr Böses und Wuterfülltes im Haus. Kurz darauf hängte jemand Kleidungsstücke in der Garderobe auf. Anschließend hörte sie Schritte im Flur, die sich in Richtung Wohnzimmer bewegten. Plötzlich schien es, als ob jemand stehen geblieben wäre. Danach wurde die Richtung geändert: Anstatt ins Wohnzimmer ging jemand die Treppen hinauf. Neugierig verließ sie den Raum und folgte den Schritten. Als sie an der untersten Treppe stand und im Begriff war, wieder hinaufzugehen, fing das Klavier plötzlich zu spielen an. Sie stand eine Zeitlang an der Treppe und bewegte sich nicht. Sie wurde nervös, denn noch wusste sie nicht, womit sie es zu tun hatte. Nach einer Weile wurde es still. Die Tür zum Klavierraum wurde laut zugeknallt. Danach gingen alle Lichter im Haus an. Um sich keiner Gefahr auszusetzen, rief sie laut: »Wer bist du?« Sie bekam jedoch keine Antwort und rief noch einmal: »Wer bist du? Antworte mir, ich befehle es dir!« Nachdem sie keine Antwort darauf erhalten hatte, stieg sie die Treppen hinauf. Währenddessen wurden die Lampen immer wieder aus- und angemacht. Oben angekommen, befahl sie dem Spuk, das Licht im gesamten Haus auszuschalten. Dieses Mal wurde ihr Befehl befolgt. Jetzt hörte sie die Schritte nicht mehr oben, sondern unten im Wohnzimmer. Ein Schauer durchlief ihren Körper, aber sie hatte keine Angst. Angst zu haben oder zu zeigen, wäre gefährlich, möglicherweise sogar tödlich gewesen. Sie fragte wieder, wer da sei. Plötzlich sah sie eine Gestalt, die den Flur im Erdgeschoss entlangging. Sie blieb vor der untersten Treppenstufe stehen. Johanna erkannte in ihr eine Gestalt mit Füßen und Händen, jedoch ohne Kopf. Sie spürte, dass diese kopflose Gestalt sie anschaute und hörte die Worte: »Ich gehöre seiner Familie.« Danach verschwand die Gestalt vor ihren Augen.

Johanna hatte endlich die Gewissheit, dass es ein böser Geist, ein sogenannter Dämon war. Er gehörte zur Familie Nidek. Sabina bediente sich dieses Dämons, um anderen Menschen zu schaden.

Später klärte mich Johanna auf, dass sie, nachdem der Vater

meiner Schwiegermutter ums Leben gekommen war, sich einige seiner persönlichen Sachen angeeignet hatte. Damit hatte sie die Macht, sich seiner immer wieder zu bedienen. Er war, sozusagen, ihr Diener und Sklave aus dem Reich der Toten.

Johanna wusste, dass diese Gestalt nicht das einzige Werkzeug meiner Schwiegermutter war. Sie suchte im ganzen Haus nach anderen Ursachen, die mir mein Leben zur Hölle machten. Sie hatte ein Gespür dafür. Es dauerte nicht lange, bis sie eine Handvoll Stecknadeln fand. Diese waren im Rahmen eines Ölbildes versteckt. Es war ein Ölbild, das uns Kamila und Piotr zu unserer Hochzeit geschenkt hatten. Ihre Intuition führte sie ins Obergeschoss. Hier waren weitere Nadeln in den Flurläufer gesteckt worden. Sie musste intensiv danach suchen, um alle zu finden. Johanna entfernte sie und versteckte sie in einer kleinen Ringschachtel. Danach wartete sie in der Küche auf uns.

KAPITEL 13:
JOHANNAS ERKENNTNISSE

JOHANNAS ERKENNTNISSE

Wie besprochen, kehrten wir nach drei Stunden nach Hause zurück. Johanna saß in der Küche und schien ins Gebet vertieft zu sein. Meine Eltern gingen auf ihr Zimmer, um sich frisch zu machen. Es war ein sehr warmer Tag, und sie waren erschöpft. Ich ging zu ihr und fragte sie, ob sich während unserer Abwesenheit etwas ereignet hatte. Sie winkte ab und sagte leise: »Wir müssen uns später unterhalten, aber ohne dass jemand dabei ist.«

Während ich uns etwas zu essen machte, kamen meine Eltern herein. Johanna hatte keinen Hunger und meinte, sie würde gern eine Tasse Kaffee trinken. Ich hatte sie vorher noch nie so erschöpft gesehen. Ihre Augen waren verändert, ein wenig dunkler, und sie hatte starke, dunkle Augenringe. Auch meiner Mutter war diese Veränderung nicht entgangen. Sie fragte Johanna, ob etwas passiert sei. Daraufhin antwortete Johanna, dass einiges vorgefallen war und sie einen Geist ohne Kopf gesehen hätte. Neugierig schaute meine Mutter sie an und wollte weitere Fragen stellen. Doch Johanna unterbrach sie, indem sie sagte, dass es eine sehr schwierige Angelegenheit sei, weil der Geist aus Martins Familie stammen würde und ich andauernd mit den Geschehnissen wegen der Ehe mit Martin verbunden sei. Zu meinem Erstaunen merkte ich, dass meine Mutter ihr glaubte. Anscheinend hatte Tante Irmgard recht, als sie sagte, dass meine Mutter bereits vor unserer Hochzeit über diese Familie unterrichtet gewesen war.

WÜTENDE REAKTION MEINER MUTTER ZUM PROBLEM

Mein Vater schaute mich traurig an und sagte: »Wenn es so ist, dann ist es besser, wenn sie sich trennen würden.« Als Antwort gab Johanna: »Ja. Sie hat wohl keine andere Wahl, und es wäre das Beste für eure Tochter.« In diesem Moment sprang meine Mutter vom Stuhl auf, ihr Gesicht wurde rot vor Zorn, und sie sagte mit einer sehr lauten und energischen Stimme: »Sie sind beide verheiratet, und eine Scheidung kommt nicht infrage.« Dann schaute sie meinen Vater wutentbrannt an.

Im ersten Moment dachte ich, sie würde ihn schlagen. Johanna, die diese Situation ungläubig beobachtete, bat meine Mutter, sich zu beruhigen. Danach sagte sie, ich sei zu schwach für diese Familie und sie könne mir nicht immer helfen. Meine Mutter nahm es zur Kenntnis. Tatsächlich aber wollte sie nichts mehr davon hören. Im ersten Moment nahm ich den Gesprächsverlauf nicht wahr. Ich war mit meinen Gedanken zu beschäftigt. Endlich gab es jemanden, der mir nicht nur glaubte, sondern auch das Gleiche gesehen hatte wie ich. Ich fühlte mich dadurch keineswegs befreit, aber es war für mich eine Bestätigung, nicht verrückt geworden zu sein.

Heute weiß ich, dass meine Mutter eine Trennung zwischen Martin und mir fürchtete, denn in ihren Augen war ich ohne Martin nicht lebensfähig. Außerdem kam eine Scheidung innerhalb ihrer eigenen Familie nicht infrage. Obwohl ich den Grund für ihr Handeln damals kannte, konnte ich es nicht verstehen. Sie war doch meine Mutter, und jede Mutter wünscht sich das Beste für ihr Kind.

Es tut weh, nie die erhoffte moralische Unterstützung von den eigenen Eltern erhalten zu haben. Manchmal versuche ich, mich damit zu beruhigen, indem ich mir einzureden versuche, dass es keine andere Möglichkeit gab.

Andrea und Alexander waren mittlerweile vom Kindergarten zurück. Beide spielten in ihren Zimmern. Alexander war bereits in der Schule eingeschrieben. Seine Kindergartenzeit ging nur noch zwei Wochen. Als meine Eltern im Wohnzimmer eingeschlafen waren, ergriff ich die Gelegenheit und bat Johanna um unser ausstehendes Gespräch. Sie folgte mir ins Schlafzimmer.

EIN SEHR INTERESSANTES GESPRÄCH MIT JOHANNA

Es war eine Menge, worüber wir uns unterhalten mussten. Ich wusste nicht, wo ich anfangen sollte. Für mich war damals alles sehr kompliziert, und ich hatte Probleme, darüber zu sprechen. Irgendetwas hielt mich davon ab, und ich hatte Schwierigkeiten, meine Gedanken zu ordnen. Ständig hörte ich eine Stimme im Kopf, die mir sagte, dass ich darüber nicht reden dürfe. Johanna schaute mich prüfend mit ihren ruhigen hellblauen Augen an und befahl mir, mich zu beruhigen. Zuerst bat sie mich, Fragen zu stellen, Fragen, auf die ich keine Antwort wusste. Erst danach wollte sie mir alles erzählen. Obwohl sie meine Fragen bereits kannte, wollte sie diese aus meinem Mund hören. Später sagte sie oft, dass ich Probleme, die mein Inneres belasten, loswerden müsse. Es wäre nicht gut, derartige Geschehnisse unausgesprochen beiseitezulegen.

Meine erste Frage galt den Kristallgläsern, die ich von meiner Schwiegermutter Sabina bekommen hatte. Ich fragte sie, was es zu bedeuten hätte, dass sie genau die gleichen Gläser in ihrer Vitrine hatte. Johanna antwortete, dass man durch Kristallgläser sehen könne, was an einem anderen Ort passiere. Man müsse nur die gleichen Gläser besitzen wie die zu beobachtende Person. Dazu müsste man aber ganz bestimmte Worte kennen und anwenden. Außerdem wäre es eine Macht des Bösen. Es lief mir kalt den Rücken herunter, wenn ich daran dachte, dass Martins Mutter uns zu jeder Zeit beobachten konnte. Ich hatte mich oft gefragt, woher mein Mann so vieles wusste, was in unserem Haus vor sich ging, wenn er nicht da war. Für mich ergab ihre Aussage einen Sinn. Johanna bat mich, alle Kristallgläser zu entsorgen. Ich sollte sie sorgfältig in Papier einwickeln und in einem Karton im Keller deponieren. Es war wichtig, dass keiner von uns diesen wieder öffnete. In Bezug auf die Puppe, die mir sehr ähnelte und die ich bei meiner Schwiegermutter gesehen hatte, sagte Johanna, dass die Puppe dazu benutzt werden würde, um mir Leid und Schmerzen zuzufügen. Das Ganze glich einem Voodoozauber. Sie konnte jederzeit Nadeln in die Puppe stecken, ihr die Haare ausreißen und vieles mehr. Das, was sie der Puppe antat, spürte ich intensiv auf meinem Körper. Sie ermahnte mich, meine heruntergefallenen Haare und Fingernägel sorgfältig zu entsorgen. Weder Martin noch seine Mutter hatten das Recht, diese zu bekommen. Diese wurden bei Beschwörungen verwendet. Es war leichter gesagt als getan, denn ich hatte sehr starken Haarausfall. Ich erinnerte mich an die Zeit vor unserer Hochzeit, als Martin ein Büschel Haare von mir bekam. Damals sagte er, sie würden ihm das Gefühl geben, ich sei ständig bei ihm. Ich erfuhr auch, dass mein Mann vor unerklärlichen Geschehnissen Angst hatte. Ich erinnerte mich an den Vorfall mit der Kohlensäure vor einigen Jahren. Beim Geräusch der entweichenden Gase verkroch er sich in eine Zimmerecke. Er sah aus wie ein kleines, verschrecktes Kind. Es war nicht das letzte Mal, denn es passierten immer wieder ähnliche Situationen. Der

Grund dafür war, dass auch er manchmal den kopflosen Mann gesehen hatte, es aber nie zugab. Sie bat mich, mein Wissen, das ich von ihr hatte, für mich zu behalten. Denn dieses Wissen stellte eine Gefahr für Martin und seine Familie dar, sodass ich vor ihnen nicht mehr sicher wäre. Die Gefahr bestand darin, dass der Teufel, mit dem sie im Bunde waren, sich wegen meines Wissens an ihnen rächen würde.

DER KOPFLOSE

Danach erzählte sie mir, was sie während unserer Abwesenheit erlebt hatte und dass ich es nicht mit einem gewöhnlichen Geist zu tun hätte, sondern mit einem bösen Dämon. Es war der Vater meiner Schwiegermutter. Johanna hatte ihm befohlen, dahin zurückzugehen, woher er gekommen war. Der Kopflose gab ihr zu verstehen, dass er sich Martins bemächtigen werde. Meine Schwiegermutter konnte sich besser gegen ihn wehren als ihr Sohn. Der Kopflose war wütend, dass sie ihn in der eigenen Familie walten ließ. Damals musste ihr Vater auf unerklärliche Weise sterben, weil er sich gegen seine Ehefrau, die Mutter meiner Schwiegermutter, gestellt hatte.

Die Vorfahren von Sabina waren seit Generationen mit dem Teufel im Bunde. Diese Verbindung wurde von Generation zu Generation weitergegeben, hauptsächlich an die Erstgeborenen. Es war wünschenswert, dass das erstgeborene Kind ein Mädchen sein würde. Eine Frau konnte mit dieser Gabe besser umgehen als ein Mann. Sie schadete den Menschen und agierte im Verborgenen. Ein Mann hingegen lebte seine Macht aus. Es kam nicht selten vor, dass er zum Despoten oder grausamen Herrn wurde. Oft gehörten sie einer

Vereinigung an und hatten größere Macht als die Frauen. Eine Mutter, die ihren Bund an einen männlichen Nachfahren weitergab, musste fürchten, dass er ihr überlegen sein könnte. Deshalb hatte sie erst kurz vor ihrem Tod die wichtigsten Geheimnisse verraten. Von Generation zu Generation wurden die Mitglieder des Bundes immer stärker und die Macht des Bösen wurde immer mächtiger.

Meine Schwiegermutter war die Älteste und von Anfang an dazu ausersehen, das Erbe der Vorfahren zu übernehmen. Die anderen Geschwister, auch die meines Mannes, wussten von diesen Umständen. Letzten Endes profitierte jeder davon. Martin und seine Geschwister waren nicht besonders klug, erreichten aber mühelos die anspruchsvollsten Berufe und waren auf ihrem Gebiet sehr erfolgreich.

MEIN LEBEN IN GEFAHR

Johanna stockte plötzlich und sah mich ernsthaft an. Ich merkte, dass ihr das Sprechen schwerfiel, als sie sagte: »Anna, du hast nur noch einige Monate zu leben. Ich versuche, dir zu helfen und das Ganze rückgängig zu machen, aber ich bin mir nicht sicher, ob ich es schaffe.« Ich erschrak und war ziemlich verwirrt. Ihre Stimme hatte einen seltsamen Unterton, der nichts Gutes versprach. Johanna wusste von Anfang an, dass meine Lebenszeit von Martin und seiner Mutter verkürzt werden sollte. Bis zu meinem Tod sollte ich leiden, ohne Freude zu empfinden. Dafür sollte der kopflose Dämon sorgen. Wie ich bereits erwähnt hatte, befahl Johanna dem Dämon, dahin zu gehen, woher er gekommen war. Sie fragte mich, ob ich damit leben könne. Ohne zu überlegen, antwortete ich ihr, dass ich zwei Kinder hätte, die ohne mich verloren wären. Außerdem sollte mein Mann die Suppe, die er gekocht hatte, selbst auslöffeln. Bei diesen Worten empfand ich kein Mitleid mit ihm, auch deswegen nicht, weil ich bereits genug gelitten hatte. Johanna sagte: »Nun gut, das solltest du wissen. Mach dir keine Sorgen, und wenn es so weit sein wird, darfst du kein Mitleid empfinden.« Sie ermahnte mich wieder, mit Martin keine Autofahrten zu unternehmen und nichts von ihm anzunehmen.

Anschließend erzählte sie mir von den Stecknadeln, die sie gefunden hatte. Sie dienten dazu, mir Schmerzen zuzufügen und mich zu schwächen. Diese Nadeln bildeten eine Brücke zu den Nadeln, die meine Schwiegermutter bei sich hatte. Die Puppe wurde anstatt meiner mit diesen Nadeln traktiert. Die Stiche spürte ich dann auf meinem ganzen Körper. In diesem Zusammenhang fiel mir ein, dass ich plötzlich Schmerzen bekommen hatte, als ob mir jemand Nadeln in den Körper gestochen hätte. Mein Mann spürte es, und ich bemerkte, wie zufrieden er war. Außer den Stecknadeln fand sie auch Teile einer dünnen Kordel, die mehrere Knoten aufwies. Diese Sachen hatte ich vorher noch nie gesehen. Johanna meinte, sie müsste alles entsorgen, denn wenn jemand, egal, ob aus der Familie oder ein Fremder, es anfassen sollte, könnte ihm dasselbe widerfahren wie mir. Er könnte dann selbst krank werden und nach einer bestimmten Zeit sogar sterben. Die Flüche und Verwünschungen waren übertragbar.

Die Menschen, die ein solches Erbe übernahmen, waren selbst gefährdet, ihren Flüchen und Verwünschungen zu erliegen. Sie bekamen zwar, was sie sich wünschten, mussten aber dafür Opfer bringen. Andernfalls fühlten sie sich krank und wurden sehr zornig. Das beste Beispiel war meine Schwiegermutter. Sie bekam eine graue Gesichtsfarbe, eine rote Nasenspitze, dunkle Augen und Augenringe und war außergewöhnlich zornig. Jetzt erst wurde mir bewusst, dass ihr dämonisches Aussehen der Ausdruck ihrer eigenen Qualen war. In diesem Zustand suchte sie sich immer eine Person aus, die sie besonders schikanieren konnte, mich eingeschlossen. Wenn sie es geschafft hatte, endete das Ganze mit einem heftigen Streit. Danach ging es ihr wieder gut, und ihre Gesichtszüge normalisierten sich. Dafür wurde die angegriffene Person für eine bestimmte Zeit krank. Manchmal kam es vor, dass auch ihre eigenen Familienmitglieder von ihr nicht verschont blieben. In meinem Fall waren es die »belanglosen« Vorwürfe und Beleidigungen, die ich bis dahin nicht verstanden hatte. Mein Fehler war es, dass ich alles über mich ergehen ließ, nur um keinen Streit mit ihr anzufangen. Mein Schweigen bedeutete ihre Genesung. Hätte ich mich gewehrt, hätten ihre Verwünschungen nicht dieses Ausmaß angenommen. Nach jedem ihrer Wutanfälle fühlte ich mich krank, hatte überall Schmerzen und war sehr erschöpft. Sie dagegen wurde sehr freundlich, fast liebenswert. Die Hexe hatte ihr Ziel erreicht.

Weil ich noch nicht wusste, was es war, sah ich keine Möglichkeit, mich dagegen zu wehren.

Die gefährliche Situation, als mein Auto vor längerer Zeit auf den Gleisen stehen geblieben war und wir kurz vor einem Zusammenprall mit dem Zug standen, hatte ich meiner Schwiegermutter und Martin zu verdanken. Nun verstand ich Johannas Worte: »Sei vorsichtig und immer auf der Hut.«

Nach diesem Gespräch wurde mir klar, dass Johanna nicht nur die Zukunft voraussagen konnte, was für ihre Tätigkeit sehr wichtig war, sondern eine Lebensaufgabe hatte: Exorzismus.

REINLICHKEITSDRANG

Es dauerte nicht lange, und meine Eltern gesellten sich mit unseren Kindern zu uns. Obwohl ich nach meinem Geburtstag gründlich aufgeräumt hatte, nahm ich einen Putzeimer und fing wieder an, alle Böden sauber zu machen. Johanna und meine Mutter schauten sich gegenseitig verwundert an. Meine Mutter fragte:»Du hast doch vor Kurzem aufgeräumt und jetzt schon wieder?« Daraufhin antwortete ich, dass es sauber sein müsse, wenn Martin von der Arbeit zurückkommt. Meine Mutter schüttelte den Kopf und ging ins Wohnzimmer. Johanna saß auf einem Stuhl und schaute zu, was ich tat. Als ich fertig war, sagte sie, dass ich den Drang nach Sauberkeit unterlassen sollte, denn damit würde ich seiner Familie dienlich sein. Ich war ihr dankbar, dass sie mir das gesagt hatte. Später ergaben sich Situationen, mit denen ich deshalb besser fertig werden konnte.

Seit längerer Zeit kritisierte mich mein Mann wegen meiner angeblichen Unsauberkeit. Es gehörte zu den Methoden, mich unterwürfig zu machen.

An diesem Abend saßen wir zusammen im Wohnzimmer und warteten auf Martin. Johanna bat mich ihr einige Gesichtspads zu bringen. Diese tauchte sie anschließend in eine Kräutermischung und legte sie auf meine Halsnarbe. Ich trank täglich ihre Kräutermischung. Es war ein schöner gemütlicher Abend. Johanna und meine Eltern schwelgten in Kindheitserinnerungen, und wir lachten viel. Mein Mann kam erst gegen 23 Uhr nach Hause. Ich war bereits im Bett und gab vor, zu schlafen.

Irgendwann in der Nacht wachte ich auf. Es war 3 Uhr. Ich zitterte am ganzen Körper, war schweißgebadet und hatte sehr starke Schmerzen in der Lunge. Martin schlief neben mir. Ich hatte Durst, und weil ich ihn nicht wecken wollte, stand ich leise auf.

Auf der Treppe wurden die Schmerzen derart unerträglich, dass ich ausrutschte und zu Boden fiel. Ich weiß nicht, wie lange ich da lag. Als ich meine Augen öffnete, stand Johanna über mir. Sie hielt einen Rosenkranz in der Hand. Ich fragte sie, was passiert sei. Sie antwortete: »Die Kräuter zeigen ihre Wirkung.« Danach half sie mir, aufzustehen. Wir unterhielten uns noch eine Weile. Ich erkannte, welches Opfer sie für die Menschen brachte. Ohne zu schlafen, betete sie ganze Nächte hindurch. Tagsüber schlief sie nur sehr wenig.

ENDLICH HILFE

Nachdem ich aufgestanden war, fühlte ich mich so wohl wie schon lange nicht mehr. Ich ging ins Bad. Ich schaute in den Spiegel, und was ich da sah, konnte ich kaum glauben. Mein Gesicht war rosig und die vielen Unreinheiten verschwunden. Es war keine Narbe geblieben. Meine Haare, die noch gestern spröde, dünn und unansehnlich waren, sahen voller und geschmeidiger aus, als ob sie in dieser Nacht nachgewachsen wären. Der Lichtschein ließ sie noch glänzender und gesünder aussehen. Meine Halsnarbe war kaum zu sehen, und die Schmerzen waren verschwunden. Es war wie ein Wunder. Johanna sagte mir später, dass dies mein wahres Aussehen sei.

Als ich in die Küche kam, saß Martin bereits am Tisch. Er begrüßte mich, sah mich an und stockte plötzlich. Ich gab vor, nichts zu bemerken. Auch er blieb ruhig und ließ sich nichts anmerken. Ich spürte, dass er mich ununterbrochen beobachtete. Später kamen Andrea und Alexander hinzu. Beide begutachteten mich und sagten: »Mami, was ist los mit dir? Du siehst so anders aus.«

Ich wartete auf Johanna und meine Eltern. Zuerst kam Johanna. Sie lächelte, als sie mich sah. Dann nahm sie mich in die Arme. Ich weinte vor Glück. Nach einer Weile sagte sie: »Ich freue mich, dass Jesus mein Bitten erhört hat.« Ich schaute sie an. Es war das zweite Mal an diesem Tag, dass es mir die Sprache verschlug. Sie hatte tiefe, dunkle Ringe unter den Augen und sah sehr erschöpft aus. Ihr Gesicht war blutig gekratzt. Nach näherem Hinsehen erkannte ich, dass auch ihr Hals und Nacken zerkratzt waren.

Ich wollte sie fragen, was geschehen sei. Doch sie gab mir zu verstehen, dass ich jegliche Fragen unterlassen sollte. Danach sagte sie: »Wichtig ist, dass es dir wieder besser geht. Sorge dich nicht um mich, ich werde damit fertig.«

Ich wusste, dass Johanna in dieser Nacht einen Kampf mit dem Teufel ausgetragen hatte.

Nun kamen auch meine Eltern zum Frühstücken. Beide machten große Augen über mein verändertes Aussehen. Wir lachten viel. Das erste Mal seit langer Zeit genoss ich die Fröhlichkeit in vollen Zügen. Es war, als ob mir ein zweites Leben geschenkt wurde. Ich verließ für kurze Zeit den Raum, im Flur hörte ich meine Mutter sagen: »So fröhlich war sie schon lange nicht mehr, und ihr Gesicht hat sich so verändert. Sogar ihre Haare.«

Auch an diesem Abend kam Martin sehr spät nach Hause. Die Gesellschaft meiner Eltern war ihm zuwider. Plötzlich wachte ich mitten in der Nacht auf. Es war eigenartig, aber ich konnte meine Augen nicht öffnen. Ich spürte, dass Martin sehr nah an meiner Seite war. Als es mir doch gelang, meine Augen leicht zu öffnen, sah ich direkt in Martins Augen. Er schien es nicht zu bemerken. Er beobachtete mich, während ich schlief. Ich war sicher, dass es mit meiner plötzlichen Veränderung zu tun hatte. Einerseits beunruhigte mich diese Situation, andererseits empfand ich

Genugtuung, dass es eine höhere Macht gab, die den Machen-schaften der Familie Nidek entgegenwirkte.

Am darauffolgenden Morgen fuhren meine Eltern und Jo-hanna nach Altötting. Johanna hatte vor, an diesem Wallfahrts-ort die gefundenen Stecknadeln und die Kordel zu entsorgen. Meine Eltern wussten nichts davon.

Ich hatte also genug Zeit, einiges in unserer Arztpraxis zu er-ledigen. Es freute mich, dass immer mehr Patienten unsere Praxis aufsuchten. Mit der Zeit hatte mein Mann keine Lücken mehr in seinem Arbeitsplan. Die Angestellte telefonierte noch immer häufig mit Kolleginnen aus anderen Arztpraxen, um sich bezüg-lich der Patientenabrechnung Informationen zu holen. Obwohl sie uns beim ersten Vorstellungsgespräch zugesichert hatte, sich mit den Abrechnungsziffern auszukennen. Patientenkarteien, die neu angelegt wurden, waren beim nächsten Mal nicht aufzu-finden. Ich sprach mit Martin darüber, und wir nahmen uns vor, am Wochenende alles genauer zu kontrollieren.

DER VORFALL IN ALTÖTTING

Johanna nahm alle Stecknadeln, die sie bei uns gefunden hatte, die Kordel, ein kleines Fläschchen Weihwasser und ein Foto, das sie bei meinen Eltern im Haus hinter einem Schrank gefunden hatte, mit nach Altötting. Bis heute weiß ich nicht, warum. Aber ich bin sicher, dass sie ihre Gründe dafür hatte. Nachdem sie ein kleines Andenken gekauft hatte, besuchten sie und meine Eltern die vielen Kirchen. Das Bündel mit den Sachen wollte Johanna unterwegs in einem Bach versenken. Es gab jedoch keine Möglichkeit dazu. Mit all diesen Dingen in ihrer Hand-tasche gingen sie in eine Kapelle, um sie von einem Pater weihen zu lassen. Ohne Johanna zu beachten, gingen meine Eltern bis vor den Altar. Sie blieb im hinteren Teil der Kapelle stehen. Es kam oft vor, dass Berichterstatter den Ort aufsuchten.

Nach kurzer Zeit kam ein Mönch, um die Sachen der Pilger zu weihen. Er war alt, grauhaarig und trug einen Bart. Er besprengte die Sachen mit Weihwasser. Plötzlich sah Johanna keine Wassertropfen, sondern graue Perlen, die auf den Boden fielen. Diesen Vorfall kann sie sich bis heute nicht erklären. Der Mönch sah zu ihr hinüber; sein Gesicht wurde rot. Aufgeregt lief er auf sie zu. Er war wie von Sinnen, stieß unverständliche Worte aus und fauchte wie ein Tier. Es galt Johanna. Während er ihr die Handtasche entreißen wollte, schrie er sie an. Die Reporter und mein Vater versuchten, ihn zu beruhigen.

Meine Mutter blieb vorn stehen. Währenddessen verließen mehrere Gläubige die Kapelle. Mein Vater sagte laut: »Was wollen Sie, lassen Sie diese Frau in Ruhe, sie versteht doch kaum Deutsch.« Danach kamen zwei andere Mönche, nahmen ihn von beiden Seiten unter die Arme und verließen mit ihm die Kapelle. Er wehrte sich, und den ganzen Weg über murmelte er unverständliche Worte.

Johannas Verdacht war, dass er an die Stecknadeln und an die anderen Sachen heranwollte. Für sie war es die einzige Erklärung. Das Böse hatte ihn berührt. Wie aber war es geschehen? Dafür fand sie keine Erklärung. Nach diesem Vorfall wurde ihr klar, dass sie es mit etwas Mächtigem und sehr Bösem zu tun hatte und es gefährlich war. Sie zweifelte im ersten Moment daran, ob sie sich der Angelegenheit, mir zu helfen, weiterhin annehmen sollte.

Danach fuhren sie zurück. Unterwegs bat Johanna meinen Vater, an fließendem Wasser stehen zu bleiben, damit sie die Sachen entsorgen konnte. Einige Kilometer von Bad Abbach entfernt blieben sie stehen. Sie warf das Bündel in einen Bach.

Es musste unbedingt fließendes Wasser sein, damit niemand die Sachen in die Hände bekam.

Gegen Abend kamen sie sehr erschöpft bei uns an und erzählten mir, was vorgefallen war. Meine Mutter saß ruhig da. Ich merkte, dass sie völlig durcheinander war.

JEDER SPIELT SEINE ROLLE

Spät am Abend kam Martin von der Arbeit. Jeder von uns hatte seine Rolle. Es war wie im Kino. Mein Mann spielte den besten Schwiegersohn der Welt. Johanna und meine Eltern verhielten sich völlig neutral. Ich war in der Beobachterposition und musste das Geschehene erst verarbeiten. Noch am selben Abend erfuhren wir von Martin, dass die Hochzeit der blonden Angestellten abgesagt worden war. Während meine Mutter große Augen machte, lächelte Johanna vor sich hin.

Martin brachte alkoholische Getränke und wir stießen an. Dabei sagte er: »Auf unser Wiedersehen«, worauf Johanna erwiderte: »Auf das Wohl und die Gesundheit von Anna.« Ich freute mich über diesen Satz, denn für mich bedeutete er Leben und Überleben. Martin lachte, und ich spürte, dass er den Sinn verstanden hatte.

DAS NEU ERWORBENE BAUGRUNDSTÜCK

Die Siedlung am Rande des Ortes bestand vorwiegend aus neu gebauten Häusern. Die meisten waren sehr groß und hatten das Ausmaß einer Villa. Unser Grundstück war das letzte. Wir bewunderten die schöne Siedlung. Johanna schaute sich sehr aufmerksam um. Danach sagte sie:»Innerhalb der nächsten drei Jahre wird hier ein wunderschönes Haus stehen. Es wird dein Verdienst sein.« Ich freute mich über ihre Worte. Sie machte eine kurze Pause, danach sagte sie:»Du wirst hier aber nicht lange wohnen.« Diese Worte überhörte ich. Auch später verbannte ich sie aus meinen Gedanken.

DIABOLISCHE SPIELE AM GEBURTSTAG VON FRAU WAGNER

An diesem Abend waren wir zum Geburtstag von Frau Wagner eingeladen. Bevor wir das Haus verließen, um zur Geburtstagsfeier zu fahren, ermahnte mich Johanna: Was immer auch geschehen sollte, ich solle mir nichts anmerken lassen. Bevor ich sie nach einer Erklärung fragen konnte, stand Martin neben mir, bereit zur Abfahrt.

Es waren sehr viele Gäste anwesend, und ich lernte auch einige der Familienmitglieder kennen. An diesem Abend sah Frau Wagner sehr gut aus. Ihr schulterlanges Haar war hochgesteckt. Sie war groß und hatte eine sehr sportliche Figur. Es ist mir nicht entgangen, dass sie Martin sehr vertraulich begrüßte. Sie waren mittlerweile per Du. Gleich zu Anfang bot sie mir auch das Du an. Sie hieß Luisa. Es war eine sehr angenehme und fröhliche Geburtstagsgesellschaft.

Gegen 22 Uhr verspürte ich plötzlich einen unerträglichen Schmerz am Zahnfleisch. Ich zuckte zusammen. Im selben Moment verstand ich Johannas Worte »Lass dir nichts anmerken«. Es dauerte nicht lange, und der Schmerz wiederholte sich, aber an einer anderen Stelle. Als es sich das dritte Mal wiederholte, wurde mir bewusst, was es war. Es war ein Gefühl, als ob mir jemand

Nadeln ins Zahnfleisch bohren würde. Selten hatte ich derartig starke Schmerzen verspürt. Meine Konzentration galt Johannas Satz. Je stärker meine Schmerzen wurden, desto mehr beschimpfte ich innerlich meine Schwiegermutter und nannte sie bei ihrem Vornamen. Damit hoffte ich, die Situation beherrschen zu können. Vor Schmerzen gelang es mir jedoch nicht, Tränen zu unterdrücken. Sie tropften in mein Rotweinglas. Ich wurde sehr wütend über meine Peiniger Martin und Sabina. Es dauerte eine Weile, bis die Schmerzen plötzlich nachließen. Zum Glück bemerkte es keiner.

Nach einer Weile spürte ich, dass mein Mann nervöser wurde. Er sah andauernd zu mir. Ich hatte mich gefangen und fand schnell Anschluss zum Tischnachbarn und zu den Gesprächsthemen. Meine anfängliche Freude und mein Wohlbefinden waren verschwunden. Ich ließ mir jedoch nichts anmerken. Martin wurde noch nervöser und sehr unruhig. Nach einer Weile sagte er, er sei müde und wolle nach Hause fahren. Im Auto fragte er mich: »Wie fühlst du dich?« Ich lächelte, jedoch nicht über diese Frage, sondern darüber, dass ich ihm zum ersten Mal, seit wir uns kannten, einen Schritt voraus war. Zum einen wusste ich Bescheid, zum anderen hatte sich mein Zustand, ohne dass er etwas bemerkt hatte, wieder normalisiert. Ich antwortete, dass ich mich sehr gut fühlen würde. Danach fragte ich ihn: »Warum fragst du mich danach?« Er schaute mich ein wenig verwirrt an und sagte nach einer Weile, dass es wohl nichts Ungewöhnliches sei, wenn ein Ehemann seine Ehefrau nach ihrem Wohlbefinden frage. Seine Stimme klang sehr unsicher. Ich empfand Genugtuung. In diesem Moment fühlte ich mich ihm überlegen. Als wir nach Hause kamen, schliefen bereits alle.

In diesen Tagen veränderte sich für mich sehr viel. Dies hatte ich Johanna zu verdanken. Meine Fröhlichkeit kehrte zum großen Teil zurück.

Am nächsten Tag erzählte ich Johanna, was beim Geburtstag geschehen war. Wir sprachen auch über die abgesagte Hochzeit. Sie war sehr zufrieden, dass ich mir meine Schmerzen nicht hatte anmerken lassen. Später, im Beisein meiner Eltern, erzählte Johanna über ihre Kindheit. Ich war sehr ergriffen von ihrer Geschichte. Sie hatte eine Stiefmutter, die Johanna nie akzeptiert hatte. Bereits seit früher Kindheit musste sie schwere Arbeit verrichten, während ihre Halbgeschwister verschont blieben. Es waren auch einige lustige Geschichten dabei.

ERNEUTES GESPRÄCH MIT JOHANNA

Johanna bat mich darum, ihr noch einmal genau zu berichten, was bei der Geburtstagsfeier vorgefallen war. Ich erzählte ihr von den Stichen, die ich immer wieder im Zahnfleisch verspürt hatte, und von Martins Nervosität. Sie sagte, dass er über den Verlauf meiner Schmerzen und Qualen von seiner Mutter unterrichtet worden und auf mein Klagen und Weinen vorbereitet war. Es sollte in der Öffentlichkeit passieren, damit sich alle Gäste über mich ein Urteil bilden konnten. Sie sollten mich als eine kranke und psychisch angeschlagene Frau sehen. Alle hätten Martin aufgrund meines psychischen Zustands bedauert, mich hätten sie bemitleidet. Die Idee dazu stammte von meiner Schwiegermutter. Martin sollte ihr nach der Geburtstagsfeier über das Geschehene berichten. Weil ihr Plan jedoch nicht aufgegangen war, wurde er nervös, denn die dämonische Kraft war auf ihn übergegangen. Es geschah so plötzlich, dass er sich nicht dagegen wehren konnte. Als ich Sabina in meinem Schmerzzustand beschimpft und dabei ihren Vornamen genannt hatte, blieb auch sie nicht von der dämonischen Kraft verschont.

Nach Johannas Aussage fiel sie noch am selben Abend die Kellertreppe herunter und musste im Krankenhaus behandelt werden. Dass Johanna wieder einmal Recht hatte, erfuhr ich am selben Abend von Martin. Als er von der Arbeit kam, erzählte er, dass seine Mutter auf der Kellertreppe gestürzt sei. Ihre offenen Wunden mussten im Krankenhaus behandelt und genäht werden. Johanna warnte mich davor, mit solchen Personen Mitleid zu haben, weil sich die Vorfälle ansonsten rückwirkend gegen mich richten würden. Das Ganze war wie ein Kreis, der nie unterbrochen werden durfte. Das Böse bestimmte den Verlauf.

EIN PRIESTER UND DIE WEIHE UNSERES HAUSES

Johanna fragte mich, ob in letzter Zeit unser Haus von einem Priester geweiht worden sei. Es war tatsächlich so, dass ich im letzten Jahr, nachdem der Spuk immer größer geworden war, einen Priester darum gebeten hatte. Noch bevor er anfing, wollte er meiner Bitte nachkommen, anschließend mit uns Kaffee zu trinken. Zuerst hängte er seine Stola um seinen Hals, danach weihte er jeden Raum im Haus. Dabei betete er. Am längsten hielt er sich in den Kinderzimmern auf. Sein kürzester Aufenthalt galt dem Wohnzimmer. Als er fertig war, nahm er seine Stola ab, und während er sie in der Hand hielt, drehte er sich schnell zur Eingangstür. Er war nervös und sah blass aus. Anschließend verabschiedete er sich in Windeseile von uns. Wegen seiner Aufregung vergaß er sogar, das Gefäß mit dem Weihwasser mitzunehmen.

Während Martin sich keineswegs zu wundern schien, fand ich keine Worte für das Benehmen des Geistlichen. Ich erzählte es Johanna, und sie meinte, dass sie den Grund kennen würde. Dann sagte sie, dass sie mit unseren Kindern in die Kinderzimmer gegangen war, nachdem wir gestern zum Geburtstag gefahren waren. Anstatt zu schlafen, wollten sie sich mit ihr unterhalten. Mit ihren dürftigen Deutschkenntnissen erzählte sie ihnen Märchen und Geschichten aus ihrer Kindheit. Sie hörten ihr sehr aufmerksam zu. Irgendwann sprachen sie über die Angst. Beide bestätigten ihr, sich manchmal zu fürchten. Neugierig fragte sie nach dem Grund ihrer Furcht. Daraufhin erzählten sie ihr, dass sie manchmal einen Mann ohne Kopf sehen würden. Er sei auch schon in ihren Zimmern gewesen. Mit einem Mal sagte Alexander: »Er war sogar in meinem Schrank.« Danach nahm er ihre Hand und zog sie in sein Zimmer. Seine Schranktüren waren, wie so oft in letzter Zeit, weit geöffnet. Er zeigte auf den Schrank und sagte: »Da, genau da steht er, wie schon so viele Male.« Es war mir bis zu dem Zeitpunkt unerklärlich gewesen, warum er es vorzog, die Türen ständig offen zu lassen. Danach gingen sie in Andreas Zimmer. Dort erzählten sie, dass der Mann ohne Kopf auch da war, als der Priester damals zu uns nach Hause gekommen sei. Neugierig fragte Johanna, wo sie ihn gesehen hätten. Beide antworteten wie aus einem Mund: »Er stand hinter dem Fernseher im Wohnzimmer.« Ich zweifelte nicht an dieser Behauptung. Es war kaum zu übersehen, dass der Priester, nachdem er im Wohnzimmer gewesen war, es plötzlich sehr eilig hatte, das Haus zu verlassen.

Durch die Gespräche mit Johanna erhielt ich immer mehr Antworten auf meine Fragen. Immer wieder ermahnte sie mich, nicht mit Martin zusammen in einem Auto zu fahren, weder ich noch unsere Kinder. Als ich sie nach dem Grund fragte, antwortete sie, dass die Zeit kommen würde, in der ich eine Antwort auf meine Frage erfahren sollte. Zum Schluss sagte sie, dass mein Mann mich mittlerweile mit mehreren Frauen betrogen hatte. Ab jetzt würde er jedes Mal einen Autounfall verursachen, sobald er wieder mit einer Frau zusammen gewesen sei. Wenn mir Leid angetan werde, an dem mein Mann die Mitschuld trage, würde er jedes Mal die Treppe herunterfallen. Sollte es jedoch ausschließlich auf Veranlassung seiner Mutter geschehen sein, würde ihr etwas zustoßen.

Ich wollte mehr über die plötzliche Absage der Hochzeit der Angestellten von Dr. Birnbaum wissen. Auch darauf hatte sie eine Antwort. Beide, sowohl die Angestellte als auch Martin, hatten vor, zu heiraten. Der Hochzeitstermin mit dem anderen Mann war nur ein Vorwand, um keinen Verdacht auf Martin und die Angestellte zu lenken. Er hatte ihr erzählt, ich sei sehr krank und würde in Kürze sterben.

Später erfuhr ich, dass meine Schwiegermutter überall erzählt hatte, ich sei sehr krank und hätte etwas Schlimmes an der Lunge. Weil ihr Sohn eine gesunde Frau brauchte, wäre er gezwungen, sich nach anderen Frauen umzuschauen. Es war eine Geschichte wie im Mittelalter. Wenn die Königin krank wurde, war der König gezwungen, sich eine andere Frau zur Ehefrau zu nehmen.

Allmählich wurde mir bewusst, wie weit diese Familie gehen würde, um mich meines Lebens zu berauben. Ich sollte langsam und qualvoll dahinvegetieren und dann sterben.

Ich spürte bereits seit längerer Zeit, dass ich in diesem Jahr sterben würde. Aus diesem Grund war ich nach Medjugorje gefahren. Ich empfand eine tiefe Traurigkeit darüber, dass meine beiden Kinder keine Mutter mehr haben würden. Jetzt aber schöpfte ich wieder Hoffnung, und die Gedanken um den Tod sollten keinen Platz mehr haben.

KAPITEL 14:
MEIN VERÄNDERTES AUSSEHEN

Am Abend kam Martin früher nach Hause. Während des Abendessens unterhielten wir uns über unsere neuen Praxisräume und den bevorstehenden Umzug, der in zwei Wochen stattfinden sollte. Mein Mann freute sich sehr darüber, vor allem aber über die schnell wachsende Patientenanzahl. Jedes Hotel und Gasthaus in der näheren Umgebung vermittelte seine Patienten an unsere Arztpraxis. In letzter Zeit wurde Martin immer sicherer in seiner Tätigkeit als selbstständiger Arzt.

An diesem Abend wirkte er jedoch sehr unsicher. Andauernd sah er mich von der Seite an. Es wurde mir schnell klar, dass es mit meinem veränderten Aussehen zu tun hatte. Seine Unsicherheit bereitete mir Genugtuung. Am liebsten hätte ich ihm gesagt, dass ich über seine Familiengeheimnisse Bescheid wusste, hielt mich jedoch damit zurück. In den letzten Tagen war er ruhiger geworden. Heute weiß ich, dass ich es Johanna zu verdanken hatte. Sie brachte es gedanklich fertig, ihn in seine Schranken zu weisen. Ihr gegenüber war er sehr zuvorkommend und respektvoll.

Plötzlich fragte er meine Eltern, weshalb sie nicht mehr im Gästezimmer, sondern im Wohnzimmer schlafen würden. Meine Mutter schaute ihn an und suchte nach einer plausiblen Erklärung. Da meldete sich Johanna und sagte lächelnd: »Ach, ihre Schwiegereltern glauben, dass es da unten spukt, deswegen sind sie umgezogen.« Martin schaute auf seinen Teller und ohne den Kopf zu heben, sagte er: »So ein Quatsch.« Danach wurde das Thema gewechselt.

In jenen Tagen habe ich so viel gelacht wie in der ganzen Ehe nicht. Ich hatte es verlernt, fröhlich zu sein oder mich zu freuen. Durch mein dauerhaft trauriges und ernstes Gesicht hatten sich meine Muskeln verspannt. Nun konnte ich mir vorstellen, warum sich unsere Bekannten lieber mit Martin unterhielten. In deren Augen musste ich wie eine graue Maus oder die böse Ehefrau ausgesehen haben.

MEINE EMPATHIE IN DEN AUGEN DER NACHBARN

Ich erinnere mich an einen Vorfall, der vor einigen Jahren stattgefunden hatte. Andrea war in der Nähe unseres Hauses mit ihrem Fahrrad gestürzt. Eine der Nachbarinnen klingelte bei uns und erzählte mir davon. Ich lief zur Unfallstelle und sah, wie ein Nachbar sie mit seinen Händen hielt. Sie weinte bitterlich, ihre Knie und der linke Arm hatten Abschürfungen erlitten und bluteten. Um sie herum standen mehrere junge Frauen, die sie trösteten. Ich nahm sie sofort in meine Arme. Ohne die Nachbarn anzuschauen, bedankte ich mich leise und lief mit Andrea zum Haus. Einen Tag darauf erfuhr Martin von unseren Nachbarn, ich hätte mich gegenüber unserer Tochter sehr kalt verhalten und sie mit keinem Wort getröstet. Er war keineswegs verärgert darüber. Es bereitete ihm anscheinend Freude, mich so weit gebracht zu haben, dass ich in den Augen der Leute als kaltherzig und unfreundlich galt.

Sein Ziel war es, mich von Anfang an von allen abzugrenzen. Ich sollte keine Freundschaften schließen oder Einladungen annehmen. Was er gern machte, verbot er mir. Der Grund dafür war, dass jemand erfahren könnte, was in unserem Haus wirklich geschah. Die Fassade hätte Risse bekommen.

Ich war unfähig, mich zur Wehr zu setzen. Den Grund dafür sehe ich heute in den dämonischen Machenschaften, die diese Familie betrieb. Bereits damals kontrollierte mich Martin immer mehr. Jedes Mal, wenn er erfahren hatte, dass ich mich mit jemandem unterhalten hatte, gab es Ärger. Dann warf er mir vor, ich würde mich zu wenig um unsere Kinder und den Haushalt kümmern. Im Gegensatz zu mir zeigte er sich oft und gern in der Öffentlichkeit, war stets zu allen überfreundlich und zuvorkommend.

Es kam der Tag, an dem unsere Gäste wieder die Rückfahrt antreten sollten. Beim Abschied musste ich Johanna versprechen, sie öfter anzurufen. Sie wollte über den weiteren Verlauf informiert werden. Denn nur auf diese Weise konnte sie mich vor dieser Familie schützen und mir weiterhin helfen. Die Wurzeln und ihre Tropfen musste ich noch sechs Wochen lang weiter einnehmen. Von meiner Narbe am Hals war nichts mehr zu sehen. Es schien, als ob es an dieser Stelle nie einen Eingriff gegeben hätte.

DAS DESASTER MIT DER ERSTEN QUARTALSABRECHNUNG

Vor dem Umzug in die neuen Praxisräume war noch einiges zu tun. Die erste Quartalsabrechnung stand uns bevor. Die Einnahmen waren wichtig für die Begleichung unserer Bankschulden, die wir für die Einrichtung der Praxis aufgenommen hatten. Erst nach dieser Abrechnung erhielten wir das Geld für die erste Quartalsabrechnung für alle behandelten Patienten von der Abrechnungsstelle für Ärzte. Am Montag fuhr ich in die Praxis, um mich darum zu kümmern. Unsere Angestellte saß an der Anmeldung, als ich hereinkam. Nachdem ich ihr gesagt hatte, dass wir uns mit der Abrechnung beschäftigen müssen, schaute sie mich verdutzt an. Ich hatte kein gutes Gefühl dabei und machte mich sofort an die Arbeit. Es dauerte nicht lange, bis ich merkte, dass sehr wenige Karteikarten vorhanden waren. In der Mittagspause sprach ich mit Martin darüber. Uns wurde klar, dass wir jemanden zur Hilfe hinzuziehen mussten. Derjenige sollte sich in der Abrechnung sehr gut auskennen.

Wir waren beide sehr aufgeregt, denn bis zur Abgabe blieb uns nicht mehr viel Zeit. Zum Glück fanden wir sehr bald zwei junge Frauen. Es stellte sich heraus, dass es keine einzige Patientenkarte gab, die man abrechnen konnte. Unsere Angestellte hatte keine Ahnung von der Arbeit in einer Arztpraxis. Wir liefen Gefahr, für Martins Tätigkeit kein Geld zu bekommen. In den nächsten Tagen mussten alle Karteikarten erstellt, ausgefüllt und bearbeitet werden. Die beiden Frauen arbeiteten Tag und Nacht, um das Versäumte aufzuholen. Am fünften Tag, kurz vor der Abgabe, waren sie fertig. Für uns gab es einen Grund zum Feiern. Die Lehre, die wir daraus zogen, war, dass wir über alle Vorgänge in der Praxis Bescheid wissen mussten, um sofort reagieren zu können.

PRAXISUMZUG UND EIN NEUER STEUERBERATER

Am 1. August fand der Umzug von der provisorischen in die vorgesehene Arztpraxis statt. In kurzer Zeit wurden zwei ausgebildete Arzthelferinnen eingestellt. Es waren sehr gute Mitarbeiterinnen. Gleich am Anfang richtete ich ein Büro gegenüber der Rezeption ein. Es bestand aus einigen Möbelstücken, einem großen Schreibtisch, einem Computer und einer Sitzgelegenheit.

Martin hatte zwei Behandlungszimmer. Ansonsten gab es drei weitere Räume für diverse Behandlungen und einen Gemeinschaftsraum. Unser neuer Steuerberater war sehr kompetent. Obwohl mein Mann den vorherigen ohne Vorwarnung abserviert hatte, erzählte er überall, dass es meine Entscheidung gewesen sei. Ich hatte es nie verstanden, denn das Verhältnis zwischen Martin und ihm war sehr gut gewesen. Der Grund für die Kündigung lag wahrscheinlich in einer vorausgegangenen Situation.

Beim letzten Besuch meiner Schwiegereltern hatte Martin seine Mutter in das Haus des Steuerberaters mitgenommen. Sie waren den ganzen Abend bei ihm. Danach war nichts mehr wie vorher. Er wurde sehr unfreundlich, und ich spürte seine Abneigung gegen mich. Die Freundschaft, die wir miteinander gepflegt hatten, galt nur noch Martin. Ich vermutete, dass mich beide, mein Mann und Sabina, in einem sehr schlechten Licht dargestellt hatten. Um das zu vertuschen, sollte er durch einen neuen Berater ausgetauscht werden. Von Herrn Hermann lernte ich in kurzer Zeit die Buchführung, tätigte alle Überweisungen und war zuständig für die gesamte Praxisorganisation. Dadurch konnte Martin in Ruhe seiner Tätigkeit als Arzt nachgehen.

SCHMERZEN IN DER LUNGE

Mitte August, an einem Freitagabend, überkamen mich heftige Schmerzen an der Lunge. Ich hatte das Gefühl, von tausend Nadeln durchbohrt zu werden. Vor Schmerzen konnte ich kaum atmen. Ich hielt meine Hand an die Lunge und atmete schwer. Martin, der neben mir saß, schien es nicht zu interessieren, im Gegenteil, er war wohl davon genervt. Nach einigen Minuten bat ich ihn, mir ein Glas Wasser zu bringen. Daraufhin nahm er sein leergetrunkenes Bierglas, füllte es mit Wasser und sagte: »Hier hast du dein Wasser.« Er schüttete den gesamten Inhalt mitten in mein Gesicht. Ich rang nach Atem, während er laut lachte. In mir stieg eine unglaubliche Wut und Ohnmacht auf. Als ich wieder zu mir kam, fing ich an, ihn zu beschimpfen.

Es war das erste Mal in unserer Ehe, dass ich ihm sagte, ich würde ihn hassen und könne ihn nicht mehr sehen. Ich wunderte mich selbst über meinen Mut. In meinem Zorn wurde ich immer lauter. Als ich mich beruhigt hatte, sagte er: »Du brauchst eine Infusion.« Ich wehrte mich nicht dagegen, denn ich erhoffte mir davon eine Linderung der Schmerzen. Er verabreichte sie mir, danach verließ er wortlos den Raum. Nach einiger Zeit kam er wieder. Dieses Mal trug er seinen dunklen Anzug, ein weißes Hemd und eine dazu passende Krawatte. Ich schaute ihn fragend an. Er sagte, dass er vorhätte, sich mit einigen Kollegen zu treffen. Ich antwortete nicht, wusste jedoch, dass er mich belog. Danach zog er die Infusionsnadel heraus und verließ das Haus.

In Bezug auf die Infusion dachte ich damals an Schmerz- und Beruhigungsmittel. Heute bin ich sicher, dass er mir einen Cocktail aus Schmerzmitteln und Drogen verabreichte. Nachdem er gegangen war, konnte ich mich eine ganze Weile nicht bewegen. Ich befand mich in einem Dämmerzustand, umgeben von Schatten. Meine Schmerzen waren verschwunden. Dafür herrschte in meinem Kopf ein völliges Chaos. Ich war unfähig, einen klaren Gedanken zu fassen. Irgendwann schlief ich ein.

MARTINS UNFALL

Plötzlich wurde ich von einem lauten Knall wach. Es war die Eingangstür. Anschließend hörte ich Schritte. Mein erster Gedanke galt dem Dämon, aber dieses Mal hatte ich mich getäuscht. Kurz darauf betrat Martin den Raum. Er war aufgeregt und sehr blass. Er erzählte mir, er sei von einer Frau angefahren worden. Danach sagte er: »Stell dir mal vor, sie hat die Bremse mit dem Gaspedal verwechselt. Anstatt nach vorn zu fahren, fuhr sie plötzlich rückwärts mit voller Geschwindigkeit in mein Auto.«

Ich erinnerte mich an Johannas Worte, als sie sagte, dass jedes Mal, wenn er mich betrügen würde, er einen Unfall erleiden würde. Ihn so hilflos dastehen zu sehen, erfüllte mich mit Zufriedenheit. Endlich würde er für seine Gemeinheiten bezahlen. Intuitiv fragte ich ihn, ob noch jemand neben ihm im Auto gewesen sei, was er abstritt. Früher oder später würde ich die Wahrheit erfahren. Ich musste nicht lange darauf warten.

Ich war dermaßen enttäuscht über das, was sich ereignet hatte, dass ich mir vornahm, mit unseren Kindern meine Eltern für zwei Wochen zu besuchen. Es war ein guter Zeitpunkt, denn Alexander sollte in Kürze eingeschult werden. Am nächsten Morgen erzählte ich meinem Mann, was ich vorhätte. Er hatte nichts dagegen, bot sich sogar an, uns am kommenden Wochenende zu fahren.

Am Nachmittag rief ich Johanna an und erzählte ihr, was passiert war. Neugierig fragte ich sie, was die Ursache für Martins Unfall gewesen sei. Sie antwortete, dass ich es in Kürze erfahren würde. Als ich ihr sagte, dass Martin uns zu meinen Eltern fahren wolle, sagte sie: »O Gott, fahr bloß nicht mit ihm, fahrt mit dem Zug.« Daraufhin sprach ich mit unseren Kindern. Beide freuten sich auf die Zugfahrt. Ich war täglich bis 14 Uhr in der Praxis beschäftigt, manchmal auch länger.

Lena, die bis dahin für Sauberkeit in unserem Haus zuständig war, erklärte sich bereit, täglich auch Mittagessen zu kochen. Einen Tag vor unserer Abreise kam ein Brief von der Unfallversicherung in die Praxis. Martin zog es vor, diese Angelegenheit ohne mein Wissen abzuwickeln. Vorsichtig öffnete ich den Brief. Er sollte nicht merken, dass ich den Inhalt gelesen hatte. Wie erwartet, ging aus dem Schreiben hervor, dass er mit einer weiblichen Begleitung in der Unfallzeit unterwegs gewesen war. Das Einzige, was der Wahrheit entsprach, war, dass der Unfallverursacher eine Frau war. Die Frau, die während des Unfalls neben Martin gesessen hatte, war mir bekannt. Es war eine Kurpatientin, die öfter in unserer Arztpraxis gewesen war. Ich verschloss den Brief und legte ihn zwischen die restliche Post.

Durch den Vorwand, unsere Kinder würden sich schon die ganze Zeit auf eine Zugfahrt freuen, ließ mein Mann von der Idee ab, uns zu meinen Eltern zu begleiten. Am frühen Morgen stiegen wir in den Zug nach Hamburg. Am späten Nachmittag kamen wir in Münster an, wo uns mein Vater abholte. Wir verbrachten ein ruhiges Wochenende. Jeden Tag rief Martin uns an. Am Sonntag versuchte ich, ihn telefonisch zu erreichen, er schien jedoch nicht daheim zu sein. Erst am späten Abend rief er zurück und meinte, dass er den ganzen Tag mit Hausbesuchen beschäftigt gewesen war. Es schien mir sehr unwahrscheinlich, aber ich akzeptierte seine Ausrede.

Tante Irmgard rief bei uns an und erzählte mir zu meiner Freude, dass Johanna seit zwei Tagen bei ihr sei und mich bei dieser Gelegenheit sehen wolle. Wir verabredeten uns für den nächsten Tag.

23. AUGUST

Es war der 23. August. Meine Eltern fuhren mit unseren Kindern nach Hamburg in den Zoo. Kurz nach ihrem Aufbruch klingelte das Telefon. Nach dem vierten Mal überlegte ich, den Hörer abzuheben. Ich entschied mich jedoch, es nicht zu tun. Ich wohnte hier nicht mehr und wusste nicht, ob dieser Anruf mir galt.

WIEDERSEHEN MIT JOHANNA

Ich freute mich, Johanna wiederzusehen. Wir unterhielten uns über Martins Familie. Danach erzählte sie über sich. Aus dem Gespräch erfuhr ich, dass sie bereits sehr vielen Menschen, die sich in einer ähnlichen Situation befunden hatten, hatte helfen können.

MARTINS SCHWERER UNFALL

Während wir am Küchentisch saßen, beschloss ich, in der Praxis anzurufen, um mich nach Martin zu erkundigen. Ich musste nicht lange warten, bis sich eine der Angestellten meldete. Sie schien sehr aufgeregt zu sein und fragte mit zittriger Stimme, ob ich es schon gehört hätte. Ich wusste nicht, was sie meinte. Sie sagte, dass mein Mann in der Nacht einen sehr schweren Autounfall gehabt hätte und ins Regensburger Klinikum gebracht worden sei. Weitere Fragen konnte sie nicht beantworten, und so rief ich als Nächstes die Polizei in Bad Abbach an.

Ich wurde immer nervöser und konnte es kaum glauben, was ich da hörte. Ich erfuhr, dass Martin gegen 3 Uhr nachts von

Kurgästen aufgefunden wurde. Kurz bevor er die Arztpraxis erreichen konnte, raste er mit voller Geschwindigkeit in einen Baum. Weil der Baum die Frontseite seines Wagens durchbohrte, sah es so aus, als ob er parken würde. Sofort wurde der Notarzt gerufen. Aufgrund seiner schweren Kopfverletzung wurde er mit dem Hubschrauber nach Regensburg geflogen. Aufgeregt rief ich dort an. Ich wurde mit dem diensthabenden Arzt verbunden. Von ihm erfuhr ich, dass Martin vom Chefarzt, Professor Köpke, operiert worden war, sein Zustand jedoch kritisch sei. Ich war völlig durcheinander und überlegte, was ich als Nächstes tun sollte. Johanna, die hinter mir stand, sagte, ich solle mich bloß nicht aufregen, denn die Geschichte hatte ihren Lauf genommen. Ich sah sie fragend an. Leise fragte sie, ob ich mich an unsere ersten Gespräche erinnerte. Ich nickte bejahend. Damals hatte sie mir gesagt, dass sie es geschafft hätte, den Fluch, der auf mir lag, von mir abzuwenden. Daraufhin hatte der Dämon, der Vater meiner Schwiegermutter, den Fluch auf Familie Nidek übertragen. »Der Fluch ging dahin zurück, woher er gekommen war, nämlich zu Martin.«

Johanna sagte, dass ich jetzt an seiner Stelle im Krankenhaus hätte liegen sollen. So war es von Martin und seiner Mutter beschlossen worden. Weil Johanna den Fluch jedoch abwenden konnte, bin ich dieser Tragödie entkommen. Allmählich wurde ich ruhiger und rief noch einmal in der Arztpraxis an. Die Angestellten waren im Begriff, die Praxis zu schließen. Es sollten nur noch diejenigen behandelt werden, die sich in der Praxis befanden. Die vorübergehende Vertretung wurde von einem Freund von Martin übernommen. Nachdem ich mit ihm gesprochen hatte, versprach er, die Patienten bis zu meiner Ankunft in Bad Abbach weiterzubehandeln.

Nach unserem Telefonat rief er mehrere Ärzte in der

Umgebung an. Jeder von ihnen bot seine Hilfe an. Sie erarbeiteten einen Plan, nach dem sie sich alle drei Stunden in der Praxis abwechseln würden, sodass die Tätigkeit in ihrer eigenen Praxis darunter nicht leiden würde. Es blieb uns nichts anderes übrig, als sofort zurückzufahren. Mein Vater erklärte sich bereit, mich und die Kinder nach Hause zu fahren. Meine Mutter war sichtlich aufgeregt und meinte, dass wir uns so schnell wie möglich auf den Weg machen sollten. Ich wollte gerade den Raum verlassen, als das Telefon klingelte. Instinktiv nahm ich den Hörer ab. Es war Professor Köpke. Er bat uns, sofort zu kommen, weil der Zustand meines Mannes sich verschlechtert hatte. Es war sehr kritisch.

Ich erzählte es meinen Eltern. Plötzlich sprang meine Mutter auf, stieß Johanna wie von Sinnen in die Küchenecke, packte sie mit beiden Händen an den Oberarmen und schrie: »Er muss leben, er darf nicht sterben.« Nachdem sie es noch zweimal wiederholt hatte, sagte Johanna mit sehr ruhiger Stimme: »Er wird leben.« Mir lief ein Schauer über den Rücken, denn das, was ich da hörte, war so unglaublich wie die Ereignisse in meiner Ehe die letzten Jahre. Danach ließ meine Mutter von ihr ab und ging. Johanna und ich blieben zurück.

Sie ermahnte mich noch einmal, keine Tragödie zu veranstalten, denn an diesem Tag hätte ich sterben sollen. Danach sagte sie sehr besonnen, dass mein Mann überleben werde, aber wenn er wieder zu Hause sei, wäre ich meines Lebens nicht mehr sicher. Aus den dämonischen Verwicklungen werde ein grenzenloser Hass entstehen, und sie würden nicht eher ruhen, bis sie das zu Ende gebracht hätten. Zu Ende bringen hieß, mich umzubringen. Ich verstand ihre Worte. Später sagte mir Johanna, dass sie ihre Worte »Er wird leben« sehr bedauerte, denn diese Äußerung stand ihr nicht zu.

Am späten Nachmittag fuhren wir los nach Regensburg in die Klinik. Während der Fahrt sprachen wir kaum miteinander. Jeder hing seinen Gedanken nach.

REGENSBURGER KLINIK

In der Klinik kamen wir gegen 1 Uhr nachts an. Ich durfte als Einzige den Intensivraum betreten. Martin lag auf der vorderen Liege. Ich erschrak, als ich ihn sah. Er war an mehrere Schläuche angeschlossen. Sein Kopf war doppelt so groß und bandagiert. Sein Körper lag reglos da. Neben seinem Bett im selben Raum lag eine Frau. Anscheinend hatte sie ein ähnliches Schicksal erleiden müssen. Ich setzte mich auf einen Stuhl neben sein Bett und nahm seine Hand. Während ich ihn beobachtete, sagte ich mit trauriger Stimme: »Warum?« Und es schien, als ob sich seine Hand bewegte. Danach saß ich wie benommen da. Ich war traurig über das, was passiert war, wusste aber, dass der Lauf der Dinge seinen Weg genommen hatte. Ich weiß nicht, wie lange es gedauert hat, bis eine Krankenschwester hereinkam und mir etwas zu trinken brachte. Während meine Eltern auf mich warteten, schliefen Andrea und Alexander auf den Sitzbänken im Gang.

EIN NEUER ABLAUF IN DER ARZTPRAXIS

Am frühen Morgen fuhr ich in unsere Praxis. Die Angestellten waren bereits anwesend, und im Wartezimmer saßen die ersten Patienten. Gleich zu Beginn fragten sie mich, ob es nicht besser sei, die Praxis zu schließen und die Patienten wegzuschicken.

Ich antwortete ihnen, dass ich bereits mit anderen Arztkollegen gesprochen hätte und so wie es ausschaue, würden wir weiterarbeiten können. Es dauerte nicht lange, und der Freund meines Mannes, Dr. Achim Seeger, betrat unsere Praxis. Nachdem wir uns begrüßt hatten und er sein Bedauern über den Vorfall zum Ausdruck gebracht hatte, bat er mich um eine kurze Unterredung. Ich folgte ihm ins Sprechzimmer. Er sagte, dass sich für die nächsten fünf Tage mehrere Ärzte bereit erklärt hätten, die Sprechstunden stundenweise zu übernehmen. Ich war sehr erleichtert darüber, denn die Arztpraxis war fürs Erste besetzt. Später konnte ich über das weitere Vorgehen nachdenken. Damit lastete auf mir ein weiteres Problem, nämlich, wie ich es schaffe, in so kurzer Zeit einen Arzt zu finden, der eine Vertretung übernehmen würde, bis man mehr über Martins Zustand erfahren konnte. Ich erinnerte mich, dass ein Arzt aus Ungarn vor zwei Wochen eine große Klinik in unserer Nähe hatte verlassen müssen. Ich fuhr zu ihm. Ich wurde von seiner Ehefrau empfangen. Sie war ebenfalls Ärztin, konnte in Deutschland jedoch nicht Fuß fassen. Ich nahm im Wohnzimmer Platz.

Kurze Zeit später erschien Dr. Monescu. Er war ein schlanker, großer Mann und etwa fünfzig Jahre alt. Sein arrogantes Verhalten war nicht zu übersehen. In diesem Moment störte es mich jedoch nicht. Nach einer kurzen Unterredung erklärte er sich bereit, Martin zu vertreten. Mit seinem Vergütungsanspruch war ich einverstanden, obwohl es sehr viel mehr war, als ein Arzt verdiente. Doch ich war froh, eine Lösung gefunden zu haben. Ich rief im Krankenhaus an und erkundigte mich nach Martins Zustand. Ich wurde sofort mit Professor Köpke verbunden. Aufgrund seiner Aussage war es noch zu früh, Martins Zustand beurteilen zu können.

Ich fuhr nach Hause, wo mich Andrea und Alexander

erwartet hatten. Alexander fragte leise: »Was ist denn mit Papa los?« Daraufhin sagte Andrea: »Er ist gegen einen Baum gefahren.« Erstaunt fragte ich, wie sie darauf käme, und sie antwortete: »Wenn man einen Unfall hat, dann fährt man doch immer gegen einen Baum.« Ihre Antwort verschlug mir die Sprache, und ich nahm beide in die Arme. Sie sagten nichts, aber ich spürte eine tiefe Traurigkeit. Martins Unfall hatte sich sehr schnell herumgesprochen. Es dauerte nicht lange, und ich konnte kaum einen Schritt vor die Tür setzen, ohne dass mich jemand darauf angesprochen hätte.

Nachdem meine Mutter uns etwas zu essen gemacht und ich mich vom ersten Schock erholt hatte, fuhr ich in die Klinik. Martins Zustand war unverändert. Jetzt erst sah ich, dass der Schlauch, der seine Lunge versorgte, mit einer fast schwarzen Flüssigkeit gefüllt war. Ich war der Meinung, dass es Blut war. Sofort rief ich nach der Krankenschwester. Sie lächelte und sagte, es sei Zigarettenteer. Neben seinem Bett lag immer noch dieselbe Frau. Sie hatte Besuch von ihrer Familie. Ihr Ehemann erzählte mir, dass sie einen Autounfall gehabt hatte. Ihr Zustand sei kritisch. Unter Tränen sagte er, dass er das Geschehene noch gar nicht fassen könne und es sein größter Wunsch sei, dass seine Frau und Martin diesen Ort bald verlassen könnten.

In diesem Moment verspürte ich eine so tiefe Traurigkeit über unsere Schicksale. Ich dachte nicht an meine Vergangenheit mit Martin, sondern an die Situation in diesem Raum. Bis heute muss ich oft daran denken, wie traurig und doch voller Hoffnung wir in diesem Moment alle waren. Nach einer Stunde verabschiedete ich mich von meinem Mann und der Familie seiner Nachbarin. Der Ehemann und seine drei Kinder nahmen mich in die Arme, danach verließ ich den Raum. Es schien, als ob wir seit langer Zeit die besten Freunde seien. Niemals mehr in meinem späteren

Leben habe ich eine derart starke Verbundenheit zu fremden Menschen gefühlt. Es war das gleiche Schicksal, das wir miteinander teilten.

GESPRÄCH MIT PROFESSOR KÖPKE

Professor Köpke war ein älterer Herr mit grauen Haaren, der sehr schlank war. Von ihm wollte ich wissen, was vorgefallen war. Er berichtete, dass Martin mit dem Hubschrauber gegen 4 Uhr morgens in die Klinik eingeliefert worden war. Bei der ersten Untersuchung stellte sich heraus, dass er einen sehr langen Plastiksplitter im Kopf hatte. Es war anscheinend ein Teil der Autoverkleidung, das sein Gehirn durchbohrte. Nach dieser Erkenntnis stellte er sich die Frage, ob man Martin nicht besser nach München bringen sollte, um den Splitter operativ entfernen zu lassen. Die Zeit reichte dafür jedoch nicht aus, weil seine Kopfblutungen zu stark waren. Professor Köpke entschied sich für eine sofortige Operation, die er selbst vornahm. Er sagte, dass er noch nie einen derartigen Eingriff vorgenommen hätte und nur während seiner Studienzeit bei einer derartigen Operation zuschauen durfte. Im weiteren Gespräch gab er mir zu verstehen, dass man noch immer nicht wisse, ob Martin jemals aus dem Koma aufwachen würde.

Wenn es tatsächlich geschehen sollte, sei unklar, welche psychischen und körperlichen Schäden er davontragen würde. Ich war schockiert. Mir drehte sich alles im Kopf, und ich stand kurz vor einer Ohnmacht. Professor Köpke ließ eine Krankenschwester kommen, die mir etwas zu trinken brachte. Er beruhigte mich und versprach, alles Mögliche zu tun, um meinen Ehemann zu retten. Ich erfuhr, dass Martin deswegen in ein künstliches Koma versetzt worden war, weil seine Lunge sich mit Blut gefüllt hatte. Durch die Ruhigstellung sollte sie sich wieder regenerieren, außerdem konnte Martin nur auf diese Weise seine starken Kopfschmerzen überstehen, weil man, um den Splitter zu entfernen, seinen Kopf geöffnet hatte. Ich fuhr nach Hause. Das Telefon stand nicht mehr still. Jeder fragte nach Martins Zustand. Irgendwann legte ich den Hörer neben das Telefon.

Am späten Nachmittag klingelte es an der Tür. Es war der Arzt, der in der Unfallnacht zum Unfall gerufen worden war. Er schilderte mir, was passiert war. Gegen 3 Uhr nachts war er angerufen worden. Als er am Unfallort ankam, sah er einen Mann auf dem Fahrersitz sitzen. Er öffnete die Wagentür. Als Erstes fiel ihm auf, dass im gesamten Innenraum Blutspritzer waren. Er erkannte sofort, dass die Lage sehr ernst war. Im ersten Moment dachte er, dass der Mann tot sei. Plötzlich hörte er ihn etwas Zusammenhangloses reden. Er fragte nach seinem Namen und erhielt die Antwort: Martin Nidek. Er konnte im ersten Moment nicht fassen, dass es sein Kollege war. Danach sah er den Splitter in seinem Kopf, traute sich jedoch nicht, ihn herauszuziehen, weil er befürchtete, Martin könne verbluten. Er rief sofort in der Klinik in Regensburg an und forderte einen Hubschrauber an. Martin machte weitere Angaben. Er gab sein Geburtsdatum und unsere Adresse an, bevor er die Besinnung verlor.

Kurz darauf kamen die Polizei und einige schaulustige Kurgäste. Sie erzählten, dass es gegen Mitternacht einen unglaublichen Knall gegeben hätte. Weil in der Nähe umgebaut wurde und dort ein Kran stand, dachte jeder, dass dieser umgefallen sei. Niemand hatte es mit einem Unfall in Verbindung gebracht. Aus den Äußerungen der Kurgäste war zu entnehmen, dass seit dem Aufprall drei Stunden vergangen waren, bis man ihn fand. Martins Arbeitskollege war der Erste, der mich nach meinem

Zustand fragte. Jeder erkundigte sich nach Martin, was verständlich war, aber niemand von ihnen dachte an das, was ich als Ehefrau durchmachen musste. Ich fuhr mehrmals täglich in die Arztpraxis, um nach dem Rechten zu sehen.

Es war der dritte Tag nach Martins Unfall. Nachdem ich das Notwendigste erledigt hatte, musste ich Martins Eltern über den Unfall und seinen Zustand informieren. Mein Vater war mittlerweile wieder zurückgefahren, während meine Mutter bei uns geblieben war. An diesem Tag war ich vormittags bei Martin in der Klinik, sein Zustand war unverändert. Auch seine Bettnachbarin war wieder von ihrer Familie umgeben.

Während ich dasaß, kam der Ehemann zu mir und zeigte mir unter Tränen die letzten EEG-Befunde seiner Frau. Aus Höflichkeit schaute ich sie mir an und sagte: »Es schaut nicht schlecht aus, sie wird bestimmt überleben.« Bis heute weiß ich nicht, warum ich ihm das gesagt hatte. Ich hatte keine Ahnung davon, und trotzdem gab ich ihm diese Antwort. Damit machte ich ihm Mut. Er lächelte und sagte: »Glauben Sie das wirklich?« Ich antwortete: »Ich glaube daran, dass Ihre Frau überlebt. Ich werde für Sie beten.« Er bedankte sich und ging zurück an das Bett seiner Frau. Seine drei Söhne schauten zu und nickten lächelnd.

Als ich nachmittags nach Hause kam, saßen unsere Kinder an der Treppe und fragten mich neugierig, ob es ihrem Papa mittlerweile besser ginge. Sie hatten keine Ahnung vom Ernst der Lage. Ich antwortete, dass er noch eine Weile im Krankenhaus bleiben müsse. Solange man nichts Genaueres wusste, wollte ich ihnen ein Leid ersparen.

Nachmittags rief ich Martins Eltern an und berichtete, was passiert war. Während mein Schwiegervater mich über den genauen Hergang ausfragte, hörte ich meine Schwiegermutter im Hintergrund laut weinen, teilweise schreien. Danach legte ich den Hörer auf. Es dauerte nicht lange, bis seine Brüder anriefen. Zuerst Piotr, danach Stefan. Ich erzählte, was passiert war und dass man im Moment nichts tun könne, ich würde mich aber, nachdem ich mehr erfahren hätte, sofort melden. Ich hoffte, dass ich mir dadurch ihren Besuch für die nächsten Tage ersparen könnte. Doch meine Hoffnung bestätigte sich nicht.

MARTINS FAMILIE TRIFFT IM KRANKENHAUS EIN

Am nächsten Tag gegen Mittag rief mich eine Krankenschwester von der Intensivstation an. Sie teilte mir mit, dass die Familie meines Mannes eingetroffen sei und ich meine Zustimmung zum Besuch geben müsse. Natürlich war ich damit einverstanden. Ich wusste, dass die nächsten Tage mit dieser Familie sehr anstrengend sein würden. Als ich es meiner Mutter sagte, brachte sie nur einen Satz hervor: »Oh Gott, jetzt schon.« Als ich am Nachmittag im Krankenhaus ankam, saßen seine Mutter, Piotr und seine Frau Kamila an Martins Bett. Während Sabina Martins Hand streichelte, sagte sie immer wieder: »Du bist gesund, du wirst nicht sterben.« Ihr Gesicht hatte wieder diese dämonischen Züge. Jedes Mal erschrak ich darüber, aber dieses Mal war es besonders schlimm.

Ihr Gesicht war weiß wie die Wand, die Nase rot und ihre Augen wie zwei schwarze Kohlekugeln. Ich spürte, wie mich die Krankenschwester von der Seite beobachtete. Ich ging zu ihnen und gab ihnen die Hand. Piotr und Kamila begrüßten mich, während meine Schwiegermutter mir teilnahmslos und ohne mich anzuschauen, ihre Hand reichte. Ich spürte, dass es nicht nur ihr Schmerz, sondern auch ein unglaublicher Hass gegen mich war, weil ihr Plan misslungen war. Nun musste sie mit ansehen, wie ihr eigener Sohn fast ums Leben gekommen wäre. Nach einiger Zeit fuhr ich nach Hause. Am späten Abend kamen Martins Mutter und die anderen Familienmitglieder bei uns an.

In den nächsten Tagen fiel mir auf, dass wir abgesehen von Martins Bettnachbarin fast immer allein im Raum waren. Sogar die Krankenschwester, die in den letzten Tagen immer wieder hereingekommen war, um sich nach dem Befinden zu erkundigen, vermied es, den Raum zu betreten.

KAPITEL 15: MARTINS FAMILIE WÄHREND SEINES KRANKENHAUSAUFENTHALTS

DÄMONISCHE GÄSTE IN MEINEM HAUS

Mit Martins Familie kam auch sein älterer Bruder Stefan. Ohne ein Wort stürmten sie ins Haus. Sie benahmen sich wie eine Horde Tiere. Keiner von ihnen begrüßte Andrea und Alexander. In der letzten Zeit war es öfter vorgekommen, dass beide auf der untersten Treppenstufe im Erdgeschoss saßen. Nachdem alle im Wohnzimmer Platz genommen hatten, betrat ich das Wohnzimmer. Meine Schwiegermutter war sehr laut und zornig. Ich sollte wieder das Opfer ihrer Streitsucht werden. Sie schrie mich an und machte mich für Martins Unfall verantwortlich. In ihrer Stimme konnte ich keine Trauer finden, sondern nur unermesslichen Hass gegen mich. Sabina zitterte am ganzen Körper, ihr Gesicht war dieses Mal rot vor Zorn. Kamila, die neben ihrem Mann saß, äußerte sich mit keinem Wort. Im Gegenteil, die ganze Geschichte schien sie nicht zu interessieren.

Nachdem Sabina mit ihren Anschuldigungen fertig war, wurde dieser Part von den anderen übernommen. Weil ich die Beschuldigungen nicht mehr ertrug, stand ich auf und sagte: »So, jetzt ist Schluss mit den Beleidigungen, wenn ihr euch nicht benehmen könnt, dann verschwindet aus meinem Haus.« In diesem Moment kam meine Mutter herein, und bevor sie etwas sagen konnte, sagte Martins Mutter, dass dieses Haus auch Martins

Haus sei und sie ein Recht hätten, hier zu sein. Daraufhin sagte ich, dass sie mich die ganzen Jahre über beleidigt und mich wie eine Aussätzige behandelt hätten. Und nun seien sie wieder hier und würden mich für Martins Unfall verantwortlich machen. Das war der Gipfel der Unverschämtheit. Danach sagte ich, dass es wohl angebracht sei, Martins Vater mitkommen zu lassen, denn immerhin war der Zustand seines Sohnes sehr bedenklich. Daraufhin sagte Piotr, dass sie mich wegen Tötung anzeigen würden.

Nun meldete sich meine Mutter zu Wort und sagte: »Martin liegt im Koma, und ihr veranstaltet hier einen unglaublichen Zirkus.« Zu meiner Schwiegermutter sagte sie: »Die ganzen Jahre über habt ihr Anna beleidigt, obwohl ihr genau wisst, dass Martin sie schlägt und betrügt.« Sie sagte es in einem derart schroffen Ton, dass es plötzlich still wurde. Keiner der Anwesenden war auf ihre Worte gefasst. Auch ich war über ihre Worte verblüfft. Es dauerte eine Weile, bis sich alle gefasst hatten. Anschließend bat mich meine Mutter, für alle das Abendessen vorzubereiten. Ich protestierte und sagte: »Für diese Familie werde ich kein Essen zubereiten, sie können in ein Restaurant gehen. Außerdem will ich sie nicht mehr sehen.«

Danach schaute Sabina zu meiner Mutter und sagte: »Deine Worte wirst du noch bedauern.« Um die Situation nicht weiter eskalieren zu lassen, sagte Stefan: »Anna, ich möchte mich für uns alle entschuldigen. Du solltest wissen, dass ich für das Benehmen meiner Familie keine Schuld trage.« Ich habe ihm geglaubt. Er war nie streitsüchtig, außerdem unterhielten er und meine Cousine Susanne keinen Kontakt zu seiner Familie. Daraufhin sagte ich zu meiner Mutter, dass wir schlafen gehen sollten. Den anderen bot ich unser Gästezimmer zur Übernachtung an. Auch meine Küche stand ihnen zur Verfügung.

Wir verließen den Raum. Unsere Kinder, die immer noch auf der Treppe saßen, fragten traurig, warum ihre Oma so böse sei und wir gestritten hätten. Ich nahm sie in die Arme und antwortete, dass wir alle ein wenig aufgeregt waren, jetzt aber ins Bett gehen sollten. In diesem Moment war es mir egal, was Martins Familie tun würde. Ich war sicher, dass keiner von ihnen unser Haus verlassen würde, um woanders zu übernachten. Kurz darauf waren meine Mutter und ich im Bett.

Während ich in Martins Bett schlief, übernachtete meine Mutter in meinem Bett. An diesen Tagen wollte ich nicht allein im Schlafzimmer sein. Es verging eine halbe Stunde, bis Andrea das Schlafzimmer betrat und sich zu meiner Mutter ins Bett legte. Plötzlich sagte sie: »Oma, du stinkst so! Mama, hast du für Oma andere Sachen zum Anziehen?« Meine Mutter sagte beschämt, dass sie es bereits bemerkt hätte, wie unangenehm sie riechen würde. Zu meinem Erstaunen musste ich feststellen, dass ich nichts gerochen hatte und auch, nachdem es mir beide gesagt hatten, nichts feststellen konnte.

Ich erinnerte mich, dass Martins Mutter meiner Mutter gedroht hatte, sie würde ihre Worte noch bedauern. Das einzige Mittel, das für mich infrage kam, waren Johannas Tropfen. Von denen hatte ich noch mindestens eine halbe Flasche. Durch ihre Einnahme waren meine Schmerzen verschwunden. Ich fühlte mich stärker und gesünder als jemals zuvor. An diesem Abend verabreichte ich sie auch meiner Mutter. Es dauerte nur wenige Minuten, bis sie eine Besserung verspürte. Am nächsten Morgen war nichts mehr zu bemerken.

Später erzählte mir Johanna, dass meine Schwiegermutter in ihrem Hass einen Fluch gegen meine Mutter ausgesprochen hatte. Er lautete: »Das wirst du noch bedauern.« Der Grund dafür war, dass meine Mutter sich das erste Mal seit unserer Hochzeit mit ihr gestritten hatte. Hätte ich ihr die Tropfen nicht sofort verabreicht, wäre der penetrante Geruch für immer an ihr kleben geblieben. An diesem Abend hörte ich nichts mehr von meinen dämonischen Gästen. Als ich am nächsten Morgen das Erdgeschoss betrat, saßen alle im Wohnzimmer. Als Erster meldete sich Piotr, der sagte, dass ich nicht nachtragend sein und ihnen den gestrigen Vorfall verzeihen solle. Außerdem meinte er, dass es sich nicht wiederholen werde und sie mich nicht stören würden. Ich nahm seine Worte zur Kenntnis. Kurze Zeit später kam meine Mutter und begann, den Frühstückstisch zu decken.

Nach dem Frühstück fuhren alle ins Krankenhaus und ich in unsere Arztpraxis. Der Ablauf dort war zufriedenstellend. Nachdem ich einige Telefonate erledigt hatte, fuhr ich nach Hause. Ich setzte mich mit der Unfallversicherung in Verbindung. Sie wollten den Unfallhergang prüfen. Gegen Mittag wurde ich von der Polizeistation angerufen. Ich wurde gebeten, Martins Sachen, die im Unfallauto waren, abzuholen.

Ärgerlich sagte ich, dass ich keinen Nerv dafür hätte, weil ich andere Sachen dringend erledigen müsste. Ich wunderte mich über meinen unbeherrschten Ton und konnte ihn mir nicht erklären. Es dauerte nicht lange, und es klingelte an der Tür. Es waren zwei Polizeibeamte. Einer von ihnen hielt einen großen Karton in seiner Hand. Sie entschuldigten sich für den Anruf und ich mich für meinen unbeherrschten Ton.

Nachdem sie gegangen waren, schaute ich in den Karton. Alles war blutverschmiert. Darin befanden sich Notizblätter, Stifte und ein blutverschmierter Rosenkranz. Dieser war in mehrere Teile gerissen, als ob es jemand absichtlich getan hätte. Ich erschrak, denn auch mein Rosenkranz war seit längerer Zeit in Stücke gerissen. Anfangs dachte ich, es sei Martin gewesen. Jetzt war ich mir nicht mehr sicher, ob ich mit meiner Vermutung richtiglag.

DER ZERRISSENE ROSENKRANZ

Ich rief Johanna an. Sie sagte, dass diese Familie zu weit gegangen sei. Ich war nicht irgendjemand, sondern die Ehefrau, die zur Familie gehörte. Der Dämon, der dieser Familie früher angehört hatte, war darüber sehr zornig. Aus diesem Grund hatte er sich gegen die Familie gewendet. Weil sie jedoch im Klan der Teufelsanbeter war, konnte er ihr nichts anhaben. Eigenartig war, dass auch Martins Rosenkränze in Stücke zerrissen waren. Anscheinend hatte sich das Böse gegen seinen eigenen Anbeter gewendet.

Nach dem Gespräch fuhr ich zu Martin ins Krankenhaus. Meine Mutter war mir in dieser Zeit eine große Hilfe. Außerdem war ich dadurch mit Martins Familie nicht allein im Haus. Meine Mutter kümmerte sich sehr liebevoll um unsere Kinder.

Auch dieses Mal streichelte Martins Mutter dessen Hand und wiederholte immer wieder die Worte: »Du wirst nicht sterben!« Ich blieb nicht lange. Am späten Nachmittag kam eine Nachbarin zu uns, um sich nach Martins Zustand zu erkundigen. Als sie mich sah, meinte sie, dass ich auf mich aufpassen sollte und sich meine Sorgen mittlerweile in meinem Gesicht abzeichnen würden.

Ich hatte tatsächlich wieder an Gewicht verloren und sah sehr schlecht aus. Ich war über Martins Familie verärgert, denn sie behandelten mich im Krankenhaus, als ob ich unsichtbar wäre. Als sie gegen Abend zurückkamen, schenkte ich ihnen genauso wenig Beachtung. Meine Mutter machte für alle Essen. Als ich die Küche betrat, aßen sie bereits. Sie sagte, ich solle mich zu ihnen an den Tisch setzen. Ich antwortete, dass mich diese Familie nicht als ihr Familienmitglied ansehen würde und ich nicht daran denken würde, mit ihnen und dieser Frau zu speisen. Daraufhin setzte ich mich an den Küchentisch. Andrea und Alexander gesellten sich zu mir. So ging es die ganze Zeit, bis sie am Sonntag nach Polen zurückfuhren.

Martins Familie rief täglich an, um sich nach seinem Befinden zu erkundigen. Meine Mutter blieb noch einige Tage, dann fuhr auch sie nach Hause. Lena kam wieder zu uns und kümmerte sich um den Haushalt und unsere Kinder. Mit dem Vertretungsarzt Dr. Monescu war ich sehr zufrieden.

Am Sonntag darauf, Martin lag bereits seit zwei Wochen im Koma, fuhr ich ins Krankenhaus. An seinem Bett saßen seine Eltern und Piotr. Kamila war dieses Mal nicht dabei. Seine Mutter sagte, dass sie vorhätten, noch am selben Tag zurückzufahren. Es verging noch eine Woche, bis mich Professor Köpke informierte, dass man Martin aus dem Koma holen wolle. Aus dem schwarzen Sekret, das seine Lunge noch vor zwei Wochen ausgestoßen hatte, war jetzt eine klare Flüssigkeit geworden. Auch seine Bettnachbarin erwachte aus dem Koma. Als ich den Raum betrat, stürmte ihr Ehemann auf mich zu und sagte unter Tränen: »Sie hatten recht, meine Frau hat es überlebt!« Ich war sehr gerührt.

Unser gemeinsames Problem hatte uns beinahe zu einer Familie zusammenwachsen lassen. Er umarmte mich, und wir ließen unseren Freudentränen freien Lauf. Für ihren Ehemann muss es einer der glücklichsten Tage in seinem Leben gewesen sein. Während er sich freuen durfte, bangte ich noch immer, ob Martin jemals aus dem Koma erwachen würde.

DIE VERSUCHE, MARTIN AUS DEM KOMA ZURÜCKZUHOLEN

Am folgenden Tag sollte der erste Versuch stattfinden, Martin aus dem Koma zu holen. Als ich gegen Mittag auf die Intensivstation kam, sagte man mir, dass der Versuch fehlgeschlagen sei. Martins Lunge sei noch zu schwach, um ihre Arbeit selbstständig wieder aufzunehmen. Es dauerte drei Tage, bis der zweite Versuch unternommen wurde. Auch dieses Mal schlug er fehl. Anschließend bat mich Professor Köpke um eine Unterredung. Ich erfuhr, dass die Chancen, Martin zurückzuholen, sehr gering waren und man noch einen letzten Versuch unternehmen werde. Wenn auch dieser fehlschlagen würde, könnte man für Martin nichts mehr tun. Nach dieser Unterredung war ich völlig durcheinander. Ich ging noch einmal zu meinem Mann und blieb zwei Stunden bei ihm. Seine Bettnachbarin war inzwischen auf die normale Station verlegt worden.

Auf dem Heimweg weinte ich die ganze Zeit. Einerseits war ich sehr traurig über diese Situation, andererseits hatte ich eine unglaubliche Wut auf Sabina, die den größten Teil der Schuld zu tragen hatte. Zu Hause versuchte ich, unsere Kinder allmählich darauf vorzubereiten, dass ihr Vater möglicherweise nicht mehr zurückkommen würde. Wir sprachen lange miteinander darüber. Ich stellte fest, dass sie ihn liebten, obwohl er kein guter Vater war. Er gehörte zu unserer Familie. Ich überlegte, ob ich seine Eltern informieren sollte, entschied mich jedoch, erst einmal abzuwarten.

DER TRAUM

In dieser Nacht hatte ich einen eigenartigen Traum. Ich sah Martin auf schwarzer Erde liegen, der Boden war lehmig. Er versuchte, aufzustehen, konnte sich aber nicht bewegen. Es sah aus, als ob er gegen etwas ankämpfen würde. In seinen Augen sah ich eine ungeheure Angst. Sein ganzer Körper zitterte. Ich war unfähig, ihm zu helfen. Er war aufgrund des lehmigen Bodens dreckig und nass. In meiner Hilflosigkeit rief ich seinen Namen, und er sah mich an. In diesem Moment wachte ich auf. Ich konnte nicht mehr einschlafen, denn der Traum verfolgte mich bis zum Morgengrauen.

DER DRITTE VERSUCH, MARTIN AUS DEM KOMA ZU HOLEN

Zwei Tage später wurde der dritte Versuch, Martin aus dem Koma zu holen, unternommen. Ich war nicht dabei. Gegen Mittag rief mich Professor Köpke an und teilte mir mit, dass es dieses Mal erfolgreich verlaufen war. Mein Mann war aus dem Koma erwacht. Die schwere Last der vergangenen Wochen fiel plötzlich von mir ab. Erschöpft setzte ich mich an den Küchentisch und gab meinen Tränen freien Lauf. Es waren Tränen der Erleichterung. Unsere Kinder waren glücklich über diese Wende.

Seit dem Unfall hatten sie ihn kein einziges Mal gesehen. Ich fuhr mit gemischten Gefühlen ins Krankenhaus, denn ich wusste nicht, in welchem Zustand er war. Es war immerhin eine sehr komplizierte Kopfverletzung, und ich fragte mich, ob er uns erkennen oder gar für den Rest seines Lebens gelähmt sein würde.

ERSTER BESUCH UNSERER KINDER BEI IHREM VATER

Als wir auf der Intensivstation ankamen, lag Martin mit offenen Augen in seinem Bett. Die meisten Schläuche waren entfernt worden.

Ich musste die Kinder zurückhalten, denn am liebsten wären sie unter seine Bettdecke gekrochen. Wir umarmten ihn und setzten uns an sein Bett. Ich überlegte, wie ich das Gespräch anfangen sollte. In diesem Moment fragte Alexander: »Wie geht es dir, Papa?« Martin antwortete: »Gut, Alexander!« Ich war sehr erleichtert. Seine Antwort war ein Beweis dafür, dass sein Gehirn funktionsfähig war. Danach fragte Andrea: »Papa, bist du gegen einen Baum gefahren?« Er lächelte. Ohne auf ihre Frage einzugehen, sah er mich an und fragte: »Warum hast du alle unsere Möbel verkauft?« Erstaunt über seine Frage antwortete ich, dass noch immer alles da sei. Ich fragte ihn, woher er diese Information hätte. Er gab mir keine Antwort. Anscheinend war ich mit meinem Urteil über seinen Zustand zu voreilig. Es war wohl noch zu früh, sich eine Meinung zu bilden. Auch als unsere Kinder ihn vom Gegenteil überzeugen wollten, ließ er sich von seiner Behauptung nicht abbringen.

Er bat mich um ein Blatt und einen Stift. Danach versuchte er, seinen Namen zu schreiben. Es gelang ihm jedoch nicht, weil seine Motorik noch nicht völlig hergestellt war. Wir blieben noch eine Weile. Als ich merkte, dass es für ihn zu viel wurde, fuhren wir nach Hause. Sofort rief ich seine Eltern an und erzählte ihnen die Neuigkeit. Am nächsten Tag fuhr ich allein zu ihm.

MARTINS VERSPRECHEN, NIE WIEDER ALKOHOL ZU TRINKEN

Als er merkte, dass ich es war, öffnete er seine Augen und sagte: »Ich werde nie wieder Alkohol trinken.« Ich lächelte etwas ungläubig. Daraufhin sagte er: »Das verspreche ich dir!« Zwei Tage danach wurde er auf die normale Station verlegt. Es stellte sich heraus, dass seine Beine und Hände keinen Schaden erlitten hatten. Aber es war ihm aufgrund der langen Bettruhe unmöglich, sie zu bewegen. Er erhielt täglich Krankengymnastik.

In dieser Zeit besuchten ihn seine Eltern und Geschwister oft am Wochenende im Krankenhaus. Sie hielten es nicht für notwendig, mich vorher zu informieren. Anschließend kamen sie zu uns zur Übernachtung. Die anfängliche Zurückhaltung von Sabina hatte sich sehr schnell verflüchtigt und ihre mir bekannten negativen Eigenschaften kamen wieder zum Vorschein.

Allmählich erlangte Martin sein Gedächtnis zurück. Seine Motorik wurde besser. Es gelang ihm, einige Sätze aufs Papier zu bringen. Seine Beine waren auch nach einer Woche Krankengymnastik noch zu schwach, und er musste im Rollstuhl gefahren werden. Nach einigen Tagen versuchte er, ein paar Schritte zu gehen. Es strengte ihn dermaßen an, dass er nach kurzer Zeit wieder in den Rollstuhl wollte. Alexander stieß den Stuhl nach vorn und sagte weinend: »Du brauchst keinen Rollstuhl, du bist doch nicht behindert.« Wir waren dermaßen erstaunt über seine Reaktion, dass es uns im ersten Moment die Sprache verschlug. Danach erklärte ich ihm, dass es nicht mehr lange dauern würde, bis sein Vater wieder gehen könne, aber jetzt sei er noch zu schwach dafür. Durch diesen Zwischenfall wurde mir bewusst, wie sehr Alexander unter dieser Situation litt.

Einige Tage darauf besuchte ich meinen Mann. Er war weder in seinem Bett noch auf seinem Zimmer. Ich suchte ihn. Von einer Krankenschwester erfuhr ich, dass er im Warteraum war. Dieser bestand hauptsächlich aus Glaswänden. Von Weitem sah ich durch die Glaswände mehrere Personen warten. Alle waren in ein Gespräch vertieft. Ich blieb stehen. Bei näherem Hinsehen stellte ich fest, dass die gesamte Familie Nidek anwesend war. Martin saß mittendrin im Rollstuhl. Seine Geschwister Dorota, Piotr und Stefan und seine Eltern saßen um ihn herum. Sie bemerkten mich nicht. Die Hauptrolle spielte seine Mutter, die immer wieder irgendwelche Handbewegungen machte.

Ich hatte kein gutes Gefühl, denn für mich war klar, dass Sabina ihr teuflisches Vorhaben zu Ende bringen musste. Ich fragte mich, ob mein Mann nach seinem schweren Unfall seine Mutter noch immer unterstützte. Nach einigen Minuten öffnete ich die Tür. Als ich den Raum betrat, wurde es sehr still. Das Gespräch wurde abrupt unterbrochen. Anscheinend hatten sie nicht mit meinem Besuch gerechnet. Ich spürte, dass mein Kommen unerwünscht war, was für mich keine Überraschung darstellte.

Nachdem wir uns eher kühl begrüßt und einige Freundlichkeiten ausgetauscht hatten, blieb ich eine Stunde bei meinem Mann. Danach machte ich mich wieder auf den Weg nach Hause. Bevor ich den Raum verlassen konnte, fragte mich Martin, ob seine Familie bei uns im Haus übernachten dürfe. Ich war der Meinung, dass diese Frage nicht Martin, sondern seiner Mutter zugestanden hätte, übersah es jedoch und war mit der Übernachtung einverstanden.

Ihr Benehmen war ausnahmsweise annehmbar. Sie waren sowohl zu mir als auch zu unseren Kindern freundlich. Martins Vater freute sich, Andrea und Alexander wiederzusehen. Sabina verhielt sich eher neutral und zurückhaltend. Beide Kinder beschäftigten sich mit ihrem Großvater, während sie ihre Großmutter mieden. Am nächsten Tag fuhren alle wieder nach Hause. Martin ging es zusehends besser. Die Idee, ich hätte alle Möbel verkauft, hielt sich noch eine Weile. Nach zweieinhalb Wochen konnte er wieder gehen. Auch seine motorischen Leistungen, unter anderem das Schreiben, hatten sich verbessert. In der fünften Woche seines Krankenhausaufenthaltes rief mich Professor Köpke zu sich, um mit mir weitere Maßnahmen bezüglich Martins Genesung zu besprechen. Er schlug vor, meinen Mann in den nächsten Tagen in eine Rehabilitationsklinik einweisen zu lassen. Ich erklärte mich sofort einverstanden. Für mich war es eine Erleichterung, zu wissen, dass mein Mann nicht gleich aus dem Krankenhaus nach Hause kommen würde. Trotz seiner schnellen Genesung brauchte er noch professionelle Hilfe.

MARTIN UND DAS WUNDER DER MEDIZIN

Professor Köpke machte eine kurze Pause, bevor er mit sehr ernster Stimme sagte, dass er in seiner langjährigen Tätigkeit als Arzt keinen einzigen Fall gehabt hätte, der so verlaufen wäre wie dieser. Seiner Meinung nach hätte Martin aufgrund der massiven Zerstörung seiner Gehirnzellen und aufgrund der enormen psychischen Belastung mindestens gehbehindert sein müssen. Zum Schluss sagte er: »Es gibt in der Medizin Wunder, und eines davon ist ihr Mann.« Diesem Arzt hatte ich es zu verdanken, dass Martin noch lebte.

Was es mit Martins Überleben wirklich auf sich hatte, wurde mir aufgrund der Ereignisse in unserem Haus bald bewusst.

Martin hatte bereits einen kleinen Haarflaum auf dem Kopf, der seine Operationsnarbe teilweise bedeckte. Zwei Tage nach dem Gespräch mit Professor Köpke traf ich im Krankenhaus auf seine Eltern und seinen jüngeren Bruder. Es gefiel mir nicht, dass keiner von ihnen es für notwendig hielt, mich zu benachrichtigen. Auch von Martin fühlte ich mich hintergangen. Immerhin übernachteten seine Verwandten jedes Mal in unserem Haus. Tagsüber hielten sie sich bei Martin im Krankenhaus auf. Ich nahm mir vor, mit meinem Mann darüber zu reden, nachdem sie uns wieder verlassen hätten. Nach drei Tagen fuhren sie nach Hause. Als ich ihn darauf ansprach, merkte ich sehr schnell, wie unangenehm und lästig ihm dieses Thema war. Es hatte keinen Sinn, ihn damit zu belästigen.

Während seiner Rehabilitationszeit besuchten sie ihn noch einige Male. Nun wurde ich jedes Mal vorher benachrichtigt.

Mit der Zeit hatte sich meine Situation beruhigt. Während Martins Abwesenheit gab es keine außergewöhnlichen Zwischenfälle in unserem Haus. Es war eine Ruhe eingekehrt, die ich nur aus der Zeit vor Martin kannte. Doch es war mir auch bewusst, dass dieser Zustand nur vorübergehend war und sich die Situation spätestens mit seiner Rückkehr ändern würde. Auch unsere Kinder wurden ruhiger. Es schien, als ob der Dämon sich ausschließlich auf Martin konzentriert hatte.

Ende der fünften Woche sollte Martin in eine Rehabilitationsklinik 20 Kilometer von Bad Abbach eingewiesen werden. Es hatte sich jedoch herausgestellt, dass es zwei Tage länger dauern würde, bis ein Platz frei werden würde. Weil er im Krankenhaus nicht länger bleiben durfte, wurde er für diese Zeit nach Hause entlassen. Ich hatte ein ungutes Gefühl, denn obwohl er sich schnell von seinem Unfall erholt hatte, war er noch immer sehr schwach. Unser Schlafzimmer befand sich im Obergeschoss. Trotz meiner Befürchtungen bestand mein Mann darauf, in seinem Bett zu schlafen. Für mich waren es

zwei sehr anstrengende Tage, weil ich ständig um seine Sicherheit bangte.

Er freute sich, wieder daheim zu sein, und auch unsere Kinder
waren glücklich darüber. Sie spielten mit ihm. Im Stillen hoffte ich,
dass sich unsere familiäre Situation zum Positiven wenden würde.
Zwei Tage später fuhr ich Martin in die Rehabilitationsklinik.

AUTORIN

Agata Malcher, geboren in Polen, siedelte mit ihrer Familie im Kindesalter nach Deutschland über. Einige Jahre nach ihrem Studium fing sie an sich mit der Naturheilkunde zu beschäftigen, was sie nach der Trennung von ihrem Ehemann vertiefte. Noch heute ist sie in diesem Bereich tätig.